海洋生态环境公益诉讼研究

逯达 著

中国社会科学出版社

图书在版编目（CIP）数据

海洋生态环境公益诉讼研究 / 逯达著. -- 北京：中国社会科学出版社，2025.5. -- （山东社会科学院青年文库）. -- ISBN 978-7-5227-4957-0

Ⅰ. D925.304

中国国家版本馆 CIP 数据核字第 2025ZQ4467 号

出 版 人	赵剑英	
责任编辑	张　林	
特约编辑	田　静	
责任校对	李　莉	
责任印制	戴　宽	

出　　版	中国社会科学出版社	
社　　址	北京鼓楼西大街甲 158 号	
邮　　编	100720	
网　　址	http://www.csspw.cn	
发 行 部	010-84083685	
门 市 部	010-84029450	
经　　销	新华书店及其他书店	
印　　刷	北京明恒达印务有限公司	
装　　订	廊坊市广阳区广增装订厂	
版　　次	2025 年 5 月第 1 版	
印　　次	2025 年 5 月第 1 次印刷	
开　　本	710×1000　1/16	
印　　张	15.25	
插　　页	2	
字　　数	245 千字	
定　　价	79.00 元	

凡购买中国社会科学出版社图书，如有质量问题请与本社营销中心联系调换
电话：010-84083683
版权所有　侵权必究

序言　系统研究海洋生态环境公益诉讼

谢桂山

通过法律来规制人类开发利用海洋的活动、合理分配人类开发利用海洋的权利义务，是实现海洋生态环境有效治理的基本方略。与陆地等生态环境相比，海洋生态环境具有易受侵害性、海洋生态环境问题具有综合性与复杂性、海洋生态环境保护具有公益性等特点。根据我国相关法律，海洋生态环境公益诉讼可以界定为法定的国家机关、组织或个人根据相关法律授权，就违法侵犯海洋生态环境公益利益的行为或不作为提起诉讼，由海事法院等主体依法处理的活动。海洋生态环境公益诉讼制度是海洋生态环境治理的重要内容，是相关司法治理的重要形式。海洋生态环境民事公益诉讼是指任何法人、非法人组织及个人的行为使海洋生态环境遭受侵害或者可能遭受侵害时，为了维护海洋生态环境公共利益，法定的国家机关、法人、公益组织或个人向法院提起的诉讼。海洋生态环境行政公益诉讼可以界定为：当海洋生态环境行政主体的行政违法行为或不作为造成了海洋生态环境公共利益损害或存在损害的可能时，为了维护海洋生态环境公共利益，法定主体向人民法院提起的行政公益诉讼。海洋生态环境刑事附带民事公益诉讼指的是在海洋生态环境刑事诉讼案件中，为了维护国家利益及公共利益，检察机关对相关被告提起刑事附带民事公益诉讼，人民法院依法进行审判的活动。

研究海洋生态环境公益诉讼的法理和司法理念等，可以为我国完善海洋生态环境民事公益诉讼、行政公益诉讼以及刑事附带民事公益诉讼等制度提供理论基础。哈丁的"公地悲剧"理论核心观点是：在所有权不明且不设门禁的"公地"，每个人均会最大化通过消耗"公地"资源以满足自身利益，而不计对"公地"造成何种后果，这在海洋生态环境治理中尤为突出。理论和实践证明，公益诉讼是解决海洋生态环境"公地悲剧"现象的一条重要路径。

海洋生态环境公益诉讼具有重要作用：一是公益诉讼有助于保护海洋生态环境，促进海洋生态文明建设。面对破坏海洋生态行为、海洋倾废、盗采海砂、海岛违建等复杂挑战，公益诉讼作用凸显，是海洋生态红线不被逾越的重要保障；二是海洋公益诉讼有助于加强海洋资源和环境的保护，通过公益诉讼，可以督促行政机关、侵权主体等依法履职尽责，共同强化精准治污，实现海洋与"山水林田湖草沙"的一体保护、系统治理；三是海洋公益诉讼有助于实现公共利益，保障公众享有健康海洋生态环境的权利，为提起海洋生态环境公益诉讼提供权利基础。海洋公益诉讼作为检察机关参与社会治理的重要手段，是履行"公共利益代表"职责、确保海洋生态环境治理，使全社会的共同责任得到充分体现；四是海洋公益诉讼有助于建立权责明晰、多方共治、运行顺畅、协调高效的海洋生态环境治理机制，健全海洋生态环境治理体系；五是海洋公益诉讼有助于发挥督促、协同、追责的独特治理价值，实现保护海洋自然资源和生态环境的最优效果。总之，实现海洋生态环境代内公平、代际公平和海洋生态环境正义价值，离不开海洋生态环境公益诉讼及符合海洋生态系统规律的公益诉讼制度。海洋公益诉讼对于保护海洋生态环境、促进海洋资源和环境的保护、实现公共利益的代表、完善海洋生态环境治理体系以及发挥督促、协同、追责的治理价值都具有重要意义。

该书针对海洋生态环境公益诉讼展开研究，具有诸多亮点：

一是提出适当放宽我国海洋生态环境民事、行政公益诉讼的适格原告范围。目前，我国海洋生态环境民事、行政公益诉讼的适格原告范围过窄，在一定程度上阻碍了公益诉讼制度对保护海洋生态环境的作用。因此，为了加强我国海洋生态环境保护，法律应允许更多的主体能够提起海洋生态环境民事、行政公益诉讼。

二是提出法定主体可以单独就侵害公共利益的海洋生态环境抽象行政行为提起行政公益诉讼。海洋生态环境违法抽象行政行为无论是影响群体还是危害程度方面，均是海洋生态环境违法具体行政行为无法比拟的。海洋生态环境抽象行政行为的影响对象是不特定的，这符合公共利益的受益群体不特定性的特征，其直接对公共利益产生影响。我国应当允许相关主体可以单独针对海洋生态环境抽象行政行为提起行政公益诉讼，诉请人民法院进行司法审查。

三是实行相关案件的"三审合一"，是建立健全海洋生态环境刑事附带民事公益诉讼的关键。在海洋生态环境案件领域，实现"三审合一"是解决海洋生态环境刑事附带民事公益诉讼的管辖权问题的前提。为了避免海洋生态环境刑事附带民事公益诉讼管辖基层化，若海事法院取得海洋生态环境刑事案件的管辖权，则检察机关可以向海事法院提起海洋生态环境刑事附带民事公益诉讼。

2024 年 9 月 27 日于济南

目 录

第一章 导论 ……………………………………………… （1）
  第一节 选题背景与研究意义 ………………………………… （1）
  第二节 国内外研究综述 ……………………………………… （8）
  第三节 主要研究内容 ………………………………………… （30）
  第四节 研究方法 ……………………………………………… （31）

第二章 海洋生态环境公益诉讼基本概念、类型及特殊性 ……… （33）
  第一节 海洋环境与海洋生态环境的概念辨析 ……………… （33）
  第二节 海洋生态环境的特征 ………………………………… （37）
  第三节 海洋生态环境公益诉讼概念辨析 …………………… （39）
  第四节 海洋生态环境公益诉讼的类型 ……………………… （41）
  第五节 海洋生态环境公益诉讼的特殊性 …………………… （43）
  本章小结 ……………………………………………………… （45）

第三章 海洋生态环境公益诉讼的理论基础 ………………… （46）
  第一节 海洋生态环境公益诉讼的一般理论基础 …………… （46）
  第二节 海洋生态环境公益诉讼的特殊理论基础 …………… （55）
  本章小结 ……………………………………………………… （59）

第四章 海洋生态环境民事公益诉讼 ………………………… （60）
  第一节 海洋生态环境民事公益诉讼的特征 ………………… （61）
  第二节 我国海洋生态环境民事公益诉讼的实证分析 ……… （62）

第三节　我国海洋生态环境民事公益诉讼制度的内容与不足 ……（67）
第四节　海洋生态环境民事公益诉讼域外考察与借鉴 …………（81）
第五节　我国海洋生态环境民事公益诉讼的完善建议 …………（97）
本章小结 …………………………………………………………（109）

第五章　海洋生态环境行政公益诉讼 ……………………………（111）
第一节　海洋生态环境行政公益诉讼的特征 ……………………（111）
第二节　我国海洋生态环境行政公益诉讼实证分析 ……………（113）
第三节　我国海洋生态环境行政公益诉讼制度现状与不足 ……（116）
第四节　海洋生态环境行政公益诉讼域外考察与借鉴 …………（122）
第五节　我国海洋生态环境行政公益诉讼的改革建议 …………（136）
本章小结 …………………………………………………………（151）

第六章　海洋生态环境刑事附带民事公益诉讼 …………………（152）
第一节　海洋生态环境刑事附带民事公益诉讼的特征与
　　　　功能 ……………………………………………………（152）
第二节　我国海洋生态环境刑事附带民事公益诉讼的
　　　　关键问题 ………………………………………………（154）
第三节　我国海洋生态环境刑事附带民事公益诉讼的
　　　　优化建议 ………………………………………………（163）
本章小结 …………………………………………………………（172）

第七章　结论 …………………………………………………………（173）
第一节　我国海洋生态环境公益诉讼的不足 ……………………（173）
第二节　我国海洋生态环境公益诉讼的完善建议 ………………（175）

附　论 ………………………………………………………………（176）

参考文献 ……………………………………………………………（186）

附录Ⅰ 2019—2022年海洋生态环境民事公益诉讼
　　　　案例统计表 ···（223）

附录Ⅱ 我国海洋生态环境行政公益诉讼案例统计表 ··············（230）

后　记 ··（232）

第 一 章

导 论

第一节 选题背景与研究意义

一 选题背景

21世纪是海洋的世纪，人类对辽阔的海洋不断加大开发、扩张力度。海洋经济得到空前发展，成为当今以及未来经济发展新的增长极。与此同时，发展海洋经济将对海洋生态环境带来严峻的挑战和考验。[①] 通过法律来规制人类开发利用海洋的活动，合理分配人类开发利用海洋的权利义务，使人类社会与海洋生态环境之间的利益达到均衡，进而实现海洋生态环境的有效治理，保障人类生存安全。而运用司法手段保护海洋生态环境，可以有效维护海洋生态环境利益与实现海洋生态环境正义价值。本文选择研究我国海洋生态环境公益诉讼的时代背景主要包括：

第一，法律治理成为海洋生态环境治理的重要手段。海洋是人类生存的摇篮，它不仅给人类提供丰富的矿产、渔业、生物等资源，还直接影响着人类的生存环境，如气候环境与大气环境。近年来，随着人类深入开发海洋资源，海洋环境污染、海洋生态系统破坏、海洋石油泄漏等一系列海洋生态环境问题随之而来。为了遏制海洋生态环境不断恶化的趋势，人类尝试运用不同手段治理海洋生态环境。在众多治理手段当中，法律治理手段能够形成长效治理模式和治理机制。从国际上来看，国际组织和世界各国日益重视海洋生态环境保护。在国际组织层面，从《联合国海洋法公约》到《生物多样性公约》，从《保护东北大西洋海洋环境

[①] 蔡先凤：《海洋生态文明法律制度研究》，海洋出版社2017年版，第2页。

公约》到《保护南太平洋公海生物资源的框架性协定》，都在关注着海洋生态环境保护这一重大课题。例如，美国、英国和日本等国家均建立了一套较为完善的海洋政策和法律体系。为了协调相关涉海的政府部门，美国、英国设立了具有综合性质的海洋管理机构或者海洋政策委员会。[①]在西方国家，以美国为代表的主要海洋国家在其国内法中不断加强海洋生态环境保护力度。以英国《海洋法》、日本《海洋基本法》为例，世界主要海洋国家不断加强保护海洋生态环境的趋势可以得到体现。[②] 在我国与周边国家层面，中国重视与周边国家加强海洋环境保护的合作。我国遵循邓小平同志提出的"主权归我，搁置争议，共同开发"政策，日益加强与东盟国家在海洋环境保护领域的合作，致力于促进南海环境保护的合作。例如，2016年10月20日，中国和菲律宾发表联合声明，表示双方共同考虑海洋环境问题，并承诺加强"促进和保护"合作。[③] 另外，在国际交流日益频繁的背景下，各国海洋环境保护法存在立法内容趋于相同：国际海洋环境立法实践为建立全球一体化海洋环境法律制度提供了可参照的模式；各国海洋环境保护立法目标的趋同化；国际海洋环境保护法律主体的多元化。[④] 之所以出现如此现象，是因为世界各国逐渐认识到海洋是人类赖以生存的生态环境，更应当加强海洋治理与保护。环境保护无法单纯地用经济手段来实现，且道德的力量也不足以有效遏制破坏环境的行为，而法律可以为环境保护提供强制力保证。[⑤] 因此，由于海洋生态环境保护具有很强的公益性、非排他性，构建海洋命运共同体需要法律作为强制力保证，需要经济手段、道德手段、政策手段等作为支撑。海洋生态环境公益诉讼作为法的实施的重要方式，能够将海洋生态环境相关法律适用到具体案件当中。人类对海洋生态环境保护的关注

[①] 刘岩等：《世界海洋生态环境保护现状与发展趋势研究》，海洋出版社2017年版，第106页。

[②] 刘岩等：《世界海洋生态环境保护现状与发展趋势研究》，海洋出版社2017年版，第15页。

[③] Qian Hongdao, Hamid Mukhtar, "Joint Development Agreements: Towards Protecting the Marine Environment under International Law", 66 *Journal of Law, Policy and Globalization*, 164 (2017), pp. 164–171.

[④] 徐祥民等：《海洋环境的法律保护研究》，中国海洋大学出版社2006年版，第182页。

[⑤] 徐祥民等：《海洋环境的法律保护研究》，中国海洋大学出版社2006年版，第19页。

不断加强,以至于对海洋生态环境公益诉讼的期待性越来越高。总之,国际社会以及世界各国日益重视海洋生态环境保护法治建设,注重海洋可持续发展。目前,由于我国长期存在"重陆轻海"的观念,相较于陆地生态环境法治建设,海洋生态环境法治建设显得相对薄弱。

第二,我国海洋生态环境污染现状给海洋生态环境公益诉讼制度带来了更大的挑战。从近期的海洋环境质量公报可知,我国海洋生态环境面临严峻考验。生态环境部于2020年9月25日发布,我国仍处在海洋污染排放高峰期、海洋灾害时发与生态环境退化的叠加期,海洋生态环境保护工作面临诸多挑战,区域海洋生态环境污染问题依然非常突出。[①] 根据生态环境部于2022年5月发布的《2021年中国海洋生态环境状况公报》,管辖海域水质劣四类水质海域面积较上年有所减少,为21350平方千米,而近岸海域劣四类水质同比有所上升;夏季呈富营养化的管辖海域面积有所下降,为30170平方千米;2011—2021年,我国管辖海域富营养化面积总体呈下降趋势;对河口、海湾、滩涂湿地等典型海洋生态系统的24个样本进行监测,结果为18个呈亚健康状态;入海河流总体水质状况仍处于轻度污染;直排海污染源最大的是综合排污口的排放。其中,入海陆源污染是海洋生态环境污染的主要源头。作为防治陆源污染物污染损害海洋环境的重要法律依据,《海洋环境保护法》规定了陆源污染防治的相关法律制度。为了加强陆源污染监管与治理,国务院于1990年颁布了《防治陆源污染物污染损害海洋环境管理条例》,详细规定了防治陆源污染相关法律制度。面对海洋生态环境污染严重的现状,公益诉讼制度可以发挥其稳定性、严厉性、有效调整权利义务关系的特点,成为海洋生态环境治理的有力途径。总之,海洋生态环境污染严重现状对建立健全相关公益诉讼制度提出了更高的要求。

第三,健全海洋生态环境公益诉讼制度是实施海洋强国战略的重要方面。国务院于2003年发布的《全国海洋经济发展规划纲要》提出"逐步把我国建设成为海洋强国"。十八大报告提出"建设海洋强国"战略,

---

① 《生态环境部:海洋生态环境稳中向好 近岸海域优良水质占比78.6%》,大众网:http://www.dzwww.com/xinwen/guoneixinwen/202009/t20200925_6689680.htm. 最后访问日期:2020年10月10日。

而十九大报告中指出"坚持陆海统筹,加快建设海洋强国。"若要实现海洋强国,国家需具备强大实力来开发、利用、保护、管控海洋。其中,加强海洋生态环境治理是海洋强国的一方面。美丽中国离不开美丽海洋,海洋生态文明建设是我国生态文明建设的重要组成部分。我国应坚持走依海富国、以海强国、人海和谐的海洋发展道路,努力成为海洋经济发达、海洋生态健康、海洋监管严格等全面可持续的海洋强国。因此,实现海洋强国应当包括海洋生态文明建设。然而,我国在相当一段时间内重视经济建设,忽视海洋生态环境保护,这使得海洋生态环境污染问题日益突出。海洋生态环境污染问题是实现从海洋大国到海洋强国转变的重要挑战。由于海洋具有流动性、治理困难等特点,海洋生态环境污染状况变得越发严重。因此,海洋生态环境公益诉讼制度成为海洋生态环境保护的有效司法手段,亦是实施海洋强国战略的重要一环。总之,我国海洋生态环境保护需要公益诉讼制度提供司法保障。

第四,政府与公众海洋生态环境保护意识不断加强与海洋生态环境公益诉讼制度建设相对滞后之间的矛盾日益显现。习近平总书记将我国的海洋生态文明建设、海洋强国建设以及海洋生态环境保护提到了史无前例的新高度。习近平总书记提出"绿水青山就是金山银山",而加强海洋生态环境治理工作就是为了建成海洋领域的"绿水青山"。[①] 我国已经颁布了与海洋生态环境相关的20多部法律、40多部行政法规以及400多部部门规章。目前,我国有关海洋领域的立法仍为部门立法,未有一部统领海洋事业全局的法律。[②] 在海洋生态环境公益诉讼领域,存在索赔主体的诉权分配不明确、索赔范围不确定以及海洋生态环境民事、行政公益诉讼原告范围狭窄等问题。发生于2002年的"塔斯曼海"轮油污案,天津市海洋局向天津海事法院起诉要求生态损害赔偿。然而,该案暴露出我国海洋生态环境损害赔偿制度的弊端,诸如如何确定索赔主体和赔偿范围等问题。我国虽然对该制度经过一定的完善,但仍不尽如人意。

[①] 鹿红:《我国海洋生态文明建设研究》,博士学位论文,大连海事大学,2017年,第50页。

[②] 马英杰、尚玉洁、刘兰:《我国海洋生态文明建设的立法保障》,《东岳论丛》2015年第4期。

总之，我国政府与公众的海洋生态环境保护意识不断加强，而相关公益诉讼制度建设相对滞后。

第五，海洋生态环境公益诉讼制度可以遏制相关行政权不断扩张的趋势。事实上，在海洋生态环境保护方面，往往运用的行政手段多于司法手段。有学者指出，晚近时代，行政权不断扩张已经成为事实。[①] 但行政手段存在局限性，对保护海洋生态环境的作用有限。由于行政机关与行政相对人的地位不对等，行政权极易扩张，导致海洋生态环境不公平与非平等。有学者提出，政府主导型环境保护模式的局限性包括：环保意识和环保行动的依赖性、环境信息的依赖性。我国环境行政管理面临的挑战有：中央政府对各地环境信息掌握的片面性和时效滞后性，管理效率低；排污企业、排污种类的扩大，政府环境治理困难；环境资源和利益冲突日益增多，政府承受较大压力；既要 GDP，又要环境保护，中央和地方政府扮"双面人"的角色，左右为难。[②] 此现象揭示了依靠行政手段治理环境具有很大的局限性，而司法手段可以弥补行政手段的局限。行政权的外部监督机制不足以形成有效监督。行使法律监督权的人民检察院对行政权的合法性进行监督，但这种监督的效力往往十分有限。检察机关可以通过督促行政机关提起海洋生态环境公益诉讼来保护海洋生态环境，但此种方式的作用有限。[③] 海洋生态环境公益诉讼具有特殊性。从自身特点来看，由于司法具有公正性、程序性、严格性等特征，海洋生态环境公益诉讼具有天然的优势。从稳定性来看，由于司法具有终局权威性，较行政手段，海洋生态环境纠纷司法处理结果更稳定。司法机关提供给案件当事人一个较稳定长效的司法裁判，并能给其他类似案件提供司法裁判参考。从治理手段来看，海洋生态环境司法手段更加多样，包括民事责任、行政责任以及刑事责任等。总之，较行政手段，海洋生态环境公益诉讼的处理结果更能体现公平与公正。

第六，相较于西方国家的相关制度，我国海洋生态环境公益诉讼制

[①] ［美］伯纳德·施瓦茨：《行政法》，徐炳译，群众出版社 1986 年版，第 27 页。

[②] 傅剑清：《论环境公益损害救济——从"公地悲剧"到"公地救济"》，中国社会科学出版社 2017 年版，第 51 页。

[③] 竺效、梁晓敏：《论检察机关在涉海"公益维护"诉讼中的主体地位》，《浙江工商大学学报》2018 年第 5 期。

度有待完善。从世界范围来看，具有代表性的海洋生态环境司法制度主要是环境公益诉讼制度。包括美国、德国等在内的一些发达国家均在民事诉讼制度中规定了个人、团体或者检察官能够为了保护国家利益与社会公共利益，就海洋环境案件提起民事诉讼。[①] 例如，美国作为现代公益诉讼的创始国，在其法律中规定公民有权提起公益诉讼；[②] 关于起诉对象，包括公众利益的侵害者、负有法定义务的公职人员或政府机关。[③] 在大陆法系国家，公民提起的环境诉讼在性质上属于民事诉讼、行政诉讼及宪法诉讼等。为了避免了海洋"公地悲剧"，海洋环境公益诉讼成为海洋生态环境司法保护的重要制度。目前，我国海洋生态环境民事公益诉讼、行政公益诉讼、刑事附带民事公益诉讼等内容有待健全。然而，要想全面研究海洋生态环境公益诉讼制度，以下问题需要明晰：一是海洋生态环境公益诉讼相关概念如何界定？具体包括：海洋生态环境与海洋环境的区别与联系，海洋生态环境的特征以及公益诉讼的主要内容界定等问题。二是在海洋生态环境民事公益诉讼层面，是否需要法律明确规定海洋生态环境民事公益诉讼制度，海洋生态环境损害索赔主体的范围是否过窄，如何确定海洋生态环境损害赔偿范围等。三是在海洋生态环境行政公益诉讼层面，我国没有建立专门的海洋生态环境行政公益诉讼制度，需要参照其他一般法律规定，行政公益诉讼原告仅限于人民检察院等。四是在海洋生态环境刑事附带民事公益诉讼层面，采用何种诉讼审判模式，如何定位诉讼主体的性质及范围，是否需要履行诉前公告程序等。目前，学界对海洋生态环境公益诉讼研究主要集中在某一领域，缺乏相关公益诉讼制度建设的宏观把握。因此，为了能够从宏观角度把握海洋生态环境公益诉讼体系，立足于公益诉讼整体建设，需要全面系统研究海洋生态环境公益诉讼。

---

① 傅剑清：《论环境公益损害救济——从"公地悲剧"到"公地救济"》，中国社会科学出版社2017年版，第109页。

② 美国一些法律规定每个人都应当享受健康环境，同时每个人也负有责任维护和改善环境；公民提起公益诉讼可以联邦政府司法部长的名义，也可以州和联邦的名义，当然也可以纳税人的名义。

③ 杨帆等：《生态法专题研究》，中国政法大学出版社2015年版，第160页。

二 研究意义

(一) 理论意义

研究我国海洋生态环境公益诉讼主要有以下几点理论意义：

1. 丰富海洋生态环境治理理论。研究海洋生态环境公益诉讼能够丰富海洋生态环境治理理论。通过辨析海洋环境与海洋生态环境的区别，从而得出海洋生态环境的概念与特征。通过研究海洋生态环境的特征，从而更为全面地研究海洋生态环境的特殊性以及相关公益诉讼的不同之处。通过分析生态系统理念含义及其与海洋生态环境治理的关系，为生态系统理念应用于海洋生态环境治理之中，提供理论衔接机制。总之，海洋生态环境公益诉讼制度能够贯彻海洋生态环境治理理论，是相关司法治理的重要形式。

2. 明晰海洋生态环境公益诉讼的理论基础与研究外延。通过分析海洋生态环境公益诉讼的主要内容，从而得出海洋生态环境公益诉讼的研究外延。通过分析海洋生态环境公益诉讼的司法理念、司法指导思想以及司法原则等，为我国完善海洋生态环境民事公益诉讼、行政公益诉讼以及刑事附带民事公益诉讼等制度提供理论基础。通过分析海洋生态环境公益诉讼的基础理论，为我国构建科学合理的海洋生态环境公益诉讼制度提供理论支撑。

(二) 实践意义

研究我国海洋生态环境公益诉讼主要有以下几点实践意义：

1. 为海洋生态环境民事公益诉讼制度建设建言献策。通过分析我国海洋生态环境民事公益诉讼现状，发现其中存在的问题，从而提出完善的建议。目前，我国海洋生态环境民事公益诉讼制度存在适格原告范围过窄、法律未明确相关行政主体的诉权分配问题、海洋生态环境损害赔偿范围存在争议以及诉讼中调解、和解的适用机制尚不健全。为了健全海洋生态环境民事公益诉讼，提出明确放宽诉讼原告起诉资格、厘清各行政机关的诉权、重新理清索赔范围以及健全诉讼中调解、和解的适用机制。

2. 为海洋生态环境行政公益诉讼制度建设提出建议。作为海洋生态环境公益诉讼之一，海洋生态环境行政公益诉讼制度不尽如人意，主要存在未建立专门的海洋生态环境行政公益诉讼制度以及行政公益诉讼原告仅限于人民检察院等问题。因此，为了完善海洋生态环境行政公益诉讼，提出法律明确规定海洋生态环境行政公益诉讼制度以及放宽适格原告范围等措施。

3. 为改革海洋生态环境刑事附带民事公益诉讼提出方案。在海洋生态环境刑事附带民事公益诉讼方面，我国存在是否需要诉前公告程序、诉讼主体地位的争议以及审判模式如何选择等问题。为了完善我国海洋生态环境刑事附带民事公益诉讼，法律应当明确诉讼主体地位、履行诉前公告程序以及合理确定审判模式等内容。

4. 为海洋生态环境公益诉讼实践问题提供建议。针对海洋生态环境公益诉讼实践问题，研究海洋生态环境公益诉讼理论体系，推动完善海洋生态环境公益诉讼顶层设计，为中国海洋生态环境公益诉讼建设建言献策，促进海洋生态环境公益诉讼实践具有较强的可操作性。其中，健全公众参与机制是实现海洋生态环境公益诉权主体多元化的要求。根据现行相关法律，公民及非法人组织拥有参与海洋生态环境治理事务的权利。为了推动私主体履行生态环境保护义务，《民法典》规定了一系列的绿色原则与规则。[①] 根据《环境保护法》的规定，公民可以就单位和个人实施的污染和破坏环境行为向公权力机关进行检举和控告。该条款为公众参与海洋生态环境公益诉讼提供了法律依据和途径。

第二节　国内外研究综述

一　国内研究综述

关于国内研究综述，主要从海洋生态环境治理领域的研究与海洋生态环境公益诉讼的研究两个方面入手。

[①] 例如：《民法典》第9条规定，民事主体从事民事活动，应当有利于节约资源、保护生态环境。第286条规定，业主应当遵守法律、法规以及管理规约，相关行为应当符合节约资源、保护生态环境的要求。第326条规定，用益物权人行使权利，应当遵守法律有关保护和合理开发利用资源、保护生态环境的规定。第509条第3款规定，当事人在履行合同过程中，应当避免浪费资源、污染环境和破坏生态。

（一）在海洋生态环境治理领域的研究

我国学术界的相关研究主要集中在海洋环境保护领域、海洋生态环境治理的概念与路径研究以及海洋生态环境法律治理研究等方面。明晰关于海洋生态环境治理的研究动态，为总结我国海洋生态环境公益诉讼研究成果提供重要研究背景。

1. 有关海洋环境的研究主要集中于海洋环境保护领域，学界主要存在以下研究：

第一，关于海洋执法的研究。于洋（2016）分析了海洋环境保护联合执法的法律和实践、中地共治型管理机制等。① 李挚萍、郭昱含（2021）提出明确分配海上生态环境执法权应当统筹考虑"强化中央主导地位"与"发挥地方执法积极性"两种因素。②

第二，关于我国海洋生态环境保护政策的历史与现状研究。例如：许阳、王琪、孔德意（2016）提出自建国以来，呈现低位徘徊、持续性增长和稳定周期性震荡等三阶段性海洋环境保护政策演变特征，而参与政策制定主体呈现出"简单"多元化特征。③ 关道明、梁斌、张志锋（2019）将我国海洋生态环境保护管理体系发展历程分为：起始阶段（20世纪60—70年代）、平稳发展阶段（1982—1999年）、深化调整阶段（2000—2018年）、战略发展阶段（2018年至今）四个阶段。④ 傅广宛（2020）将中国海洋生态环境治理模式概括为：相关政策表现为以人民为中心理念，相关政策主要国家主导，相关政策应注重系统理念。⑤

第三，关于陆源污染与区域海洋治理研究。王森、胡本强、辛万光等（2006）简要分析了我国海洋污染源大部分来自于陆源污染及治理对

---

① 于洋：《联合执法：一种治理悖论的应对机制——以海洋环境保护联合执法为例》，《公共管理学报》2016年第2期。
② 李挚萍、郭昱含：《央地海上生态环境执法权划分的原则和机制探讨》，《中国地质大学学报》（社会科学版）2021年第5期。
③ 许阳、王琪、孔德意：《我国海洋环境保护政策的历史演进与结构特征——基于政策文本的量化分析》，《上海行政学院学报》2016年第4期。
④ 关道明、梁斌、张志锋：《我国海洋生态环境保护：历史、现状与未来》，《环境保护》2019年第17期。
⑤ 傅广宛：《中国海洋生态环境政策导向（2014—2017）》，《中国社会科学》2020年第9期。

策，提出了在渤海、黄海、东海、南海和台湾海峡等海域，应加强海洋环境保护和海洋污染治理。[1] 梁甲瑞（2021）针对太平洋岛屿海洋治理，提出我国应熟悉太平洋岛屿地区的海洋规范，努力充分参与太平洋岛屿地区的海洋治理工作。[2]

第四，有关南海海洋生态环境保护的研究较多。任洪涛（2016）提出培育南海环境利益共同体机制，成立南海理事会以及设立南海海洋保护区等建议。[3] 陈嘉、杨翠柏（2016）提出围绕海洋保护区网络建设，加强南海生态环境保护区域合作。[4] 宁清同（2012）提出建立健全南海海洋生态补偿和损害赔偿制度，创建南海海洋生态修复制度，改进生态安全刑事法律制度以及完善南海生态灾害应急处理制度等。[5] 刘道远、王洁玉（2018）提出建立以私法救济为核心的南海生态损害多重法律救济体系。[6] 刘天琦、张丽娜（2021）提出建立以区域框架公约为核心的南海海洋环境法律框架，构建处于南海海洋环境区域治理中心地位的合作机制。[7] 曲亚囡（2020）提出我国可以倡导建立南海海洋生态环境治理领域的海洋命运共同体，深化南海领域的国际合作。[8] 韩立新、冯思嘉（2020）提出建立以规则制度为首要，以组织管理及行动制度为保障的南海海洋生态环境治理机制。[9]

---

[1] 王淼、胡本强、辛万光等：《我国海洋环境污染的现状、成因与治理》，《中国海洋大学学报》（社会科学版）2006 年第 5 期。

[2] 梁甲瑞：《从太平洋岛民海洋治理模式和理念看区域海洋规范的发展及启示》，《太平洋学报》2021 年第 11 期。

[3] 任洪涛：《论南海海域环境保护管辖的冲突与协调》，《河北法学》2016 年第 8 期。

[4] 陈嘉、杨翠柏：《南海生态环境保护区域合作：反思与前瞻》，《南洋问题研究》2016 年第 2 期。

[5] 宁清同：《南海生态安全的法治保障探析》，《吉首大学学报》（社会科学版）2012 年第 5 期。

[6] 刘道远、王洁玉：《南海地区海洋生态损害法律治理机制研究》，《海南大学学报》（人文社会科学版）2018 年第 2 期。

[7] 刘天琦、张丽娜：《南海海洋环境区域合作治理：问题审视、模式借鉴与路径选择》，《海南大学学报》（人文社会科学版）2021 年第 2 期。

[8] 曲亚囡：《国际法框架下南海海洋生态环境治理合作研究》，《社会科学家》2020 年第 10 期。

[9] 韩立新、冯思嘉：《南海区域性海洋生态环境治理机制研究——以全球海洋生态环境治理为视角》，《海南大学学报》（人文社会科学版）2020 年第 6 期。

第五，有些学者从海洋保护法律建设角度进行研究。例如：白佳玉、隋佳欣（2018）提出要设立严格化和具体化海洋生态保护法律制度。① 郭院（2008）提出以海洋生态保护为核心的海洋环境保护理论体系，分析了海陆统筹、以陆为主以及陆海兼顾理论等。② 田其云（2005）认为需要遵循生态系统规律，立足于海洋生态系统，加强海洋资源保护与防治海洋环境污染立法；为了建立科学的海洋生态法体系，应当以海洋生态系统的内在机理为立法基础。③ 谈萧、苏雁（2021）提出我国应建立基于陆海统筹的海洋保护地法律体系。④ 由此可见，学界较多关注海洋生态环境保护研究，且集中于研究我国海洋生态环境现状、政策措施，研究海洋生态环境治理对策以及健全我国海洋环境保护法律体系。

2. 关于海洋生态环境治理的概念与路径，学界主要存在以下研究：

第一，研究海洋生态环境治理具有代表性的观点有：关于海洋生态环境治理概念，宁凌、毛海玲（2017）提出海洋环境治理是指政府、非政府组织、个人等主体进行协商、合作以及合力整治海洋环境相关事务，其目的是保护海洋环境平衡，最终实现目标的过程。⑤ 梁亮（2017）提出构建由政府协同、社会组织协助以及公众参与的海洋环境治理新框架。⑥ 赵淑玲、张丽莉（2007）建议理顺管理体制，建立一个更具权威性的海洋行政管理机构以加强海洋综合管理。⑦ 关于整体性治理，白福臣、吴春萌、刘伶俐（2020）提出为了提高海洋生态环境整体性治理，可以从治

---

① 白佳玉、隋佳欣：《海洋生态保护的法治要求：海环法修订视角下的实证解读》，《山东科技大学学报》（社会科学版）2018 年第 3 期。

② 郭院：《论中国海洋环境保护法的理论和实践》，《中国海洋大学学报》（社会科学版）2008 年第 1 期。

③ 田其云：《海洋生态系统法律保护研究》，《河北法学》2005 年第 1 期。

④ 谈萧、苏雁：《陆海统筹视野下海洋保护地法律制度研究》，《中国海洋大学学报》（社会科学版）2021 年第 1 期。

⑤ 宁凌、毛海玲：《海洋环境治理中政府、企业与公众定位分析》，《海洋开发与管理》2017 年第 4 期。

⑥ 梁亮：《海洋环境协同治理的路径构建》，《人民论坛》2017 年第 17 期。

⑦ 赵淑玲、张丽莉：《外部性理论与我国海洋环境管理的探讨》，《海洋开发与管理》2007 年第 4 期。

理主体、行为、功能、保障等角度着手。① 关于我国海洋生态环境治理效率方面，宁靓、史磊（2021）提出为了提升我国海洋生态环境治理效率与化解不同利益主体之间的冲突，应加强相关制度安排、利益争端调解、利益补偿、利益共享保障机制等。② 关于全球海洋生态环境治理，黄玥、韩立新（2021）提出我国可以通过全球管理模式及树立"海洋命运共同体"理念，加强国际合作；③ 张丛林、焦佩锋（2021）认为我国应积极参与全球海洋生态环境治理，完善多方参与的协调机制；④ 张卫彬、朱永倩（2020）提出树立海洋命运共同体，坚持可持续发展原则，构建全球海洋生态环境治理体系；⑤ 全永波（2020）提出树立全球海洋生态环境治理理念，形成全球与区域的统一治理规则；⑥ 全永波（2019）提出树立整体性治理理念，完善以政府"元治理"为核心的多层级海洋生态环境治理机制；⑦ 全永波、石鹰婷、郁志荣（2019）提出我国可以通过完善相关参与规则、加强实践落实与推进国际合作与协调，参与全球海洋生态环境治理体系；⑧ 张晏瑢、石彩阳（2019）从系统论视角，提出我国可以通过推动设立统一治理目标、实现多层次治理主体合作以及多样化手段的协同等途径，参与全球海洋生态环境治理。⑨

---

① 白福臣、吴春萌、刘伶俐：《基于整体性治理的海洋生态环境治理困境与应用建构——以雷州半岛为例》，《环境保护》2020 年第 Z2 期。

② 宁靓、史磊：《利益冲突下的海洋生态环境治理困境与行动逻辑——以黄海海域浒苔绿潮灾害治理为例》，《上海行政学院学报》2021 年第 6 期。

③ 黄玥、韩立新：《BBNJ 下全球海洋生态环境治理的法律问题》，《哈尔滨工业大学学报》（社会科学版）2021 年第 5 期。

④ 张丛林、焦佩锋：《中国参与全球海洋生态环境治理的优化路径》，《人民论坛》2021 年第 19 期。

⑤ 张卫彬、朱永倩：《海洋命运共同体视域下全球海洋生态环境治理体系建构》，《太平洋学报》2020 年第 5 期。

⑥ 全永波：《全球海洋生态环境治理的区域化演进与对策》，《太平洋学报》2020 年第 5 期。

⑦ 全永波：《全球海洋生态环境多层级治理：现实困境与未来走向》，《政法论丛》2019 年第 3 期。

⑧ 全永波、石鹰婷、郁志荣：《中国参与全球海洋生态环境治理体系的机遇与挑战》，《南海学刊》2019 年第 3 期。

⑨ 张晏瑢、石彩阳：《中国参与全球海洋生态环境治理的路径——以系统论为视角》，《南海学刊》2019 年第 3 期。

第二，总结我国海洋治理研究现状。关于我国现有海洋治理研究的不足，张铎（2021）认为我国现有海洋治理研究存在"碎片化"、深度不够、研究相对滞后等问题，且没有清晰的治理观念、治理目标与治理方式。① 关于海洋气候变化，王阳（2021）认为学界当前研究未凸显海洋气候变化法律治理的特殊性，没有宏观研究海洋气候变化。②

3. 学界有关海洋生态环境法律治理研究的主要观点有：关于海洋法律体系研究，张湘兰、叶泉（2013）提出构建一套先进、实用以及相对完备的海洋法律体系，其基本构成包括宪法、海洋基本法、单行性立法、地方性立法等。其中，海洋基本法是健全我国海洋法律体系的重要一环，也是加强海洋相关立法的侧重点。③ 胡斌、陈妍（2019）专门针对海洋生态红线制度进行研究，提出海洋生态红线制度的进一步法律化是其实现生态安全维护功能的前提。④ 关于陆海统筹的生态环境法治研究，姚瑞华、赵越、王东等（2017）建议加强区域联防联控机制，提出建立健全区域联合执法监管机制、行政区域执法监管机制、跨区域联合检察制度、不同行政机关联合执法体系以及行政机关与司法机关互相配合机制。⑤ 关于全球区域性海洋生态环境治理法律研究，张晏瑲（2020）提出我国可以通过区域多边合作、推动建立人类命运共同体以及建立区域性海洋生态环境治理法律框架等途径，参与区域性海洋生态环境治理。⑥

总之，国内有关海洋生态环境治理研究主要集中在海洋环境保护领域；海洋生态环境治理的概念与路径研究较多；研究海洋生态环境法律治理的学者相对不足。

---

① 张铎：《中国海洋治理研究审视》，《社会科学战线》2021年第7期。
② 王阳：《全球海洋治理视野下海洋气候变化的法律规制：现状、特征与前景》，《边界与海洋研究》2021年第1期。
③ 张湘兰、叶泉：《建设海洋强国的法律保障：中国海洋法体系的完善》，《武大国际法评论》2013年第1期。
④ 胡斌、陈妍：《论海洋生态红线制度对中国海洋生态安全保障法律制度的发展》，《中国海商法研究》2019年第4期。
⑤ 姚瑞华、赵越、王东等：《陆海统筹的生态系统保护修复和污染防治区域联动机制研究》，中国环境出版社2017年版，第88—90页。
⑥ 张晏瑲：《我国参与区域性海洋生态环境治理体系的法律机制》，《南海学刊》2020年第2期。

（二）关于海洋生态环境公益诉讼的研究

通过查阅相关文献资料，我国学术界主要有以下研究成果：

1. 关于海洋生态环境民事公益诉讼的研究

第一，关于一般环境民事公益诉讼的研究。巩固（2019）针对环境民事公益诉讼的性质，提出我国环境民事公益诉讼作为侵权诉讼的一种，存在主要依据司法解释运行而具体法律依据不足、司法过度能动、公众参与不足等问题，认为应当将环境民事公益诉讼定位为公法诉讼，建议制定专门环境公益损害救济法。[①] 朱凌珂（2019）针对环境民事公益诉讼原告资格，提出以社会组织提起为制度优先选择，若社会组织与行政机关同时行使原告诉权时，可成为共同原告。[②] 任洋（2021）针对行政机关在环境公益诉讼中的定位，提出行政机关应由以预防性为主的环境民事公益诉讼的舞台逐步过渡到以救济性为主的生态环境损害赔偿诉讼的舞台。[③] 徐忠麟、夏虹（2021）针对生态环境损害赔偿与环境民事公益诉讼的关系问题，提出建立以"行政执法先行、检察行政公益诉讼监督、民事公益诉讼补位"三位一体的生态环境公共利益法律救济体系。[④] 王秀卫（2019）针对环境民事公益诉讼举证责任问题，提出海洋自然资源与生态环境公益诉讼的举证责任重构应关注生态环境和自然资源案件的区分问题，实行举证责任倒置已经显失公平，相关法律、法规及司法解释等没有明确检察机关在海洋环境民事公益诉讼中的主体地位等问题。[⑤]

第二，关于海洋生态环境民事公益诉讼相关内容的研究。一是海洋生态环境民事公益诉讼制度整体性研究。黄锡生、王中政（2020）针对海洋环境民事公益诉讼制度困境与破解路径，提出我国海洋环境民事公益诉讼制度仍存在起诉主体不明、责任方式单一以及举证责任不清等不

[①] 巩固：《环境民事公益诉讼性质定位省思》，《法学研究》2019年第3期。
[②] 朱凌珂：《环境民事公益诉讼中原告资格的制度缺陷及其改进》，《学术界》2019年第12期。
[③] 任洋：《反思与重构：行政机关在环境民事公益诉讼中的定位》，《安徽大学学报》（哲学社会科学版）2021年第1期。
[④] 徐忠麟、夏虹：《生态环境损害赔偿与环境民事公益诉讼的冲突与协调》，《江西社会科学》2021年第7期。
[⑤] 王秀卫：《我国环境民事公益诉讼举证责任分配的反思与重构》，《法学评论》2019年第2期。

足,建议进一步明确行政机关、检察机关和社会组织的起诉资格并理清起诉顺位,不应一律使用举证责任倒置,形成以海洋生态修复为主的责任承担方式。① 梅宏、殷悦(2019)提出完善相关司法解释,明确"海洋环境公益诉讼""海洋自然资源损害赔偿"与"海洋生态环境损害赔偿"等概念,建立三类诉讼的分工与衔接机制。② 二是关于海洋生态环境民事公益诉讼的原告资格研究。张晓萍、郑鹏(2021)认为海洋环境民事公益诉讼适格原告应当适用公益诉讼适格原告的一般规定,包括《民事诉讼法》《环境保护法》及相关司法解释规定的一般规则,即海洋环境行政监督管理部门、检察机关以及社会组织都可以成为适格原告。③ 陈惠珍、白续辉(2018)提出我国海洋环境民事公益诉讼的适格原告范围应当为海洋环境监督管理部门、检察机关以及符合法律条件的社会组织,明晰海洋环境监督管理部门与社会组织等主体的诉权分配问题。④ 王传良、张晏瑢(2021)提出在海洋生态环境民事公益诉讼中,关于检察机关的定位问题,检察机关可以作为公益诉讼起诉人直接提起诉讼,可以作为支持起诉人支持起诉,作为法律监督机关督促起诉。⑤

2. 关于海洋生态环境行政公益诉讼的研究

第一,一般环境行政公益诉讼的研究。目前,我国学界研究环境行政公益诉讼的成果较多,主要包括以下几类:一是关于环境行政公益诉讼的价值与逻辑的研究。李劲(2015)认为权利让渡是环境行政公益诉讼的价值基础、权力制约是环境行政公益诉讼的内在价值、保护环境公共利益是环境行政公益诉讼的生态价值。⑥ 肖妮娜(2019)针对环境行政

---

① 黄锡生、王中政:《海洋环境民事公益诉讼:识别、困境与进路——从〈海洋环境保护法〉第89条切入》,《中国海商法研究》2020年第1期。
② 梅宏、殷悦:《涉海环境司法的难题与应对》,《贵州大学学报》(社会科学版)2019年第3期。
③ 张晓萍、郑鹏:《海洋环境民事公益诉讼适格原告的确定》,《海南大学学报》(人文社会科学版)2021年第1期。
④ 陈惠珍、白续辉:《海洋环境民事公益诉讼中的适格原告确定:困境及其解决路径》,《华南师范大学学报》(社会科学版)2018年第2期。
⑤ 王传良、张晏瑢:《检察机关提起海洋生态环境民事公益诉讼刍议》,《中国海商法研究》2021年第2期。
⑥ 李劲:《行政公益诉讼的价值基础及制度构建》,《社会科学辑刊》2015年第3期。

公益诉讼的功能,提出环境行政公益诉讼具有盘活检察机关法律监督职能、加强对行政权的司法监督、维护生态公益的价值、矫正环境行政监管失灵等外部价值。① 颜运秋、张金波、李明耀(2015)提出环境行政公益诉讼不是万能制度,应将环境行政公益诉讼定位于有限度的监督,并从整体主义视角就环境行政公益维护体系作出统一规划。② 张鲁萍(2018)提出环境行政公益诉讼主要目的为维护环境公益与监督行政,应准确把握环境行政公益诉讼功能、价值并合理划定检察监督权力界限。③ 邓可祝(2021)提出由于司法有限性及环境法行政实施的特征,应准确把握司法谦抑性特征,应当重视环境行政公益诉讼的诉前程序、尊重行政自由裁量权等问题。④ 二是关于环境行政公益诉讼的反思与重构研究。湛中乐、尹婷(2017)提出检察机关提起环境行政公益诉讼,其诉讼地位不同于一般行政诉讼中的原告,而举证责任如何分配同样重要。⑤ 李亚菲(2020)提出应从构筑协调司法环境的外部助益以及健全法律规范的内部保障等角度入手,健全检察机关提起环境行政公益诉讼制度。⑥ 王一彧(2019)认为检察机关提起环境行政公益诉讼,身为公益代表人作为原告资格的身份定位不清楚,存在诉前程序不规范、诉讼中具体权能不明确、判决的履行和执行不到位等不足。⑦ 宋福敏、管金平(2022)提出构建预防性环境公益诉讼,建议明确检察机关提起诉讼的诉求、法律依据、程序保障机制、责任承担方式等。⑧ 张百灵(2021)针对预防性环境

---

① 肖妮娜:《环境行政公益诉讼的逻辑、功能与限度》,《社会科学家》2019 年第 9 期。
② 颜运秋、张金波、李明耀:《环境行政公益诉讼的逻辑和归位》,《环境保护》2015 年第 Z1 期。
③ 张鲁萍:《检察机关提起环境行政公益诉讼功能定位与制度建构》,《学术界》2018 年第 1 期。
④ 邓可祝:《论环境行政公益诉讼的谦抑性——以检察机关提起环境行政公益诉讼为限》,《重庆大学学报》(社会科学版)2021 年第 5 期。
⑤ 湛中乐、尹婷:《环境行政公益诉讼的发展路径》,《国家检察官学院学报》2017 年第 2 期。
⑥ 李亚菲:《检察机关提起环境行政公益诉讼的制度困境及其因应》,《社会科学家》2020 年第 2 期。
⑦ 王一彧:《检察机关提起环境行政公益诉讼现状检视与制度完善》,《中国政法大学学报》2019 年第 5 期。
⑧ 宋福敏、管金平:《论预防性检察环境行政公益诉讼的制度确立与具体推进》,《齐鲁学刊》2022 年第 1 期。

公益诉讼，提出明确预防性环境行政公益诉讼的适用范围和启动条件。[1]三是关于环境行政公益诉讼原告资格的研究。罗丽（2015）认为检察机关作为环境行政公益诉讼原告在维护国家与社会公共利益方面具有优势。[2]秦鹏、何建祥（2018）认为检察机关、符合《环境保护法》规定的环保非政府组织都应当具备环境行政公益诉讼的原告资格。[3]刘恩媛（2020）提出人民检察院应作为"公益诉讼公诉人"、放宽原告资格、完善检察机关调查取证能力等方面健全环境行政公益诉讼制度。[4]朱学磊（2015）认为相较于公民个人，特定社会组织与检察机关更应成为起诉主体。[5]薄晓波（2020）提出完善环境行政公益诉讼，将环保组织纳入原告范围，监督执法者。[6]孙学致、郑倩（2013）认为公民成为环境行政公益诉讼适格原告的理论基础是环境权。[7]丁国民、贲丹丹（2021）建议将环境行政公益诉讼的原告适格范围扩展到社会组织及公民个人。[8]曾哲、梭娅（2018）认为应当从立法上肯定公民能够提起环境行政公益诉讼，赋予专门的社会团体起诉权，并构建多元化共同诉讼机制。[9]另外，一些学者还在环境行政公益诉讼的证据规则、实证研究、裁判文书等方面进行研究。

第二，专门的海洋生态环境行政公益诉讼研究。崔金星、覃冠文、冯金龙（2021）研究海洋生态环境行政公益诉讼的前置程序，认为司法

---

[1] 张百灵：《预防性环境行政公益诉讼的理论基础与制度展开》，《行政法学研究》2021年第6期。

[2] 罗丽：《检察院提起环境公益行政诉讼的若干思考》，《苏州大学学报》（哲学社会科学版）2015年第5期。

[3] 秦鹏、何建祥：《论环境行政公益诉讼的启动制度——基于检察机关法律监督权的定位》，《暨南学报》（哲学社会科学版）2018年第5期。

[4] 刘恩媛：《论环境行政公益诉讼制度的反思与重构》，《环境保护》2020年第16期。

[5] 朱学磊：《论我国环境行政公益诉讼制度的构建》，《烟台大学学报》（哲学社会科学版）2015年第4期。

[6] 薄晓波：《三元模式归于二元模式——论环境公益救济诉讼体系之重构》，《中国地质大学学报》（社会科学版）2020年第4期。

[7] 孙学致、郑倩：《环境行政公益诉讼公民诉权的权利基础》，《社会科学战线》2013年第6期。

[8] 丁国民、贲丹丹：《环境行政公益诉讼提起主体之拓展》，《东南学术》2021年第6期。

[9] 曾哲、梭娅：《环境行政公益诉讼原告主体多元化路径探究——基于诉讼客观化视角》，《学习与实践》2018年第10期。

实践中诉前检察建议存在检察权边界模糊、强制约束力偏弱、督促效率具有滞后性等问题。[①] 贺世国、钱莉（2020）提出在海洋污染行政公益诉讼时，应加强监督，精准确定检察建议的对象，督促相关行政机关依法履行职责。[②] 余妙宏（2021）认为海洋环境行政公益诉讼应是检察公益诉讼的重点所在。[③] 在我国，专门针对海洋生态环境行政公益诉讼的研究成果相对有限，没有形成系统的研究体系。

3. 关于海洋生态环境刑事附带民事公益诉讼的研究

第一，关于刑事附带民事公益诉讼的研究。一是有些学者针对刑事附带民事公益诉讼制度的总体完善展开研究。赵辉（2019）针对不属于破坏环境资源保护的犯罪是否可以提起附带民事公益诉讼，如何认定侵害公共利益，行政处罚、罚金与刑事附带民事公益诉讼是否可以并行，诉前公告程序是否需要履行等问题，展开了详细研究。[④] 石晓波、梅傲寒（2019）针对主体、程序和规则的不足，提出立法规定检察机关的主体资格与相关受案范围，取消诉前公告程序，完善执行监督体制，明确举证责任并完善取证制度，建立基金管理规则等。[⑤] 毋爱斌（2020）针对检察院提起刑事附带民事公益诉讼的条件、刑事附带民事公益诉讼的审理程序、刑事附带民事公益诉讼的判决及其效力等方面展开了研究。[⑥] 高星阁（2021）提出扩大刑事附带民事公益诉讼受案范围，对管辖制度、检察机关职能定位、诉前、保全、调解与证明标准等进行程序再造。[⑦] 谢小剑

[①] 崔金星、覃冠文、冯金龙：《海洋环境行政公益诉讼中诉前检察建议的阙如与拓新——基于海洋环境行政公益诉讼典型案例的分析》，《南宁师范大学学报》（哲学社会科学版）2021年第4期。

[②] 贺世国、钱莉：《海洋污染行政公益诉讼案件办理难点及思考》，《中国检察官》2020年第18期。

[③] 余妙宏：《检察公益诉讼在海洋环境保护中的路径与程序研究》，《中国海商法研究》2021年第2期。

[④] 赵辉：《检察机关提起刑事附带民事公益诉讼难点问题探究》，《中国检察官》2019年第16期。

[⑤] 石晓波、梅傲寒：《检察机关提起刑事附带民事公益诉讼制度的检视与完善》，《政法论丛》2019年第6期。

[⑥] 毋爱斌：《检察院提起刑事附带民事公益诉讼诸问题》，《郑州大学学报》（哲学社会科学版）2020年第4期。

[⑦] 高星阁：《论刑事附带民事公益诉讼的程序实现》，《新疆社会科学》2021年第3期。

（2019）提出应扩大审理范围，采用"附随刑事案件管辖"规则，无须诉前公告，适当规范检察机关的调解、撤诉，以此来完善刑事附带民事公益诉讼。① 刘加良（2019）针对刑事附带民事公益诉讼，提出应当履行诉前公告程序，一审法院的审判组织应是包括陪审员在内的七人合议庭，海洋生态环境保护领域的案件不应属于基层法院案件管辖范围，被告同一为提起诉讼的前提。② 刘艺（2019）针对刑事附带民事公益诉讼，提出加强协调权益救济功能及社会公益保护功能，增强在提起依据、管辖、受案范围、程序与责任方式等层面的协调性。③ 汤维建（2022）针对刑事附带民事公益诉讼的完善，提出不需要规定诉前公告程序、案件管辖应当根据"就高不就低"的原则、被告主体不必保持绝对的一致性、刑事与公益诉讼并行交错的审判顺序、审判组织可不是7人合议庭制等。④ 周新（2021）针对刑事附带民事公益诉讼，按照"刑主民辅"，合理确定起诉主体、被告主体以及责任承担等。⑤ 庄玮（2021）提出明确刑事附带民事公益诉讼的起诉主体、受案范围、审判主体、证明模式等。⑥ 张袁（2019）针对刑事附带民事公益诉讼，提出：明确"公益诉讼人"主体地位，构建能动性诉前程序；相较于刑事诉讼，民事公益诉讼具有形式依附以及实质独立的特点。⑦ 杨雅妮（2019）提出若提起刑事附带民事公益诉讼，需要履行诉前程序。⑧ 二是针对刑事附带民事公益诉讼的功能展开研究。苏和生、沈定成（2020）提出刑事附带民事公益诉讼具有节省诉讼资源、打击刑事犯罪及平衡责任分担、维护公共利益等功能；提出海洋生态环境保护类案件作为适用刑事附带民事公益诉讼程序的例外；提

---

① 谢小剑：《刑事附带民事公益诉讼：制度创新与实践突围——以207份裁判文书为样本》，《中国刑事法杂志》2019年第5期。
② 刘加良：《刑事附带民事公益诉讼的困局与出路》，《政治与法律》2019年第10期。
③ 刘艺：《刑事附带民事公益诉讼的协同问题研究》，《中国刑事法杂志》2019年第5期。
④ 汤维建：《刑事附带民事公益诉讼研究》，《上海政法学院学报（法治论丛）》2022年第1期。
⑤ 周新：《刑事附带民事公益诉讼研究》，《中国刑事法杂志》2021年第3期。
⑥ 庄玮：《刑事附带民事公益诉讼制度理论与实践问题研究》，《中国应用法学》2021年第4期。
⑦ 张袁：《在交互中融合：检察机关提起刑事附带民事公益诉讼的程序考察》，《安徽大学学报》（哲学社会科学版）2019年第6期。
⑧ 杨雅妮：《刑事附带民事公益诉讼诉前程序研究》，《青海社会科学》2019年第6期。

出原则上应当进行诉前公告；明确一审程序审判组织包括七人合议庭。[1] 三是研究刑事附带民事公益诉讼与其他制度之间的关系。王朝阳、张婷（2020）提出明确刑事附带民事公益诉讼与刑事附带民事诉讼的关系；生态环境损害赔偿诉讼与刑事附带环境民事公益诉讼关系处理。[2] 蔡虹、王瑞祺（2022）提出刑事附带民事公益诉讼不适用惩罚性赔偿性机制，而是通过加强罚金刑力度、增强诉前行政罚款的适用频率等来替代。[3] 蔡虹、王瑞祺（2022）研究了刑事附带民事公私益诉讼并审存在的问题及解决路径。[4] 四是研究刑事附带民事公益诉讼的起诉主体。蔡虹、夏先华（2020）提出检察机关作为刑事附带民事公益诉讼的合理与保障，分析了社会公益组织不宜作为刑事附带民事公益诉讼的诉权主体。[5] 五是研究刑事附带民事公益诉讼的受案范围。杨雅妮（2022）针对刑事附带民事公益诉讼的受案范围，不包括以下案件类型：公益损害事实超出了犯罪事实案件、刑事诉讼被告范围少于附带民事公益诉讼被告范围案件、于一审开庭后提起诉讼的案件以及专门管辖的附带民事公益诉讼案件等。[6] 六是有学者认为没必要确立刑事附带民事公益诉讼制度。程龙（2018）认为无须设置刑事附带民事公益诉讼，避免制度剩余及不相容的问题。[7]

第二，生态环境刑事附带民事公益诉讼的研究。一是针对生态环境刑事附带民事公益诉讼的整体制度研究。陈学敏（2021）提出为了完善环境刑事附带民事公益诉讼，应当修正诉讼理念、健全程序规则、规范

---

[1] 苏和生、沈定成：《刑事附带民事公益诉讼的本质厘清、功能定位与障碍消除》，《学术探索》2020年第9期。

[2] 王朝阳、张婷：《厘清关系进一步完善刑事附带民事公益诉讼制度》，《人民检察》2020年第24期。

[3] 蔡虹、王瑞祺：《刑事附带民事公益诉讼惩罚性赔偿之否定与替代方案》，《山东社会科学》2022年第1期。

[4] 蔡虹、王瑞祺：《刑事附带民事公私益诉讼并审的程序展开》，《海南大学学报》（人文社会科学版）2022年第1期。

[5] 蔡虹、夏先华：《论刑事附带民事公益诉讼的诉权配置》，《郑州大学学报》（哲学社会科学版）2020年第4期。

[6] 杨雅妮：《刑事附带民事公益诉讼案件范围之界定》，《北京社会科学》2022年第9期。

[7] 程龙：《刑事附带民事公益诉讼之否定》，《北方法学》2018年第6期。

法律责任等。①俞蕾、黄潇筱（2020）明确提出生态环境刑事附带民事公益诉讼与生态环境损害赔偿诉讼以及刑事附带民事诉讼衔接关系。② 田雯娟（2019）明确诉讼主体的公益性定位，确立检察机关及行政机关作为公益诉讼起诉人，健全案件裁判规则，适当区分并衔接民刑诉讼等。③ 二是研究生态环境刑事附带民事公益诉讼的环境责任方式。杨雅妮（2022）针对生态环境修复责任问题，提出应突破"刑事优先"的模式，正确界定生态环境修复责任性质，明确生态修复责任与刑事责任的次序，明确与恢复原状的关系，加强生态修复责任与罚金、没收财产等之间的协调，理清生态修复责任与赔偿损失的顺位。④ 张佳华（2022）提出多元化起诉主体、多方主体并存的举证机制、刑民二元性的诉讼证明标准；关于赔偿金的收取与管理，提出设专项基金、明确收取主体以及完善赔偿金监管机制等。⑤ 蒋敏、袁艺、牟其香（2020）提出引入禁止令弥补环境公益诉讼民事责任形式的不足。⑥ 鲁俊华（2020）针对环境刑事附带民事公益诉讼的责任问题，提出没收的违法所得与生态环境损害赔偿具有同质性时，可予以抵扣。⑦ 三是研究生态环境刑事附带民事公益诉讼的审判模式。叶榅平、常霄（2020）针对刑事附带环境民事公益诉讼的审判模式的选择，采用"先民后刑"模式，并以"先刑后民"模式作为补充。⑧ 四是研究生态环境刑事附带民事公益诉讼的制度定位。卞建林、谢澍（2020）针对环境刑事附带民事公益诉讼的制度定位，提出该制度有利于

---

① 陈学敏：《环境刑事附带民事公益诉讼制度的检视与完善》，《华南理工大学学报》（社会科学版）2021年第3期。

② 俞蕾、黄潇筱：《生态环境刑事附带民事公益诉讼的证据规则与衔接机制研究——以上海地区检察公益诉讼为例》，《中国检察官》2020年第16期。

③ 田雯娟：《刑事附带环境民事公益诉讼的实践与反思》，《兰州学刊》2019年第9期。

④ 杨雅妮：《生态环境修复责任：性质界定与司法适用——以环境刑事附带民事公益诉讼为分析对象》，《南京工业大学学报》（社会科学版）2022年第1期。

⑤ 张佳华：《刑事附带民事环境公益诉讼的经验反思与重塑》，《学术界》2022年第6期。

⑥ 蒋敏、袁艺、牟其香：《从无到有与从有到精：环境检察公益诉讼的困局与破局——以C市刑事附带民事环境检察公益诉讼案件为实证研究范式》，《法律适用》2020年第18期。

⑦ 鲁俊华：《刑事附带民事环境公益诉讼责任认定问题研究》，《中国检察官》2020年第2期。

⑧ 叶榅平、常霄：《刑事附带环境民事公益诉讼的审理模式选择》，《南京工业大学学报》（社会科学版）2020年第6期。

维护国家利益与社会公共利益、维护生态平衡与生物多样性的司法保护力度、节约司法资源等。①

第三，海洋生态环境刑事附带民事公益诉讼的研究。学术界对于海洋生态环境刑事案件中，相关主体是否可以提起刑事附带民事公益诉讼持谨慎态度。苏和生、沈定成（2020）提出海洋生态环境保护类案件不适用刑事附带民事公益诉讼程序，必须坚持《民事诉讼法》及其司法解释中关于级别管辖、地域管辖相关规定，遵循海事法院专属管辖的规则。②

二 域外研究综述

关于域外研究综述，本部分主要从域外海洋生态环境治理研究与海洋生态环境公益诉讼研究两个方面入手。

（一）域外海洋生态环境治理研究综述

通过阅读大量文献，发现域外海洋生态环境治理研究主要有：

1. 关于海洋环境保护的研究。Maher Lani M.（2017）提出应采取极端的预防措施来保护海洋资源；经过加强现有政策和引入新立法，可以制定一个更全面的制度来规范向海洋环境排放污染物；减少家庭与工业药物排放；污染物排入海洋可以设定监控要求和许可证；未来科学研发可能生产出对海洋环境危害较小、更有效和成本更低的污染物处理技术。③ Hongdao Qian，Mukhtar Hamid（2017）提出各国应积极参与海洋自然资源开发活动，保护海洋环境和海洋生态系统；可以看到澳大利亚和东帝汶、尼日利亚圣多美和普林西比、更突出的是塞舌尔和毛里求斯已经找到了履行其保护海洋责任的办法；中国—东盟国家也为保护和保全海洋环境树立了良好的榜样，中国加强了在南海的共同发展合作，以便使"一带一路"倡议成为一个成功的项目；有效实施国际法需要各国更

---

① 卞建林、谢澍：《刑事附带民事公益诉讼的实践探索——东乌珠穆沁旗人民检察院诉王某某等三人非法狩猎案评析》，《中国法律评论》2020年第5期。

② 苏和生、沈定成：《刑事附带民事公益诉讼的本质厘清、功能定位与障碍消除》，《学术探索》2020年第9期。

③ Maher Lani M., "Protecting California's Marine Environment from Flushed Pollutants", 35 UCLA Journal of Environmental Law and Policy 284 (2017), pp. 284 – 310.

多的承诺和考虑。① Richardson Benjamin J. （2016）认为成功的生态恢复治理是一项复杂的任务，必须理解恢复生态学，以便寻求最有希望的机会，从而避免无功而返；社区参与生态保护至关重要；建立有效的总体法律架构，明确定义、目标和可行性，适应不同公共环境和私人领域。② Wartini Sri. （2017）认为保护海洋环境联合开发区所需的联合开发协议没有得到最佳执行，特别是在发展中国家。③

2. 关于海洋环境法律的研究。Hao Shen（2017）介绍了中国关于深海勘探的相关环境规定，分析中国强调多方利益平衡来保护海洋环境。④ Youngmin Seo（2021）针对日本计划核污染废水排海问题，提出在《联合国海洋法公约》制度下，计划在福岛的排放可能经不起仔细审查。⑤ McKayla McMahon（2022）针对海洋塑料污染，提出联合国环境大会现在必须建立一个强有力的法律框架，以防止、治理海洋生境中的塑料污染。⑥ Alexis Ian P. Dela Cruz（2019）针对南海海洋环境保护，提出纯粹基于国家善意的海洋环境治理模式会长期危及南海。⑦ Jinpeng Wang（2018）认为中国生态环境部于2018年成立，有利于整合生态环境保护的职能，可以在海洋污染控制、野生动物保护等方面统筹保护。⑧ Figen

---

① Hongdao Qian, Mukhtar Hamid., "Joint Development Agreements: Towards Protecting the Marine Environment under International Law", 66 *Journal of Law, Policy and Globalization* 164 (2017), pp. 164 – 171.

② Benjamin J. Richardson, "The Emerging Age of Ecological Restoration Law", 25 *Review of European, Comparative & International Environmental Law* 277 (2016), pp. 277 – 290.

③ Sri Wartini, "The Role of the Coastal States to the Protection of Marine Environment in Joint Development Agreement", 14 *Indonesian Journal of International Law* 433 (2017), pp. 433 – 455.

④ Hao Shen, "International Deep Seabed Mining and China's Legislative Commitment to Marine Environmental Protection", 10 *J. E. Asia & INT'l L.* 489 (2017), pp. 489 – 510.

⑤ Youngmin Seo, "The Marine Environmental Turn in the Law of the Sea and Fukushima Wastewater", 45 *Fordham International Law Journal* 51 (2021), pp. 51 – 104.

⑥ McKayla McMahon, "Tides of Plastic: Using International Environmental Law to Reduce Marine Plastic Pollution", 28 *Hastings Environmental Law Journal* 49 (2022), pp. 49 – 75.

⑦ Alexis Ian P. Dela Cruz, "A South China Sea Regional Seas Convention: Transcending Soft Law and State Goodwill in Marine Environmental Governance?", 6 *Journal of Territorial and Maritime Studies* 5 (2019), pp. 5 – 29.

⑧ Jinpeng Wang, "Reform of China's Environment Governance: The Creation of a Ministry of Ecology and Environment", 2 *Chinese Journal of Environmental Law* 112 (2018), pp. 112 – 118.

Tabanli，Gokhan Guneysu（2021）研究了沿海石油平台和这些平台的法律性质，指出海上油气活动对海洋环境的影响。[1]

（二）域外关于海洋生态环境公益诉讼的研究综述

关于域外海洋生态环境公益诉讼的研究，主要从以下几个角度进行综述：

1. 域外文献研究中国环境公益诉讼的相关成果

第一，关于中国环境公益诉讼的定位与作用研究。关于界定环境公益诉讼在中国的作用，Juan Chu（2018）提出西方观察家只是简单地看待环境公益诉讼相当于中国的美国公民诉讼，这为私人团体提供了一个执行现有环境的途径要求，该学者认为新兴的环境公益诉讼应被视为一种公害式框架，当成文法不足以防止或纠正损害时，它应作为维护公共环境利益的独立工具。[2] Huang Zhongshun（2017）针对中国公益诉讼与私益诉讼，提出公益诉讼与私益诉讼相结合。利益诉讼是指原告可以提起公益诉讼和同一诉讼中的私人利益索赔。其中，公益诉讼以权威为导向，而私益诉讼以当事人为导向。[3] Karen Kong（2015）针对香港环境公益诉讼，提出香港环境公共利益诉讼作为当前环境倡导的法律制度，公益诉讼仍是引导公众利益的重要工具，认为诉讼不是唯一的解决方案，它需要与更新的立法和补充环境标准相配合。[4]

第二，关于中国环境公益诉讼的原告资格研究。Qi Gao，Sean Whittaker（2019）针对环境公益诉讼的原告资格，提出中国环境公益诉讼规模扩大通过授予行政机关、检察院和非政府组织保护环境公共利益的能力。为了促进民间社会及其行为者参与环境法执行，非政府组织应在环

---

[1] Figen Tabanli, Gokhan Guneysu, "Pollution of the Marine Environment from Offshore Oil and Gas Activities", 29 *Selcuk Universitesi Hukuk Fakultesi Dergisi* 623 (2021), pp. 623 – 658.

[2] Juan Chu, "Vindicating Public Environmental Interest: Defining the Role of Environmental Public Interest Litigation in China", 45 *Ecology L. Q.* 485 (2018), pp. 485 – 532.

[3] Huang Zhongshun, "On the Combination of Public Interest Litigation and Private Interest Litigation And the Establishment of Group Litigation with Chinese Characteristics", 5 *Renmin Chinese L. Rev.* 272 (2017), pp. 272 – 295.

[4] Karen Kong, "The Uphill Battle for Sustainable Development: Can the Use of Public Interest Litigation Protect the Natural Environment in Hong Kong", 23 *Asia Pacific Law Review* 7 (2015), pp. 7 – 30.

境公益诉讼中获得优先地位,并提出对非政府组织的资格要求应放宽。[1] Martin K. Y. Lau(2016)认为公益诉讼允许少数人维护在多数主义决策过程中被排除在外的群体权利。[2] Tyler Liu(2015)针对中国环境公益诉讼,提出全国人大应取消环境公益诉讼的社会组织只能针对污染者而不能对政府提起。[3] Tiantian Zhai, Yen-Chiang Chang(2018)针对中国环境公益诉讼的原告资格,提出进一步放开社会组织和环境行政机关诉权,明确检察机关的法律地位,授予个人起诉资格也值得在未来考虑。此外,建立激励机制,减轻原告的经济和举证负担,激励处于不利地位的原告。[4] Sun Qian, Jack Tuholske(2017)提出,虽然中国已经设定数百个环境法庭,但这些法庭不是满负荷运转,地方保护主义依然存在,社会组织数量较少。美国经验的一个重要教训是制定环境保护法并使用法院执行它们需要数年时间才能取得成果。[5]

2. 域外文献关于其他国家环境公益诉讼的研究

第一,一些学者关注美国等西方发达国家的环境公益诉讼制度。Matthew Burrows(2009)针对美国环境公益诉讼,提出美国《清洁空气法》授权公民诉讼并赋予法院审查这些诉讼,以酌情判给律师费,认为不应要求《清洁空气法》的公民原告为了寻求律师费以证明该诉讼符合公众利益。[6]

---

[1] Qi Gao, Sean Whittaker, "Standing to Sue beyond Individual Rights: Who Should Be Eligible to Bring Environmental Public Interest Litigation in China", 8 *Transnational Environmental Law* 327 (2019), pp. 327-348.

[2] Martin K. Y. Lau, "Public Interest Standing in Hong Kong: Why and How Should It Be Recognised", 10 *Hong Kong Journal of Legal Studies* 109 (2016), pp. 109-134.

[3] Tyler Liu, "China's Revision to the Environmental Protection Law: Challenges to Public Interest Litigation and Solutions for Increasing Public Participation and Transparency", 6 *George Washington Journal of Energy and Environmental Law* 60 (2015), pp. 60-70.

[4] Tiantian Zhai, Yen-Chiang Chang, "Standing of Environmental Public-Interest Litigants in China: Evolution, Obstacles and Solutions", 30 *Journal of Environmental Law* 369 (2018), pp. 369-398.

[5] Sun Qian, Jack Tuholske, "An Exploration of and Reflection on China's System of Environmental Public Interest Litigation", 47 *Environmental Law Reporter News & Analysis* 10497 (2017), pp. 10497-10510.

[6] Matthew Burrows, "The Clean Air Act: Citizens Suits, Attorneys' Fees, and the Separate Public Interest Requirement", 36 *Boston College Environmental Affairs Law Review* 103 (2009), pp. 103-134.

Barry E. Hill（2020）关注美国气候环境诉讼，研究了州检察长在2018年罗德岛州诉雪弗龙公司的诉讼。美国第一巡回上诉法院裁定指控相关公司在罗德岛从事影响气候变化的有害活动。① John C. Cruden, Steve O'Rourke, Sarah D. Himmelhoch（2016）针对2010年深水地平线石油钻井平台在墨西哥湾发生爆炸事件，从诉讼的开始到和解的过程中，明确从诉讼中吸取的教训，以及该案例证明了合作联邦制、《复杂诉讼手册》和2015年《联邦民事诉讼规则》修正案的有效性。② Eadbhard Pernot（2019）针对爱尔兰气候环境诉讼，提出爱尔兰在减轻气候变化影响方面的作用相对较小，该国不能免受气候变化的影响，爱尔兰法院也不能免受与之相关的诉讼。③ Mark Squillace（2020）针对西方国家水法的公共利益，提出尽管西方国家明确规定了公共利益，但大多数西方国家在水权管理中通常没有履行考虑公共利益的义务，建议州水资源机构可以任命一名公共监察员，其任务是在州机构的每一项重大诉讼中代表与水资源相关的共同公共利益。④

第二，一些学者关注发展中国家的环境公益诉讼制度。Yenehun Birlie（2017）针对埃塞俄比亚环境公益诉讼，提出环境公益诉讼已被引入自2002年以来的埃塞俄比亚法律体系，其主要目的是促进和配合国家环保工作，认为尽管环境公益诉讼的法律和政策框架存在限制，但司法能动主义、法律文化、政治意愿及公众对法律、司法程序和正义的认知、法律制度的类型以及环境信息的不足等，都对环境公益诉讼的发展产生了不利影响。⑤ M. Kidd（2010）针对南非环境公益诉讼，提出南非宪法

---

① Barry E. Hill, "Environmental Rights, Public Trust, and Public Nuisance: Addressing Climate Injustices through State Climate Liability Litigation", 50 *Envtl. L. Rep.* 11022 (2020), pp. 11022 – 11043.

② John C. Cruden, Steve O'Rourke, Sarah D. Himmelhoch, "The Deepwater Horizon Oil Spill Litigation: Proof of Concept for the Manual for Complex Litigation and the 2015 Amendments to the Federal Rules of Civil Procedure", 6 *Mich. J. Envtl. & Admin. L.* 65 (2016), pp. 65 – 150.

③ Eadbhard Pernot, "The Right to an Environment and Its Effects for Climate Change Litigation in Ireland", 22 *Trinity C. L. Rev.* 151 (2019), pp. 151 – 172.

④ Mark Squillace, "Restoring the Public Interest in Western Water Law", 2020 *Utah Law Review* 627 (2020), pp. 627 – 684.

⑤ Yenehun Birlie, "Public Interest Environmental Litigation in Ethiopia: Factors for Its Dormant and Stunted Features", 11 *Mizan Law Review* 304 (2017), pp. 304 – 341.

通过将环境权利列为基本的、正当的人权,通过必要的暗示要求在行政程序中对环境因素给予适当的承认和尊重。然而,南非与维护人民环境权利和保护环境有关的判例仍处于起步阶段。[1] Yu Lin(2018)认为环境公益诉讼已成为保护环境,特别是公益救济的重要手段。环境公益诉讼的多重目的之一就是良好的环境治理,这是其实际目的。良好环境治理的要素包括透明度、参与性、问责制、法治、有效性和效率。[2] Emily Kinama(2019)针对肯尼亚环境公益诉讼制度,提出环境公益诉讼仍然是保护公众利益的有力选择,实现可持续发展目标,维护清洁和健康的权利,特别是维护尊严权、健康权、生命权和边缘化群体的权利。[3] Hoolo 'Nyane,Tekane Maqakachane(2020)针对莱索托环境公益诉讼,提出在法院提起诉讼的人,无论是出于私人利益还是公共利益,都必须使法院确信他对判决结果有直接和实质性的利益。[4]

3. 域外其他海洋环境公益诉讼制度的研究综述

Evan Hamman(2015)针对海洋倾倒污染公益诉讼,提出海上倾倒案诉讼允许公民在法律程序中可以运用一种具有成本效益且高度实用的参与形式,它似乎允许澳大利亚人成为公共利益诉讼当事人,直接影响政府环境决策。[5]

三 国内外研究评价

(一)国内有关研究的发展趋势与问题

1. 国内研究的发展趋势

第一,关于海洋生态环境治理的研究发展趋势。一是更加注重法律

---

[1] M. Kidd, "Public Interest Environmental Litigation: Recent Cases Raise Possible Obstacles", 13 *Potchefstroom Elec. L. J.* 27 (2010), pp. 27–47.

[2] Yu Lin, "Achieving Good Environmental Governance through Environmental Public Interest Litigation", 9 *Romanian Journal of Comparative Law* 359 (2018), pp. 359–388.

[3] Emily Kinama, "Promoting Public Interest Litigation in Kenya to Protect Public Open Spaces", 2019 *East African Law Journal* 97 (2019), pp. 97–118.

[4] Hoolo 'Nyane, Tekane Maqakachane, "Standing to Litigate in the Public Interest in Lesotho: The Case for a Liberal Approach", 20 *African Human Rights Law Journal* 799 (2020), pp. 799–824.

[5] Evan Hamman, "Save the Reef: Civic Crowdfunding and Public Interest Environmental Litigation", 15 *QUT Law Review* 159 (2015), pp. 159–173.

在海洋生态环境治理中的作用。以法治海早在其他国家得到验证并取得显著成效。随着我国海洋环境法治建设不断完善，有关海洋生态环境法律治理的研究文献也越来越多。二是研究海洋生态环境治理的目的是建设海洋强国以及保护海洋生态环境。三是关注系统化与统筹治理海洋生态环境的研究。学界对统筹陆海、统筹中央与地方以及统筹各地方之间生态环境治理的研究逐渐增多。

第二，关于海洋生态环境公益诉讼的研究趋势。一是关于海洋生态环境民事公益诉讼的研究趋势。在环境民事公益诉讼领域，学界的研究成果较多。其中，代表性观点包括：制定专门环境公益损害救济法；将环境民事公益诉讼定位为补位救济措施；环境民事公益诉讼原告资格应以社会组织提起为制度优先选择等。在海洋生态环境民事公益诉讼领域，学界关注公益诉讼制度整体性以及诉讼原告主体资格的研究。其中，研究成果主要集中在海洋生态环境民事公益诉讼的原告资格。然而，专门研究海洋生态环境民事公益诉讼的成果相对较少。二是关于海洋生态环境行政公益诉讼的研究趋势。在一般环境行政公益诉讼层面，学界关注公益诉讼本身的价值、逻辑与功能，关注行政公益诉讼的反思与重构，研究行政公益诉讼原告资格。在海洋生态环境行政公益诉讼层面，学界关注海洋生态环境行政公益诉讼的前置程序与检察建议的作用等。三是关于海洋生态环境刑事附带民事公益诉讼的研究趋势。国内学界关于一般刑事附带民事公益诉讼的研究成果较多，在起诉主体、审判组织的选择、诉前公告等方面亦存在诸多不同观点。然而，在海洋生态环境刑事附带民事公益诉讼领域，学术界很少有学者展开深入研究，这对于海洋生态环境刑事附带民事公益诉讼制度的发展不利。

2. 国内现有研究存在的问题

关于国内海洋生态环境公益诉讼研究现状，主要存在以下不足：一是研究海洋生态环境公益诉讼的文献有限，存在文献研究深度不够、研究内容尚浅等问题。二是关于海洋生态环境公益诉讼的研究成果相对较少，相关研究成果集中于一般海洋生态环境治理领域。而在海洋生态环境公益诉讼的现有研究成果中，又相对集中在海洋生态环境民事公益诉讼领域，在相关行政公益诉讼及刑事附带民事公益诉讼领域的研究相对较少。三是现有研究未对海洋生态环境公益诉讼形成系统性研究。国内现有研究主要集中在海洋生态环境公益诉讼的某个或某些方面，没有对相关公益诉讼形成整体性系统研究。为了深入研究海洋生态环境公益诉讼，本文将从民事公益诉讼、行政公益诉讼与刑事附带民事公益诉讼等方面入手，运用法律思维与法律方法，系统地研究我国海洋生态环境公益诉讼。

（二）域外有关研究的发展趋势与问题

1. 域外研究发展趋势

第一，域外关于海洋生态环境法律治理研究不断增多。"以法治海"的研究不断增多，关注海洋生态环境法治主体与手段的多样性。《联合国海洋法公约》、日本治理濑户内海系列法律制度以及美国关于加勒比海治理的法律制度都是值得我们学习与借鉴的成功实践。

第二，域外关于海洋生态环境公益诉讼研究的发展趋势。一是研究主要集中在环境公益诉讼领域。一些学者关注美国等发达国家环境公益诉讼制度，借鉴相关成功经验。同时，有些学者也关注中国、埃塞俄比亚等发展中国家的环境公益诉讼制度的现状与发展趋势。二是域外相关研究关注海洋环境公益诉讼制度。一些学者关注海洋倾倒污染公益诉讼。

2. 域外研究现状存在的问题

关于海洋生态环境公益诉讼的域外研究现状，主要存在以下问题：一是少有学者关注海洋生态环境公益诉讼研究。域外大多数研究成果围绕海洋环境保护、海洋污染损害赔偿、海洋生态补偿、海洋生态安全、海洋生物保护与利益相关者等方面。近期域外关于海洋生态环境治理研究越来越多，大多是关于某海域或某区域海洋治理的研究，鲜有关注海洋生态环境公益诉讼的研究。总之，域外关于海洋环境公益诉讼研究呈现出碎片化、零星化与片面化的特征，缺少必要的研究。二是海洋环境公益诉讼未形成系统化与体系化研究。关于海洋环境公益诉讼研究，域外学者主要关注环境公益诉讼制度，而对海洋环境公益诉讼的研究相对不足。关于海洋环境刑事附带民事公益诉讼研究，域外学者亦未进行体系化研究，相关研究呈现碎片化与分散化。

第三节 主要研究内容

　　健全海洋生态环境公益诉讼制度符合党的海洋生态环境法治建设要求。党关于生态保护的重要部署，是我国海洋生态法治建设重要依据。党的十八大明确提出大力推进生态文明建设。习近平总书记于2018年5月在全国生态环境保护大会上发表以严法治生态的重要论断。① 另外，《生态文明体制改革总体方案》强调法治对生态文明建设的重要性。生态文明是一场涉及人类社会从物质生产方式到政治、法律及社会文化整体的大转变，其必定会牵动到经济、政治和文化诸因素的互动，要把对自然的尊重放到同样的位置上。②

　　通过对海洋生态环境公益诉讼的系统性研究，以生态系统理论、环境权、环境公平与正义、生态法益理论等作为理论支撑，科学合理确定海洋生态环境公益诉讼的研究外延，发现我国现有相关公益诉讼的问题，系统地完善我国海洋生态环境公益诉讼制度。

　　具体研究内容主要有：一是海洋生态环境公益诉讼相关概念辨析。现有研究成果对于海洋生态环境与海洋环境的概念尚未作出明确研究，有些观点或实务中甚至将二者等同。本文研究海洋环境与生态环境的概念，讨论海洋生态环境的概念及其与海洋环境的区别。为了明确本文研究外延，界定海洋生态环境公益诉讼的主要内容，主要包括海洋生态环境民事公益诉讼、行政公益诉讼以及刑事附带民事公益诉讼。二是研究海洋生态环境民事公益诉讼。本文将系统性地研究海洋生态环境民事公益诉讼，分析海洋生态环境民事公益诉讼的理论基础，探究我国海洋生态环境民事公益诉讼制度的法律依据，研究我国海洋生态环境民事公益诉讼制度的内容与不足，分析海洋生态环境民事公益诉讼域外现状与借鉴，提出海洋生态环境民事公益诉讼的完善建议。三是研究海洋生态环

---

① 《习近平：用最严格制度最严密法治保护生态环境》，央视新闻网：http://news.cctv.com/2018/05/23/ARTIfl L6KZrCiEjI1HwHSpWJ180523.shtml. 最后访问日期：2020年10月28日。

② 曲格平：《中国环境问题及对策》，中国环境出版社1984年版，第137页。

境行政公益诉讼。本文将分析海洋生态环境行政公益诉讼的特征与法理基础,探究我国海洋生态环境行政公益诉讼制度的内容与不足,考察与借鉴域外海洋生态环境行政公益诉讼,提出海洋生态环境行政公益诉讼的完善建议。四是研究海洋生态环境刑事附带民事公益诉讼。现有研究成果大多针对环境刑事附带民事公益诉讼进行研究。本文立足于海洋生态环境刑事附带民事公益诉讼的整体性研究,分析海洋生态环境刑事附带民事公益诉讼的法理基础,探究海洋生态环境刑事附带民事公益诉讼的特殊性,探讨我国海洋生态环境刑事附带民事公益诉讼制度内容,讨论海洋生态环境刑事附带民事公益诉讼的完善路径。五是提出我国海洋生态环境公益诉讼的完善建议。通过系统分析我国海洋生态环境公益诉讼的理论、现状及不足等,提出相关完善建议:完善海洋生态环境民事公益诉讼;健全海洋生态环境行政公益诉讼;革新海洋生态环境刑事附带民事公益诉讼等。

第四节 研究方法

一 规范分析法

规范分析包括已经存在的事物现象,并对事物运行状态做出相应的主观价值判断。对我国现有海洋生态环境公益诉讼的相关制度进行分析,发现其中的发展趋势及不足。研究国外关于海洋生态环境公益诉讼的可借鉴内容,与我国具体国情相结合,提出可行的完善建议。

二 实证研究法

通过获取海洋生态环境公益诉讼的经验,再将经验归纳为理论。与规范研究不同,实证研究海洋生态环境公益诉讼采用的是归纳法,其侧重于经验研究且贴近现实,目的是验证已有理论以及总结出新理论。运用实证主义分析海洋生态环境公益诉讼的历史经验教训,进而验证现有理论以及得出新的理论。

三 系统研究法

通过分析海洋生态系统的特点,综合研究海洋生态环境公益诉讼。

系统分析方法强调研究的系统性与整体性，侧重于海洋生态环境公益诉讼的统筹考虑。运用系统研究方法，可以准确把握海洋生态系统的规律，为健全海洋生态环境公益诉讼提供基础。

四 文献研究法

文献研究法主要指搜集、鉴别与整理文献，并通过对文献的研究形成对事实的科学认识的方法。文献研究法主要包括提出课题或假设、研究计划、搜集文献、整理文献以及进行文献综述等部分。在确立海洋生态环境公益诉讼研究主题与研究计划的基础上，通过搜集并整理相关文献，撰写出海洋生态环境公益诉讼的文献综述。通过分析与研究有关海洋生态环境公益诉讼的文献，发现相关研究现状及不足，提出更为完善的和创新性的观点。

第 二 章

海洋生态环境公益诉讼基本概念、类型及特殊性

对海洋生态环境公益诉讼基本概念、类型及特殊性等进行阐释，有利于明确海洋生态环境公益诉讼的研究内涵与外延，有助于论证海洋生态环境公益诉讼研究的必要性及其蕴含的理论。

第一节 海洋环境与海洋生态环境的概念辨析

明确海洋生态环境的概念，是研究海洋生态环境公益诉讼的前提。在学术界与实务界，海洋环境与海洋生态环境的概念及应用存在混淆与不当。通过分析国内外对海洋环境与海洋生态环境概念的界定，发现其中的不同和不足之处，从而得出合理的海洋生态环境概念。

一 海洋环境的概念界定

若想明晰海洋环境的定义，首先要厘清"环境"一词的具体含义。《辞海》将环境解释为"周围的境况，例如社会环境、自然环境"。在《元照英美法词典》中，"environment"解释为环境，是指周围全部物质的、经济的、文化的、艺术的、社会的，并能影响财产的价值、人们的生活质量等情况和因素。[①] 在生态学上，环境是指将整个生物界作为核心主体的环境，即围绕着生物界的外部空间和无生命物质，构成生物生存

---

① 薛波主编：《元照英美法词典》，法律出版社2003年版，第478页。

的必要条件。在环境学上,"环境"是指人群周围的空间以及可以直接或间接影响人们生活与发展状况的各种自然因素的整体。① 《联合国人类环境宣言》(1972)与《美国国家环境政策法》(1969)等政策法律指出环境包括天然环境和人为环境。在法律层面,对于"环境"概念,各国目前相关定义包括概括式、列举式、概括列举结合式与间接列举式等类型。前三个主要被有环境保护基本法的国家采用,后一个为没有环境保护基本法的国家采用。② 而有学者认为"环境"的法律定义有两种方式,即:概括式与列举式。③ 我国《环境保护法》规定:本法所指的环境是指影响人类生存和发展的各种天然的和经过人工改造的自然因素的总和,包括大气、水、海洋、土地等。根据不同标准,将环境分为生活环境和生态环境。生活环境指的是各种天然的和人为的以及与人类生活息息相关的环境,而生态环境指的是影响生态系统发展的各种生态因素的综合体。④ 通过上述分析,可以得出"环境"的法律概念是指影响人类生存发展的、天然的、人为的自然因素总和,可以包括生活环境和生态环境,而海洋生态环境属于生态环境的一种。

海洋指地球表面被各大陆地分隔为彼此相通的广大水域,包括海水、海底沉积物、海洋中的物质以及海洋生物等。根据1982年《联合国海洋法公约》第1条的规定,海洋环境污染指的是人类直接或者间接将物质或能量引入海洋环境,造成或者可能造成损害海洋生物及生物资源、有碍于正当用途的各种海洋活动、损害环境优美、危及人类健康以及破坏海水使用质量等损害影响。根据《联合国海洋法公约》相关规定,海洋环境包括海洋环境本身、海洋生物、海水等方面。有学者将海洋环境定义为:海洋环境是指由海水水体、海床、底土,生活于其中的海洋生物,环绕于周围的海岸,滨海陆地和临近海面上空的大气等自然的和经过人工改造的自然因素构成的统一整体。⑤ 该定义基本上揭示了海洋环境的内在构成要素,表明了海洋环境是统一的有机整体。

---

① 《中国大百科全书(环境学卷)》,中国大百科全书出版社1993年版,第154页。
② 周珂主编:《环境与资源法学》,法律出版社2009年版,第6页。
③ 陶信平主编:《环境资源法学》,西安交通大学出版社2006年版,第2页。
④ 陶信平主编:《环境资源法学》,西安交通大学出版社2006年版,第2页。
⑤ 马英杰主编:《海洋环境保护法概论》,海洋出版社2012年版,第2页。

通过分析，海洋环境可以定义为：由海水、海床、底土、海洋生物、近海岸及接近海面的大气等自然和人工的自然因素的有机统一整体。海洋环境要素主要有：海水、海床、底土、生活于其中的生物资源、近海岸和临近海面的上空大气。

二 生态环境概念分析

与被喻为"人类创造的家园"的生活环境不同，生态环境被喻为"天造地设的家园"。[①]"生态环境"一词可以追溯到 20 世纪 50 年代，最初是由俄语和英语翻译而来。"生态环境"最初是从"ecotope"翻译而来，而我国学术界早已达成共识，将"生态环境"翻译为"ecological environment"（简写为"eco-environment"）。[②] 对于生态环境的概念，不同学者给出了不同的答案。有学者认为，生态因子指的是在生存场所中，能够直接与间接的作用于生物的生长和发育的外部环境要素，而生物的生态环境（ecological environment）是由这些生态因子构成的有机体。[③] 有学者认为，生态因子指的是在生存环境中，直接或间接影响作用于生物生长、发育、繁殖、活动和生活地区的环境要素，而生物的生态环境（ecological environment）是由这些生态因子构成的有机体。[④] 有学者将生态环境的定义分为两种：如果将生物作为主体，生态环境是影响作用于生物生长、发育、生殖、行为及栖息地的环境因子的综合体；如果将人作为主体，生态环境是影响作用于人类生存、发展的自然因子的综合体。[⑤] 有学者认为生态环境为生态意义上的环境，指的是包含生物的物理环境，存在于生物周围，对生物生存、发展和进化起到决定性作用的各种影响因素的总和；生态环境包含人类的生产与生活环境和其他生物在其中互相影响作用的环境，而环境法中的环境及传统环境科学均是生态环境的下位概念。[⑥] 所以，我国学者大致将"生态环境"一词分为以下定

[①] 梅宏：《生态损害预防的法理》，博士学位论文，中国海洋大学，2007 年，第 11 页。
[②] 王孟本：《"生态环境"概念的起源与内涵》，《生态学报》2003 年第 9 期。
[③] 苏智先、王仁卿主编：《生态学概论》，山东大学出版社 1989 年版，第 15 页。
[④] 李博、杨持、林鹏等编著：《生态学》，高等教育出版社 2000 年版，第 13 页。
[⑤] 王孟本：《"生态环境"概念的起源与内涵》，《生态学报》2003 年第 9 期。
[⑥] 郭晓虹：《"生态"与"环境"的概念与性质》，《社会科学家》2019 年第 2 期。

义；将生态环境和人类环境作为同义词；将生态环境定义为"生态学中的环境"；将生态环境与生态系统作为同义词；将生态环境定义为自然环境；将人类作为核心地位的生态环境；将生态环境解释为"生态和环境"。① 关于环境定义，我国《环境保护法》采用的是与人类相关环境的限缩定义，而生态环境的范畴不限于与人类相关的环境。

生态环境不是生态与环境简单相加的名词，其内涵在法学学科中也有特殊含义。有学者认为法律中环境类型概念的具体含义，应以自然要素为指向。② 笔者认为生态环境是指生态学上的环境或生态系统上的环境，对生物生存和发展产生重要作用与影响的各种天然的及人工改造的生态因素总和。

三 海洋生态环境概念界定

海洋生态环境是生态环境的组成部分，指的是作用于海洋生物生存和发展的各种天然的和人工的海洋生态因素的综合有机体。它与海洋环境的区别主要有：一是海洋生态环境是海洋环境的下位概念。海洋生态环境是涵盖整个海洋的生物与其环境作用与反作用而形成的整体，相对于海洋环境来说属于下位概念。二是海洋环境更强调以人为中心的各种因素，海洋生态环境更侧重去除人工影响后的自然状态。法学意义上的海洋生态环境不限于人类对海洋生态的影响，也关注海洋生态本身的系统。海洋环境则是侧重于以人类为中心的，服务于人或被人类予以改造的环境。三是生态意义上的海洋环境与传统意义上的海洋环境不同。生态意义上的海洋环境不限于与人类有关的海洋环境，也包括与人类无关的并独立存在的海洋环境。传统意义上的海洋环境似乎更加注重以人为本，与人类息息相关的并能被人类改造的服务于人类的海洋环境。从《环境保护法》对环境的定义便可看出我国采用了传统意义上的定义，而海洋环境是环境的组成部分。四是海洋生态环境更多关注宏观海洋生态，而传统意义上的海洋环境主要关注以人类为主体的海洋环境领域。

---

① 胡德胜主编：《环境与资源保护法学》，西安交通大学出版社2017年版，第11页。
② 蔡守秋主编：《环境法案例教程》，复旦大学出版社2009年版，第2页。

第二节 海洋生态环境的特征

在明确海洋生态环境的概念之后，需要进一步明确海洋生态环境的基本特征，有利于更加深刻理解海洋生态环境的内涵，为研究海洋生态环境公益诉讼奠定基础。

一 海洋生态环境具有易受侵害性

海洋生态环境具有易受侵害性，主要体现在以下几个方面：一是由于海水的流动性，海洋生态环境污染极易扩散，影响区域海洋与相邻海域的生态环境。例如，日本政府于2021年决定将福岛第一核电站核污染废水排入海洋，将影响相邻海域生态系统，造成海洋生态环境严重污染。二是由于海洋生态环境污染源众多，海洋生态环境极易受到侵害。随着我国不断开发海洋和发展海洋经济，海洋生态环境问题日益突出。海洋倾废污染、船舶油类污染、陆源污染、陆海生物多样性破坏等污染源是我国目前海洋生态环境污染防治关注的焦点。其中，我国海洋陆源污染物排放较为严重，而海洋生态环境灾害依然突出。人类的各种活动产生的陆源污染物通过排放、入海河流及大气等途径污染海洋，对海洋生态环境造成严重影响，是我国海洋生态环境污染的主要来源。三是沿海地区作为人口密集区，成为海洋生态环境污染的重要源头。我国海洋污染和海洋生态破坏严重的地区主要集中在海湾和经济较为发达的城市临近海域，特别是环渤海、珠三角与长三角等经济发达地区的海域。[1] 由于海岸带开发规模的进一步扩大，全国海岸带及近岸海域生态系统已出现不同程度的脆弱区。

二 海洋生态环境问题具有综合性与复杂性

（一）海洋生态环境问题具有综合性

海洋生态环境问题的综合性主要体现在以下几个方面：一是海洋生态环境问题涉及范围广。海洋生态环境问题指的是海岸带及海域范围的

---

[1] 曹忠祥、高国力等：《我国陆海统筹发展研究》，经济科学出版社2015年版，第189页。

生物体和生态系统以及其所依赖的自然环境，由于自然环境的变化或者人类的各种活动而导致或可能导致的海洋生态系统破坏、海洋生态环境污染，从而对人类和海洋生物的生存和发展产生有害影响，其中包括自然性状和功能的损害和一些价值的减损；二是海洋生态环境问题往往引发生态灾害频发、生物多样性减少、海水富营养化等综合生态问题。海洋生态环境破坏对海洋生态系统、生物资源及其相关产品产生根本影响，对海洋经济的可持续发展带来严峻挑战。例如，海洋具有一定的自净能力，包括海洋物理的自净、化学和降解的自净过程。若环境容纳量大于排污量，通过海洋物理净化过程，海洋生态环境可以得到自净。若环境容纳量低于排污量，海洋则不能通过自身净化污染，可能导致海水富营养化等问题，引发赤潮等生态灾害，危害海洋生物多样性。

（二）海洋生态环境问题具有复杂性

海洋生态环境问题具有复杂性，主要包括以下几个方面：一是海洋生态环境污染问题可能导致海洋生物物种消失、人类健康受到威胁等复杂后果。海洋生物物种、生存环境、海洋生物食物链等是海洋生态系统的重要组成部分。海洋环境的严重污染会导致某些海洋物种的消失，或者导致海洋生物种群失去活力、种群退化或消失，进而可能威胁人类生存与发展。二是海洋生态环境污染问题导致海洋生态系统服务功能受损。为了海洋资源能够为人类服务，人们通过开发海洋自然资源，使得海洋生态系统可以为人类提供实物型与非实物型生态服务产品。海洋生态环境损害破坏了海洋生态系统，削弱了海洋生态系统服务功能，直接威胁到人类可持续发展的海洋生态基础。海洋生态环境污染与生态功能损害密不可分。[1] 海洋生态环境污染会损害海洋生态系统功能，而海洋生态系统损害会加剧海洋生态环境污染程度。

三 海洋生态环境保护具有公益性

海洋生态系统持续、正常地为人类提供各种服务的前提条件是海洋生态系统始终处于健康状态。海洋生态环境保护则是人类为了自身的永

---

[1] 姚瑞华、赵越、王东等：《陆海统筹的生态系统保护修复和污染防治区域联动机制研究》，中国环境出版社2017年版，第9页。

续生存与发展,不仅不能破坏海洋生态环境,反而应该加强海洋生态环境保护。而海洋生态环境保护具有公益性的特征:一是海洋生态环境保护的目的具有公益性。海洋生态环境保护的目的是实现海洋生态系统平衡,促进人类永续生存与发展,为人类提供健康的海洋生态环境。二是海洋生态环境保护内容具有公益性。由于海洋生态环境具有"公地"性质,加强海洋生态环境保护具有公益性。

第三节 海洋生态环境公益诉讼概念辨析

在分析海洋生态环境概念及特征之后,发现海洋生态环境保护需要特殊制度安排。其中,海洋生态环境公益诉讼制度作为海洋生态环境保护的特别制度之一,通过对海洋生态环境公益诉讼概念的辨析,有利于准确把握我国海洋生态环境公益诉讼研究的内涵,是本文重要的研究基础。

一 公益诉讼与环境公益诉讼概念界定

(一)公益诉讼概念界定

在罗马程式诉讼中,有私益诉讼与公益诉讼之分,前者是保护个人私益的诉讼,而后者则是保护社会公共利益的诉讼。意大利罗马法学家彼得罗·彭梵得提出:"民众诉讼指的是为维护公共利益而设立的罚金诉讼,任何市民均有权提起该诉讼。"[1]

国外关于公益诉讼存在不同的概念,大致包括以下三类:公共利益+诉讼;诉讼法上的公益诉讼;民权意义的公益诉讼。其中,民权意义上的公益诉讼被大多数国家采纳。有的国家将公益诉讼称为民众诉讼,例如日本。根据日本《行政案件诉讼法》,民众诉讼指的是将纠正国家机关或公共团体的违法行为或不作为诉讼目的,通过选举人的身份或法律上无利害关系的资格而提起的诉讼。有的国家将公益诉讼称为公共诉讼或公民诉讼的一种。在美国,公益诉讼被称为公共诉讼,或包含在公民

---

[1] [意]彼得罗·彭梵得:《罗马教科书》,黄风译,中国政法大学出版社1992年版,第92页。

诉讼之中。公益诉讼被美国称为公共诉讼，其特征是大量利害关系者由于公共政策问题而存在争议，诉诸并要求法院作出法律判断。

国内学者对于公益诉讼的界定大多是以维护国家利益或社会公共利益为主要标准。公益诉讼指的是法律授权的组织或个人，针对违法侵犯国家利益、社会公共利益的行为而提起诉讼，由法院依法进行处理的活动。[①] 狭义的公益诉讼，仅仅指的是国家机关为了维护国家利益、社会公共利益而提起的诉讼；而广义上的公益诉讼，指的是任何国家机关、社会组织及公民个人为了维护公共利益而提起的诉讼。公益诉讼是法院在当事人及其他诉讼参与人参加的前提下，经过法定诉讼程序，依据相关法律，对法定的组织或个人为维护国家利益或社会公共利益而提起的诉讼进行审理与裁判的活动。

公益诉讼可以界定为法定的国家机关、社会组织或个人为了维护国家利益、社会公共利益，就损害公益的行为或不作为向人民法院提起诉讼，人民法院依法进行裁判的活动。

（二）环境公益诉讼概念界定

我国学者在对环境公益诉讼进行界定时，大都坚持环境公益诉讼是以纯粹保护环境公共利益为目的的诉讼。有学者认为环境公益诉讼是环保组织为了保护环境公共利益，制止危害环境的行为，针对污染环境或破坏生态的行为提起的诉讼。[②] 有学者认为，在任何国家机关或其他公共权力机构、法人或其他社会组织及个人的行为有使环境遭受侵害或侵害的可能之时，任何国家机关、社会组织或公民为维护环境公共利益而向法院提起的诉讼即为环境公益诉讼。[③] 环境公益诉讼是为了维护环境公共利益而产生的诉讼制度，是为了保护环境公共利益的公益诉讼。环境公益诉讼是代表环境公益的相关当事人，比如环保组织、公民等提起的诉讼。与环境私益诉讼不同，环境公益诉讼是由代表环境公共利益的主体提起的，旨在对环境公共利益的损害进行司法救济。

---

① 颜运秋：《公益诉讼理论与实践研究》，法律出版社2019年版，第49页。
② 别涛：《中国的环境公益诉讼及其立法设想》，载别涛《环境公益诉讼法》，法律出版社2007年版，第3页。
③ 吕忠梅：《环境公益诉讼辨析》，《法商研究》2008年第6期。

对于环境公益诉讼的概念，可以将其界定为在任何国家机关、组织及个人的行为有使环境遭受侵害或侵害的可能之时，法定的国家机关、组织或者公民为维护环境公共利益，诉诸法院要求处理的活动。

二　海洋生态环境公益诉讼概念界定

海洋生态环境公益诉讼，指的是在任何国家机关或其他公共权力机构、法人或其他社会组织及个人的行为有使海洋生态环境遭受侵害或侵害的可能之时，任何国家机关、社会组织或公民为维护海洋生态环境公共利益而向法院提起的诉讼。而根据我国相关法律，海洋生态环境公益诉讼可以界定为法定的国家机关、组织或个人根据相关法律授权，就违法侵犯海洋生态环境公益利益的行为或不作为提起诉讼，由海事法院等主体依法处理的活动。在围绕着海洋生态环境公共利益产生的纠纷基础上形成的公益诉讼，它的诉讼主体、救济内容与保护的利益等均与传统的私益诉讼存在区别。海洋生态环境公共利益是我们社会生活质量的重要组成部分，特定海洋生态环境利益为多数人享有，这些海洋生态环境利益更值得通过司法程序来进行保护。

第四节　海洋生态环境公益诉讼的类型

通过对海洋生态环境公益诉讼类型的界定，明确本文研究外延与主题。本文主要研究海洋生态环境民事公益诉讼、行政公益诉讼以及刑事附带民事公益诉讼等，这也是理论界与实务界在海洋生态环境公益诉讼方面主要关注的领域。

一　海洋生态环境民事公益诉讼

"有损害就有救济"是一项重要的司法原则。因此，海洋生态环境公共利益受到损害可以通过司法途径进行救济也是现代法治的重要体现。在海洋生态环境危机日趋严重，而海洋生态环境保护立法不断加强的情况下，以维护相关私益为目的的民事侵权诉讼，对于维护海洋生态环境公益的能力有限迫使立法者作出有效的应对。以维护海洋生态环境公益作为首要任务的海洋生态环境民事公益诉讼由此产生。

海洋生态环境民事公益诉讼可以界定为在任何法人、非法人组织及个人的行为使海洋生态环境遭受侵害或者可能遭受侵害时，为了维护海洋生态环境公共利益，法定的国家机关、法人、公益组织或个人向法院提起的诉讼。海洋生态环境民事公益诉讼不是为了解决纠纷，而是为了预防和救济"海洋生态环境本身的损害"，保护和增进人类共同的海洋生态环境利益。通过海洋生态环境民事公益诉讼维护海洋生态环境公益，超越了私主体一己之利，在体现公共性精神的同时，亦能够弥补政府在海洋生态环境监管失灵时的后果。例如，若船舶油污损害了海洋生态环境公共利益，法律明确授权的主体可以提起相关民事公益诉讼。目前，我国海洋生态环境民事公益诉讼存在诸多问题。

二 海洋生态环境行政公益诉讼

"无救济即无权利。"在法治国家，权利必定意味着拥有司法上的救济。若公共权利或公共利益遭到不法侵犯，法定主体可以诉诸法院得到救济。行政公益诉讼的产生与维护公共利益的力量不足相关联。行政公益诉讼针对的行为损害的是公共利益，而没有损害原告的利益。行政公益诉讼以国家机关及其公务员为诉讼对象，以行政主体的违法行为或不作为为审查内容。

海洋生态环境行政公益诉讼可以界定为：当海洋生态环境行政主体的行政违法行为或不作为造成了海洋生态环境公共利益损害或存在损害的可能时，为了维护海洋生态环境公共利益，法定主体向人民法院提起的行政公益诉讼。海洋生态环境行政公益诉讼具有行政事中矫正功能的权力监督机制。当海洋生态环境行政主体违法行政或不履行职责时，法律允许的主体能够提起海洋生态环境行政公益诉讼，这样可以及时解决执法不严、违法不纠的问题，保障行政公权力的正确行使。目前，我国法律只允许检察机关提起海洋生态环境行政公益诉讼。

三 海洋生态环境刑事附带民事公益诉讼

刑事诉讼法规定的刑事附带民事诉讼是具有公益性的刑事附带民事诉讼，于1979年就已经出现。刑事附带民事公益诉讼是将刑事诉讼与民事公益诉讼相结合的制度，是我国独有的诉讼制度。刑事附带民事公益诉讼本质上是民事公益诉讼的一种，但具有其自身的特殊性。2018年出台的《最高人民法院、最高人民检察院关于检察公益诉讼案件适用法律若干问题的解释》（以下简称为《检察公益诉讼的解释》）第一次明确出现刑事附带民事公益诉讼。刑事附带民事公益诉讼在诉讼目的、利害关系、诉讼原则等方面与一般民事公益诉讼基本保持一致。但刑事附带民事公益诉讼的提起主体仅限于检察机关，且与刑事诉讼相伴而生，这与一般民事公益诉讼有所区别。刑事附带民事公益诉讼既可以刑事制裁犯罪行为，又可以维护公共利益与国家利益，节约司法资源。

作为刑事附带民事公益诉讼之一，海洋生态环境刑事附带民事公益诉讼指的是在海洋生态环境刑事诉讼案件中，为了维护国家利益及公共利益，检察机关对相关被告提起刑事附带民事公益诉讼，人民法院依法进行审判的活动。海洋生态环境刑事附带民事公益诉讼是审判机关和案件当事人在其他诉讼参与人的配合下，为解决公共利益纠纷，依据法定程序所进行的活动，本质上属于海洋生态环境民事公益诉讼的一种。然而，海洋生态环境刑事附带民事公益诉讼具有特殊性，在一些诉讼制度方面存在问题。

第五节　海洋生态环境公益诉讼的特殊性

本文已经对公益诉讼与环境公益诉讼的概念进行了界定，可以发现一般公益诉讼的特征：一是保护利益的特征。公益诉讼保护的是公共利益，而非私人利益；二是原告资格的特征。公益诉讼的原告可以是与案件事实无直接利害关系的主体，而不局限于直接利害关系人；三是救济手段的特征。与私益诉讼不同，公益诉讼的救济手段包括金钱给付、行为禁止等方式；四是公益诉讼作为公众参与国家事务的重要途径。现有环境公益诉讼制度更多的是基于保护陆地生态环境而设立的，直接适用于海洋生态环境保护领域存在一定问题。

与一般环境公益诉讼相比，海洋生态环境公益诉讼具有特殊性。通过分析海洋生态环境公益诉讼的特殊性，明确本文研究的价值、意义以及必要性。海洋生态环境公益诉讼是在围绕着海洋生态环境公共利益产生的纠纷基础上形成的诉讼，它在诉讼主体、救济内容及保护法益方面均与传统诉讼不同。在法院作用与管辖法院、适格原告范围、救济手段与索赔范围等方面,海洋生态环境公益诉讼均与一般公益诉讼或环境公益诉讼存在明显区别。

一 海洋生态环境损害的广泛性与持续性

人类海洋活动导致海洋生态系统遭受严重损害,我国面临更加严峻的海洋生态破坏威胁。我国近岸海域生态系统大多数处于亚健康状态,海洋及海岸带生物栖息地受损,生物多样性减少,海洋生态灾害频发,典型海洋生态系统遭到破坏,这与海洋生态损害的广泛性与持续性紧密相关。海洋生态环境公共利益是公众对海洋生态环境所享有的各类权益的总和,它具有不同于一般公共利益的特征。海洋生态环境公共利益所遭受的损害范围不仅包括经济利益,还包括健康、环保、娱乐以及审美等方面的利益损害。

二 法院作用与管辖法院的特殊性

在法院作用方面,海洋生态环境公益诉讼已经不再属于传统的纠纷解决型司法,而是属于政策实施型司法。在海洋生态环境公益诉讼中,法院已经表明愿意承担更广泛的、本应由其他机关承担的权力。法院通过审理海洋生态环境公益诉讼案件,维护的是海洋生态环境公共利益,而不是私主体的利益。作为公权力机关,法院本就是维护公共利益的重要主体,是维护广大人民利益的司法主体。在管辖法院方面,海洋生态环境民事、行政公益诉讼的管辖法院为海事法院,而海洋生态环境刑事附带民事公益诉讼的管辖法院为负责刑事诉讼的地方法院。海洋生态环境公益诉讼的管辖法院具有特殊性,这表明该类案件存在特殊性、复杂性及专业性等特征。

三 适格原告范围的特殊性

海洋生态环境公益诉讼的原告范围依据得到拓展,使得经济利益以外的其他利益也成为取得原告资格的依据。海洋生态环境公益诉讼的原告适格规则拓宽了利益保护的范围,将健康、审美、娱乐等利益作为取得原告资格的依据。为了克服传统原告适格规则在维护海洋生态环境公共利益方面的不足，海洋生态环境公益诉讼承认海洋生态环境损害可以作为取得原告资格的依据。海洋生态环境民事公益诉讼的适格原告范围包括海洋行政监督管理机关、检察机关等；海洋生态环境行政公益诉讼的适格原告是检察机关；海洋生态环境刑事附带民事公益诉讼的适格原告与相关刑事部分的原告保持一致，亦是检察机关。

四　救济手段与索赔范围的特殊性

在救济手段与索赔范围方面，海洋生态环境公益诉讼亦具有特殊性。关于救济手段，在海洋生态环境公益诉讼中，相关原告不仅可以要求一定的金钱赔偿与恢复原状，还可以要求相关主体变更政策、采取有效补救措施、禁止被告从事某些活动等内容。关于索赔范围，海洋生态环境民事公益诉讼的索赔范围不同于一般生态环境公益诉讼的索赔范围。由于相关诉讼的特殊性，海洋生态环境公益诉讼具有重要研究价值与意义。

本章小结

环境法的产生是为了解决人类社会生存及生活问题，通过社会实践与国家推进，进而形成的一种"整体理性"，是处于不断完善并被人们所接受的社会治理方式之一。海洋生态环境法亦是如此，其产生亦是为了解决人类生存和发展的问题，也是一种在海洋生态环境领域的社会治理方式。而海洋生态环境公益诉讼是这些海洋生态环境治理方式中的重要组成部分。

本章明晰了海洋生态环境公益诉讼研究的基本概念、类型及特殊性。明晰海洋生态环境的基本概念，能够准确把握海洋生态环境公益诉讼所保护的对象；分析海洋生态环境的特征，为海洋生态环境公益诉讼改革方向提供理论依据；分析海洋生态环境公益诉讼的概念、主要研究类型及其特殊性，明确该领域公益诉讼的主要完善方向。总之，本章明确了我国海洋生态环境公益诉讼研究的基本概念、类型及特殊性，为研究相关公益诉讼的具体内容打下基础。

第 三 章

海洋生态环境公益诉讼的理论基础

作为海洋生态环境公益诉讼的理论基础,既是海洋生态环境公益诉讼体系建构的基础,决定了相关公益诉讼的内容和未来趋势,也是司法领域立法时应当予以考量的因素及依据。海洋生态环境公益诉讼是由多种相关司法制度内容组成的系统性制度,本章从价值层面来揭示其蕴含的深层次理论。明确海洋生态环境公益诉讼的理论基础,作为建立健全海洋生态环境公益诉讼的重要遵循理论,能够指导相关司法实践,是进行相关研究的重要前提。

第一节 海洋生态环境公益诉讼的一般理论基础

本节讨论的理论基础,是指对海洋生态环境民事公益诉讼、行政公益诉讼以及刑事附带民事公益诉讼共同适用的理论基础。

一 "公地悲剧"理论

"公地悲剧"理论是英国学者哈丁于1968年发表的一篇题为《公地的悲剧》的文章提出来的。哈丁的"公地悲剧"理论核心观点是:在所有权不明且不设门禁的"公地",每个人都尽可能地最大化通过消耗"公地"资源以满足自身利益,而不计对"公地"造成何种后果。[①] 造成

---

① 哈丁提出作为理性人,每个牧羊者都希望自己的收益最大化。在公共草地上,每增加一只羊会有两种结果:一是获得增加一只羊的收入;二是加重草地的负担,并有可能使草地过度放牧。经过思考,牧羊者决定不顾草地的承受能力而增加羊群数量。于是他便会因羊只的增加而收益增多。看到有利可图,许多牧羊者也纷纷加入这一行列。由于羊群的进入不受限制,所以牧场被过度使用,草地状况迅速恶化,悲剧就这样发生了。

"公地悲剧"现象的一个关键因素是"公地"所有权不明,致使每个人都可以获得"公地"的利益。

"公地悲剧"理论衍生出对环境公共利益保护的问题。关于公共利益的概念,边沁在《道德与立法原理导论》中提出公共利益是组成共同体若干利益的总和,即最大多数人的最大幸福。[①] 然而,公共利益不能简单地界定为个人利益的总和,也不能只关注大多数人的利益而忽视少数人的利益。而卢梭认为公共利益在私人利益之上、与私人利益不同以及超越私人利益的利益。在《社会契约论》中,卢梭关于公共利益的概念更强调每个人在公共利益的形成与实现中的作用,允许公民参与实现公共利益。环境公共利益作为公共利益的一种,可以界定为公众对环境享有的经济利益、文化利益、精神利益等多种与环境相关的利益。其中,海洋生态环境公共利益是环境公共利益的重要组成部分。

海洋生态环境作为"公地",同样面临"公地悲剧"困扰。根据我国现行法律,海域所有权属于国家,某些权能授权特定机关行使。在现实中,每个人都可以获得与利用某些海洋生态环境公共利益,亦出现了"公地悲剧"现象。由于国家所有制本身存有"公地悲剧"效应,我国海洋生态环境公益受到侵害的情形会更加严重。例如,海洋生态环境的最大污染源是陆源污染,包括了工业废水、生活污染、入海河流污染等,而制造陆源污染的主体范围广泛。

海洋生态环境公益诉讼是解决海洋生态环境"公地悲剧"的重要司法救济手段,其目的是保护海洋生态环境这一"公地"。为了避免出现"公地悲剧",相关主体依照法定程序就海洋生态环境受到损害为由提起海洋生态环境公益诉讼,实现维护海洋生态环境公共利益的目的。

二 环境法中的环境利益

关于环境法中环境利益的概念,学界存在不同观点。但环境法中的环境利益具有整体利益与个体利益、长远利益与眼前利益的统一,包括了环境私益与环境公益。[②] 环境法中的环境利益亦可以分为生态利益和资

[①] [英]边沁:《道德与立法原理导论》,石殿弘译,商务印书馆2000年版,第58页。
[②] 王春磊:《法律视野下环境利益的澄清及界定》,《中州学刊》2013年第4期。

源利益。① 根据环境是否为人创造的，环境利益包括自然禀赋的环境利益和创造的环境利益。② 环境利益具有秩序性、不可分割性以及整体性等特征。③ 环境利益的特质包括对象具有有用性、主体具有收益性以及时代性等。④ 环境利益是以人类为主体且不可分配的利益。⑤ 其中，环境公共利益具有主体抽象特性、环境利益的普惠性等特征。⑥ 本质上，法律追求的是利益平衡，而立法的过程实际上就是不同社会利益主体之间争辩后的妥协。⑦ 其中，环境立法也不例外。立法者在制定环境法律之时寻求各方利益平衡以及相互之间的妥协。环境法律应确认环境利益并以环境利益优先保护为指导，保护环境生态功能，建立环境利益损害救济程序。⑧ 维护环境利益的一个有效方法是法律规定环境义务。⑨ 在司法层面，推动实现环境司法专门化是维护环境利益的重要手段。⑩ 海洋生态环境利益作为环境法中的环境利益的一种，亦具有上述特征。海洋生态环境利益具有主体抽象性、利益的普惠性等特征。

维护海洋生态环境利益是海洋生态环境法律的重要追求。海洋生态环境法律通过确立海洋生态环境利益保护优先原则，明确海洋生态环境侵害行为及法律责任，保护海洋生态功能，建立海洋生态环境利益损害救济机制。此外，由于海洋生态环境利益的多样性与利益主体的广泛性，海洋生态环境法律需要解决海洋生态环境利益领域的多种冲突，包括经济冲突、生态环境冲突、利益集团之间的冲突等。

---

① 史玉成：《环境利益、环境权利与环境权力的分层建构——基于法益分析方法的思考》，《法商研究》2013年第5期。
② 杜健勋：《环境利益：一个规范性的法律解释》，《中国人口·资源与环境》2013年第2期。
③ 刘卫先：《环境法学中的环境利益：识别、本质及其意义》，《法学评论》2016年第3期。
④ 徐祥民、朱雯：《环境利益的本质特征》，《法学论坛》2014年第6期。
⑤ 刘惠荣、苑银和：《环境利益分配论批判》，《山东社会科学》2013年第4期。
⑥ 朱谦：《环境公共利益的法律属性》，《学习与探索》2016年第2期。
⑦ 张军：《环境利益与经济利益刍议》，《中国人口·资源与环境》2014年第S1期。
⑧ 何佩佩：《论环境法律对环境利益的保障》，《广东社会科学》2017年第5期。
⑨ 徐祥民：《论维护环境利益的法律机制》，《法制与社会发展》2020年第2期。
⑩ 何佩佩、冯莉：《论环境利益的存续状态及其调整机制》，《社会科学家》2020年第11期。

海洋生态环境公益诉讼将维护海洋生态环境利益作为首要目标。维护海洋生态环境利益是我们提高社会生活质量与实现可持续发展的重要组成部分，这些利益是为多数人而不是少数人享受，更应该通过司法途径进行法律保护。基于海洋生态环境法律的目的以及海洋生态环境现实状况，海洋生态环境利益体现为人与海洋和谐相处。海洋生态环境公益诉讼的目的是保障人类在良好的海洋生态环境中生存和发展的权利不受侵害的状态。

三 环境权

（一）环境权的内涵与实现方式

人权是人类的基本权利，主要包括生存权和发展权。而在环境法领域，环境权作为公民的基本权利，其核心是生存权，其属性包括长远利益和眼前利益具有统一性、整体性与个体性具有统一性、权利与义务相对应等。[①] 当然，环境权的权利性质有人权说、私权说、混合说以及非法律权利说。[②] 本文支持的是人权说，即环境权是属于公民的一项基本人权。

关于环境权的概念，学界存在争议。有学者将环境权界定为公众拥有享用清洁与健康环境的权利。[③] 有学者提出环境权属于社会权性质，公众可以请求国家保障人生存与发展的清洁健康环境以及请求共享美好环境。[④] 有学者认为环境权具有本体性环境权、工具性环境权、调节性环境权。[⑤] 有学者将环境权界定为自然人享有适宜其生存与发展的美好生态环境的法律权利。[⑥] 有学者认为环境权是一项综合运用公法与私法、实体法与程序法进行系统保护的独立且新型的环境享用权。[⑦] 有学者认为我国新时代环境权拥有新定义，即公民享有美好生态环境并生活其中的权利。[⑧] 综合学术界关于环境权的不同定义，本文认为公民环境权指的是公民享

---

① 吕忠梅：《论公民环境权》，《法学研究》1995年第6期。
② 姬振海主编：《环境权概论》，人民出版社2009年版，第11页。
③ 蔡守秋：《环境权实践与理论的新发展》，《学术月刊》2018年第11期。
④ 王锴：《环境权在基本权利体系中的展开》，《政治与法律》2019年第10期。
⑤ 肖峰：《论环境权的法治逻辑》，《中国地质大学学报》（社会科学版）2020年第2期。
⑥ 邹雄：《论环境权的概念》，《现代法学》2008年第5期。
⑦ 杨朝霞：《论环境权的性质》，《中国法学》2020年第2期。
⑧ 秦天宝：《论新时代的中国环境权概念》，《法制与社会发展》2022年第3期。

有在没有污染的清洁与优美环境中生存与发展并可以利用环境资源的权利，其具有公共性、社会性、共享性等特征。而关于环境权的权利内容，可以包括宣示性环境权、环境资源开发利用权、程序性环境权、环境救济权四类。

环境权的实现包括法律确立环境权以及明确保障、救济、维护环境权的具体法律措施。① 其中，司法手段是维护环境权的重要手段。作为公民实现环境权的基础，宪法应明确规定环境权条款。② 宪法规定的公民的基本权利应当包括环境权。③ 有学者不建议宪法直接规定环境权，而是在我国实在法当中展开。④ 无论是宪法还是其他法律当中明确规定环境权条款，都是对环境权的法律确认。有学者建议我国建立宪法诉讼来保障公民环境权。⑤ 在诉讼中，维护环境权可以通过侵犯环境权的确认与裁判结果结合来实现。⑥ 在司法实践中，法院支持了在一些民事诉讼中关于生态环境的诉求。⑦ 以法律形式确立环境权，体现了立法为民的理念，要求确立的海洋生态环境权益体现了法律的民主性与科学性。海洋生态环境权益的立法目的是为了给人类提供适宜的生存与发展环境，维护海洋生态系统稳定，实现海洋强国与人类可持续发展。立法为民理念要求维护海洋生态环境权益的程序性立法体现民主性与科学性。其中，以法律形式确立环境权是公众参与海洋生态环境公益诉讼的重要权利保障。

（二）海洋生态环境公益诉讼制度与实现环境权相契合

海洋生态环境公益诉讼制度与实现环境权相契合，主要体现为：一是海洋生态环境公益诉讼的目的之一是保障公众享有健康海洋生态环境的权利，与环境权相契合。环境权的内容具有抽象性与概括性，在推动

---

① 蔡守秋：《从环境权到国家环境保护义务和环境公益诉讼》，《现代法学》2013年第6期。
② 曹明德：《环境公平和环境权》，《湖南社会科学》2017年第1期。
③ 吕忠梅：《环境权入宪的理路与设想》，《法学杂志》2018年第1期。
④ 郭延军：《环境权在我国实在法中的展开方式》，《清华法学》2021年第1期。
⑤ 谭倩、戴芳：《公民环境权的宪法保障路径研究》，《云南行政学院学报》2018年第2期。
⑥ 胡静：《环境权的规范效力：可诉性和具体化》，《中国法学》2017年第5期。
⑦ 吴卫星：《环境权的中国生成及其在民法典中的展开》，《中国地质大学学报》（社会科学版）2018年第6期。

环境保全目的中，应当需要其他各种方式来实现。其中，环境公益诉讼是实现环境权的重要司法措施。二是环境权赋予公众拥有环境公益诉权，与公众能够提起海洋生态环境公益诉讼相契合。为了保护海洋生态环境，公众提起海洋生态环境公益诉讼，此为其行使环境权中的环境公益诉权的表现。实体性环境权的实现需要程序性环境权来保障，若没有程序的保障，现实生活的实体性环境权不能得到实现。相关主体通过提起海洋生态环境公益诉讼来保护海洋生态环境，保障公众能够享用健康且适宜的海洋生态环境的权利，体现了环境权的精神。三是法律确立环境权，为任何人可以提起海洋生态环境公益诉讼提供权利基础。环境权的法律确立可以解决海洋生态环境公益诉讼原告范围问题。在理论层面，与环境权相关的一切个人、法人及非法人组织均可以成为海洋生态环境公益诉讼的适格原告，提起相关公益诉讼。

四 环境公平与正义

（一）环境公平

环境公平是指所有人拥有在健康优美的环境中生活而不受到不利环境的侵害的权利。而环境污染破坏与环境义务相对应。[1] 环境公平包括代内公平、代际公平以及种际公平等。代内公平指的是所有人均能够享受适宜、健康环境的公平。而代际公平指的是我们现代社会成员与过去、将来的人一起，共同享有整个地球的自然、文化的环境。不管过去、现在还是将来，各世代均为地球环境的受益人，也是地球的管理人与捍卫者。在环境法律法规和政策的制定与实施中，所有人都能得到公平对待并有效参与其中。[2] 实现环境公平是一种实质性公平。[3] 而实现环境公平的途径多样，包括平等保护环境原则、环境污染预防、人类可持续发展、发达国家与发展中国家在环境享受与环境责任方面实现公平对待、环境公益诉讼制度等。其中，法律允许任何人能够提起环境公益诉讼是实现

---

[1] 姜素红、杨凡：《环境公平涵义探析》，《湖南社会科学》2011 年第 6 期。
[2] 曹明德：《环境公平和环境权》，《湖南社会科学》2017 年第 1 期。
[3] 蒋亚娟、龙新：《论环境公平的价值向度和实践保障》，《政法论丛》2005 年第 4 期。

环境公平的重要司法路径。①

海洋生态环境公益诉讼是实现海洋生态环境公平的重要司法保障。一是海洋生态环境公益诉讼有利于实现海洋生态环境代内公平。任何人均有享有适宜与健康的环境的权利，也拥有捍卫环境不受侵害的权利。在海洋生态环境领域，任何人均有享受健康的海洋生态环境的权利，并拥有通过法律途径来捍卫海洋生态环境免受侵害的权利。通过法律赋予任何人能够提起海洋生态环境公益诉讼的权利，海洋生态环境代内公平得到法律层面的实现。二是海洋生态环境公益诉讼有利于实现代际公平。在海洋生态环境领域，各世代均有享有优美海洋生态环境的权利并成为海洋生态环境的捍卫者。在理想状态下，任何时代的任何人都拥有海洋生态环境公益诉讼的诉权，能够推动海洋生态环境代际公平的实现。三是海洋生态环境公益诉讼与人类可持续发展休戚相关。通过公益诉讼制度来实现保护海洋生态环境的目标，为在海洋领域的人类可持续发展提供司法制度保障。

（二）环境正义

作为法的根本价值追求，正义不仅是法律要素和法的起始点，也是法律所追求和实现的目标。亚里士多德将正义分为分配正义与矫正正义。分配正义体现为对相同的人给予相同的待遇，对不同的人给予不同的待遇。而矫正正义体现为侵害者给予被侵害者应有补偿。其中，分配正义不是聚焦于惩罚或者替代性选择，更多的是关注利益和负担如何分配，包括发达国家与发展中国家之间、当代人与后代人之间、人类与非人类之间等，对自然环境与资源的合理分配。而矫正正义更多关注的是主体过去所做的错误之事。根据矫正正义，由于发达国家更多消耗自然环境与资源，在承担环境责任上，应承担主要责任。一些国家作为环境污染与破坏的主要肇事者，严重影响人类的生存和发展。矫正正义要求这些国家应当加大对环境保护的投入，承担环境治理责任。在海洋生态环境领域，分配正义与矫正正义同样发挥重要作用。

海洋生态环境公益诉讼有利于实现海洋生态环境正义价值。一是海洋生态环境公益诉讼体现了分配正义价值。由于适格的被告往往是海洋

---

① 郑汉华：《论环境公平及其实现途径》，《高校理论战线》2012年第11期。

生态环境污染的主要责任者,通过启动海洋生态环境公益诉讼,司法机关能够催促其承担相应的环境责任,实现分配正义价值。二是海洋生态环境公益诉讼体现了矫正正义价值。海洋生态环境公益诉讼具有矫正污染者违法行为的功能。根据矫正正义,通过海洋生态环境公益诉讼,海洋生态环境主要污染者应当承担环境修复责任。矫正正义要求海洋生态环境污染者需花费大量资金和履行环境义务来弥补污染行为造成的严重后果。

五 生态系统理念

(一)海洋生态环境公益诉讼制度应符合海洋生态系统的规律

生态系统理念延伸于系统论。系统论是研究系统的一般模式、结构和规律的科学。系统(system)一词来自古希腊语,解释为由部分组成的整体。在现代意义上,系统是指由一些要素按相应关系组成的拥有一定功能的有机整体,这些要素又称为子系统。根据系统论,世界上任何事物都可以看作一定的系统,而任何系统都以这样或那样的方式包含在某个系统之内。系统具有有序性、层次性、整体性以及关联性等特征。

在我国古代,"天人合一"思想一定程度上体现了尊重与保护自然的思想,这与生态系统理念存在一定契合性。儒家的"天人合一"理论是调整社会与人的关系。孟子明确了社会与人的关系,将其进一步神圣化,将社会为天,将人作为心,可作"天人合一"。[①] 汉代董仲舒提出"天人之际,合而为一"。张载明确提出"天人合一",指出"儒者则因明致诚,因诚致明,故天人合一,致学而可成圣,得天而未始遗人。""天人合一"的含义并没有明确的说法,但其最基本含义是人与自然的关系。其中,改造自然与遵循自然规律相结合而成的天人协调说是中国古代"天人合一"最有价值的成果。[②] 中国古代的"天人合一"思想对现代生态环境保护的启迪包括:尊重自然的内在价值和客观规律,即在治理生态环境时需尊重生态系统内在的客观规律;"天人合一"是处理人与自然关系的

[①] 孙佑海、李丹、杨朝霞:《循环经济法律保障机制研究》,中国法制出版社2013年版,第360页。

[②] 方克立:《"天人合一"与中国古代的生态智慧》,《社会科学战线》2003年第4期。

合理借鉴模式;"天人合一"的整体观念、协调观念、人道服从天道思想等。将"天人合一"的生态观进行现代化改造,注意遵循自然客观规律,实现人与自然和谐的目标。

进入生态文明时代,人类文明发展与法治的关系得到了根本性的改变。海洋生态环境法是作为一种新兴法律现象,标志着人类法治文明的进步。生态系统理念不同以往以经济发展为根本性目标,它是将生态环境统筹考虑并以生态环境优美为目的,不再是不惜一切代价发展经济的观念。党的十八大报告提出面对严重的环境污染、不断退化的生态系统等现实挑战,必须树立生态文明理念,注重生态文明建设,在进行经济建设、政治建设、文化建设、社会建设的同时应当注意生态保护。在生态环境法领域,生态系统理念体现得淋漓尽致,并非全部否定已有的生态环境法律制度和体系,而是将生态系统的理念融入到现有法律法规。在生态环境法律中确立生态系统理念,并将其纳入立法、执法、司法和守法等全过程,从而得到彻底贯彻。① 其中,海洋生态环境公益诉讼亦应将生态系统理念作为重要理念来源。

海洋生态环境公益诉讼制度应当符合海洋生态系统规律。一是公益诉讼保护范围上的系统性。海洋生态系统的整体性需要空间与时间的统筹管理。② 由于我国拥有多种海洋生态系统,复杂的海洋生态系统导致海洋生态环境治理工作困难重重。各种海洋生态系统一直处于不断发展、变化与演替的过程,其在时间、空间上具有高度的整体性。因此,为了应对治理复杂海洋生态系统的挑战,应树立全局意识与统筹思想,在时间与空间上统筹管理海洋生态环境。二是公益诉讼保护方式上的系统性。充分发挥海洋生态环境民事公益诉讼、行政公益诉讼、刑事附带民事公益诉讼等制度的作用,形成系统的海洋生态环境公益诉讼体系。

(二)海洋生态环境公益诉讼制度对海洋生态系统进行全过程保护

"生态"一词源于古希腊文字,前指环境等相对稳定状态,后也

---

① 吕忠梅主编:《环境法原理》(第二版),复旦大学出版社2017年版,第61页。
② 姚瑞华、赵越等:《陆海统筹的生态系统保护修复和污染防治区域联动机制研究》,中国环境出版社2017年版,第35页。

指一切生物的生存状态，以及它们之间和它们与环境之间的相互作用关系样态。[1] 生态环境是指影响生态系统发展的各种天然的与人工改造的自然要素的总体。[2] 据此，可以将海洋生态环境界定为影响海洋生态系统发展的各项天然和人工改造的自然因素总和。在生态学理论中，生态系统主要强调完整性或者整体系统的功能，而非将各组成部分或各要素割裂开来。在法律层面，"生态保护法"着重对生态系统全过程保护，通过强调综合生态系统管理，推动实现保护生态系统的完整性以及多元化主体参与机制等。[3]

海洋生态环境公益诉讼制度着重对海洋生态系统全过程保护，通过强调海洋生态系统综合保护，实现海洋生态环境全局性、整体性与统筹性的保护机制。一是海洋生态环境公益诉讼制度应当以生态系统理念为指导。健全海洋生态环境民事公益诉讼、行政公益诉讼以及刑事附带民事公益诉讼，应当以生态系统整体观为基础，维护整个海洋生态环境公共利益，维持与恢复海洋生态系统健康状态。二是海洋生态环境案件的裁判结果应当综合采纳生态系统整体观。例如，确定海洋生态环境修复措施的司法裁判内容应当符合海洋生态系统理念，尊重海洋生态环境的客观状况。

第二节 海洋生态环境公益诉讼的特殊理论基础

与海洋生态环境公益诉讼的一般理论基础不同，海洋生态环境行政公益诉讼与刑事附带民事公益诉讼具有特殊的理论基础。其中，海洋生态环境行政公益诉讼的特殊理论基础包括人民主权理论、权力制约理论等。海洋生态环境刑事附带民事公益诉讼的特殊理论基础包括刑法生态法益论、维护海洋生态环境刑事与民事法律秩序等。

---

[1] 陈文：《21世纪生态保护立法趋向研究》，黑龙江大学出版社2015年版，第48页。
[2] 周珂、谭柏平、欧阳杉主编：《环境法》（第五版），中国人民大学出版社2016年版，第203页。
[3] 秦天宝主编：《环境法——制度·学说·案例》，武汉大学出版社2013年版，第273页。

一　海洋生态环境行政公益诉讼的特殊理论基础

(一) 人民主权理论

人民主权理论表现为国家主权来源于人民，要充分保障人民主权地位；同时，代表人民行使管理国家职权的机关及公职人员应受到监督和制约。我国《宪法》第 2 条规定了国家的一切权力属于人民。[①] 根据《宪法》第 3 条[②]，检察机关与人民法院的权力根本上来源于人民。因此，行政公益诉讼中的司法审判权、诉权及法律监督权等均根本上来源于人民，充分体现了人民主权理论。

人民主权理论是海洋生态环境行政公益诉讼制度的重要理论来源。关于海洋生态环境行政公益诉讼制度，其诉权由检察机关拥有，但从根源上来说诉权属于人民，而检察机关是人民主权的执行者与代言人。海洋生态环境行政公益诉讼制度的建立正是贯彻了《宪法》第 2 条规定的国家一切权力属于人民的原则。法律适当赋予人民拥有海洋生态环境行政公益诉权，使得人民能够通过公益诉讼实现维护公共利益的权利，这也体现了人民主权理论。在因行政违法行为或行政不作为导致海洋生态环境公共利益受到损害时，除了检察机关依据法律提起行政公益诉讼外，普通公民或社会组织也可以依据人民主权理论而成为海洋生态环境行政公益诉讼适格的原告。海洋生态环境行政公益诉讼制度成功地为人民实施监督提供了司法路径，将人民对国家事务和法律的管理监督权转化为诉权，使得人民能够通过司法手段实施对政府机关的监督。

(二) 权力制衡理论

权力可以为社会服务以及维护社会稳定与发展，又可能成为谋取非

[①]《宪法》第 2 条规定中华人民共和国的一切权力属于人民。人民行使国家权力的机关是全国人民代表大会和地方各级人民代表大会。人民依照法律规定，通过各种途径和形式，管理国家事务，管理经济和文化事业，管理社会事务。

[②]《宪法》第 3 条规定中华人民共和国的国家机构实行民主集中制的原则。全国人民代表大会和地方各级人民代表大会都由民主选举产生，对人民负责，受人民监督。国家行政机关、监察机关、审判机关、检察机关都由人民代表大会产生，对它负责，受它监督。中央和地方的国家机构职权的划分，遵循在中央的统一领导下，充分发挥地方的主动性、积极性的原则。

法利益的源泉并对公共利益构成威胁。由于失去监督的权力可能威胁公共利益,在权力的运用中,必须使其受到制约与监督。若要防止有权力的人滥用权力,就必须要以权力制约权力。在现代法治国家,防止公权力滥用和公权力的怠于行使均是法治精神的体现,也体现了权力制衡理论。在行政权失职给国家或社会公共利益造成损失后,其他公权力不可能替代行政主体履行职责,这就需要救济途径的补位。此时,行政公益诉讼制度是体现权力制衡理论的具体制度,能够保障行政权的正常行使与运转。

海洋生态环境行政公益诉讼是对权力制衡理论的重要诠释。在国家权力体系中,检察机关具有较高的组织独立性和权力自主性,能够承担起维护公平与正义的重任。检察机关通过提起海洋生态环境行政公益诉讼来防止行政权滥用或怠于行使导致公共利益损害,经过人民法院依法判决、裁定,进而实现司法权制约行政权的目的。在海洋生态环境行政公益诉讼中,赋予检察机关起诉权,行使独立于行政权并针对行政行为的法律监督权;而人民法院则是通过针对海洋生态环境公益诉讼案件依法判决、裁定,履行司法审判职能,发挥权力制衡作用。

二 海洋生态环境刑事附带民事公益诉讼的特殊理论基础

(一) 刑法生态法益理论

法益可以理解为法律所表达和实现的利益,可以分为国家法益、社会法益、个人法益与生态法益。而生态法益可以界定为法律机制所表达或实现的包括人在内的各种生态主体对生态要素及生态系统的利益需求。[①] 解决生态环境问题关键是否有必要对传统法律主体问题进行适应时代的反思。生态法益论打破了传统上以人作为唯一法律主体的观念,其囊括了包括人在内的各种生态法律主体。生态法益的内容包括所有法律主体的生态利益。生态法益论是维护整个生态系统可持续发展、生态环境保护以及生物多样性保护等生态利益的法律表达与实现。生态法益是相关生态利益的法律表达及其实现需依靠司法等机制的有序运行。在海洋生态环境领域,海洋生态法益论可以表达为法律机制所表达或实现

---

① 焦艳鹏:《刑法生态法益论》,中国政法大学出版社2012年版,第44页。

的包括人在内的各种海洋生态主体对海洋生态要素及海洋生态系统的利益需求。

海洋生态环境刑事附带民事公益诉讼具有保护刑法生态法益的作用。刑法生态法益指的是刑法机制进行表达与实现的生态法益。生态法益的刑法表达指的是通过刑法确定哪些侵害生态法益行为构成犯罪的过程；生态法益的刑法实现指的是通过刑事诉讼确定侵害生态法益的犯罪嫌疑人的罪名与量刑，以及通过刑事附带民事公益诉讼确定侵害生态法益的犯罪嫌疑人承担民事填补责任。刑法生态法益的内容，包括刑法生态系统法益、生态要素法益、生态治理法益等。随着生态主义对社会的影响以及法律呈现生态化趋势，刑法生态法益论有必要作为海洋生态环境刑法诉讼与刑事附带民事公益诉讼的基础理论。总之，通过海洋生态环境刑事诉讼与刑事附带民事公益诉讼，惩治相关犯罪者，保护刑法海洋生态法益。

(二) 维护海洋生态刑事与民事法律秩序

通过对我们周遭的宏观世界观察表明，自然界并不是由无序的和不可预测的事件构成的一个混乱体，相反它所表现的是有序的、有组织的系统综合体。[①] 自然秩序是包括了人在内的所有自然界存在、发展和变化的客观规律所发生作用而形成的秩序。在构建人类秩序之时，人类往往将生态系统也考虑其中，并制定法律、政策等秩序来开发与保护生态系统。人类的秩序价值不仅在于实现人类利益，而且在于对自然秩序的监管与保护。在人类秩序中，生态系统不仅是人类的利益客体，而且是成为伴随人类发展的生态要素，一并组成自然秩序。

构建海洋生态刑事与民事法律秩序是海洋生态刑事附带民事公益诉讼的重要追求。法律在构建人类秩序过程中，不仅依据人类利益考量，还需遵循自然秩序而创制规则与秩序。通过制定符合生态系统规律的法律，将反映生态秩序转化为反映人类秩序的法律，进而发挥基于生态秩序制定的法律监管与保护生态系统的作用。在海洋生态环境领域，海洋生态环境法律必须反映海洋生态秩序价值。这种具有海洋生态根基的法

---

① [美] 博登海默：《法理学：法律哲学与法律方法》，邓正来译，中国政法大学出版社1998年版，第220页。

律所形成的并对人类和海洋生态进行的正当化管理构成了一种法益。在人类建立的众多海洋生态法律秩序中，海洋生态环境刑事与民事法律秩序是其中重要组成部分。海洋生态刑事与民事法律秩序应以海洋生态秩序为基础，以海洋生态规律为依据，以对海洋生态的良法而治为内容，以人海和谐为重要目标。

海洋生态环境刑事附带民事公益诉讼是建立海洋生态刑事与民事法律秩序的重要途径。通过海洋生态环境刑事附带民事公益诉讼，赋予海洋生态环境相关法律的实践价值，建立海洋生态刑事与民事法律秩序，进而实现海洋生态秩序价值。海洋生态环境污染类犯罪是通过污染海洋生态环境要素而侵害人及生物核心海洋生态法益的犯罪。海洋生态环境类犯罪在对人的海洋生态法益侵害过程中，往往是以不特定人的海洋生态法益为侵害对象。因此，通过海洋生态环境刑事附带民事公益诉讼，保护不特定多数人及生物的海洋生态法益，体现了海洋生态秩序价值。

本章小结

海洋生态环境公益诉讼作为海洋生态环境保护的重要司法途径，其产生和发展必然有深厚的理论基础作为支撑。按照法理学基本原理，与海洋生态环境公益诉讼相关理论结合，发现海洋生态环境公益诉讼蕴含的法理。通过明晰海洋生态环境公益诉讼蕴含的法理，为研究相关具体公益诉讼制度提供法理基础。

美国学者庞德指出法的目的和任务在于最大限度地满足与调和互相冲突的利益，要考虑目的、主张与要求，而不仅仅是法定的权利。海洋生态环境利益的保护需要在相关法律当中寻找，海洋生态环境利益的特殊性决定了海洋生态环境公益诉讼的特殊性。通过海洋生态环境公益诉讼制度，满足与调和个人利益与公共利益、经济利益与海洋生态利益等之间的冲突，维护海洋生态法益。

第 四 章

海洋生态环境民事公益诉讼

海洋生态环境损害是指因人类各种活动而造成了海洋生态环境可能部分修复、很难修复或者不可逆的损害，可能导致海洋生态环境失去原本功能，损害人类生态利益的法律事实。海洋生态环境损害是对海洋生态环境利益的损害，侵害客体为环境公共利益，这种损害一般不涉及私主体的权益。海洋生态环境损害主要包括破坏海洋自然资源及污染海洋环境的行为造成海洋生态环境损害。① 本章将重点研究海洋环境污染行为造成的海洋生态环境损害。

海洋生态环境损害民事公益诉讼是海洋生态环境损害救济的重要途径，与一般民事公益诉讼相比具有一定相似性。对于海洋生态环境损害民事公益诉讼是一种环境公益诉讼还是一种普通民事侵权诉讼，学界存在争议，主要争论点是行使海洋监督管理权的国家机关或者检察机关代表国家提起海洋生态环境损害诉讼的诉讼性质。作者支持海洋生态环境损害民事公益诉讼属于环境公益诉讼范畴，原因包括：行使海洋监督管理权的国家机关或者检察机关代表国家提起海洋生态环境损害诉讼，其目的是维护环境公共利益；由于海域属于国家所有，有关国家机关代为提起海洋生态环境民事公益诉讼是为了维护公众免受海洋生态环境损害带来的不利影响。

海洋生态环境民事公益诉讼是海洋生态环境损害的司法救济途径之一。我国传统诉讼法对于确定适格原告采用了"直接利害关系说"，使得

---

① 刘家沂主编：《海洋生态损害的国家索赔法律机制与国际溢油案例研究》，海洋出版社2010年版，第78页。

我国环境公益诉讼制度的发展具有局限性。[1] 正如有些学者所说：在传统诉讼中，只有足够资格的人才可以获得救济，在私法中坚持这个规则是正确的，但公法上只有这一规则是不行的，该规则忽视了公共利益的方面。[2] 因此，海洋生态环境民事公益诉讼的重要性可见一斑。由于海洋生态环境具有公益性、普遍性等特点，代表公共利益的国家机关或者组织更适合作为海洋生态环境民事公益诉讼的适格原告。

第一节 海洋生态环境民事公益诉讼的特征

通过分析海洋生态环境民事公益诉讼的特征，全面了解该诉讼的特殊性，为研究我国相关诉讼的现状及不足奠定基础。

一 保护利益的特殊性

海洋生态环境民事公益诉讼保护的利益是海洋生态环境公共利益，而不是私益诉讼中私主体的利益。海洋生态环境民事公益诉讼是以保护公共利益为本质特征，凡是侵害海洋生态环境公共利益的行为均在该诉讼的受案范围之内，这是与私益诉讼的本质区别之处。海洋生态环境公共利益具有以下两个特点：一是公共性。利益的公共性是指公有的而非私有的、共享的而非排他的利益。海洋生态环境公共利益具有公共性，系全社会成员所共有的与共享的利益；二是公益性。海洋生态环境公共利益是公众性的而非私人的利益，是利益分配的公平性而非独享性的利益。

二 适格原告与被告的无直接利害关系性

私益诉讼的索赔主体只能是利益的直接被侵害者，其可以选择行使诉权，也可以选择放弃追诉的权利，而不能由其他主体代为提起诉讼。与私益诉讼不同，海洋生态环境民事公益诉讼的起诉主体往往是无直接

---

[1] 杨帆等：《生态法专题研究》，中国政法大学出版社2015年版，第208页。
[2] ［英］威廉·韦德：《行政法》，徐炳等译，中国大百科全书出版社1997年版，第364页。

利害关系的主体，为了海洋生态环境公共利益而提起的民事公益诉讼。而海洋生态环境民事公益诉讼的被告则是直接造成海洋生态环境污染损害的主体。海洋生态环境民事公益诉讼的适格原告与被告不存在直接利害关系，这也是该诉讼的一个重要特点。

三 诉讼程序适用的特殊性

与一般诉讼相比，海洋生态环境民事公益诉讼的程序适用具有特殊性，具体包括：一是审判组织的特殊性。由于海洋生态环境民事公益诉讼案件往往具有主体范围广、损害影响大及索赔数额高等特点，审判组织的选用具有严格性、法定性及人数限定性等；二是调解与和解适用的特殊性。由于海洋生态环境民事公益诉讼的目的是维护相关公共利益，诉讼中调解与和解的适用均存在较大的争议性与严格的限制性；三是其他诉讼程序的特殊性。这些诉讼程序包括回避程序、质证程序等。

第二节　我国海洋生态环境民事公益诉讼的实证分析

从近几年的海洋生态环境民事公益诉讼案例出发，发现实证中的现状及问题，为探究我国海洋生态环境民事公益诉讼制度现状及不足提供实践分析支撑。

一 2019—2022 年海洋生态环境民事公益诉讼案例统计

（一）统计 2019—2022 年海洋生态环境民事公益诉讼案例的理由

首先，在 2018 年 "大部制" 改革[①]的前后，我国海洋生态环境民事公益诉讼的适格原告存在较大区别。在 "大部制" 改革之前，"五龙" 一般指的是中国主要的五个海上执法力量：中国海监、中国海关、中国海

---

① 大部制即为大部门体制，指的是推进政府事务综合管理与协调，按政府综合管理职能合并政府部门，组成超级大部的政府组织体制。其特点是扩大一个部所管理的业务范围，把多种内容有联系的事务交由一个部管辖，从而最大限度地避免政府职能交叉、政出多门、多头管理，从而提高行政效率，降低行政成本。

事、中国海警以及中国渔政。当然，我国涉海执法部门远不止上述五个。历史上，由于众多海上执法力量和涉海职能部门存在职权交叉等问题，导致海洋执法出现扯皮推诿现象，造成了海洋管理混乱，被称为"五龙闹海"。[①] 有学者对"五龙"有不同理解，将其界定为海洋部门、环保部门、交通部门、农业部门及部队。还有学者认为，"五龙"指的是海事、海洋、渔政、环保和军队。在海洋环境保护领域，原国家海洋局主管废弃物的海洋污染防治；原农业部主管渔港渔船及渔业的海洋污染防治；交通运输部主管港口水域及非军事船舶的海洋污染防治；原环境保护部负责陆源污染与全国海岸工程的海洋环境污染防治工作；海军负责军舰船舶的海洋环境污染防治工作。

近几年，通过"大部制"改革，作为海洋生态环境民事公益诉讼适格原告的海洋生态环境行政监管机关发生重大变化。在中央层面，涉及海洋生态环境执法的具体部门及具体职责如表 3.1 所示，即：生态环境部门负责海洋生态环境监管，自然资源部、海事局、渔业渔政管理局及海警部队在其职责范围内监管海洋生态环境。

其次，根据 2017 年修订后的《民事诉讼法》及近几年出台的司法解释，检察机关成为适格的海洋生态环境民事公益诉讼原告，这也是选取 2019—2022 年海洋生态环境民事公益诉讼案例的理由。

（二）具体统计整理

在中国裁判文书网上，以民事案由、海洋生态环境民事公益诉讼为搜索关键词，统计整理出 2019—2022 年我国有关海洋生态环境民事公益诉讼案件的裁判文书共计 25 份，如附录 I 所示。我国有关海洋生态环境民事公益诉讼案件的裁判文书在 2019 年共 5 份，2020 年共 13 份，2021 年共 6 份，2022 年共 1 份。关于起诉主体，20 起案件中的起诉主体为检察机关，4 起案件中的起诉主体为环保公益组织，1 起案件中的起诉主体为生态环境部门。关于案由类型，申请法院认定环保公益组织是否具有原告资格的案件有 3 起，有关非法售卖海洋珍稀动物的案件有 3 起，有关非法海洋捕捞的案件有 9 起，有关非法盗采海砂的案件有 9 起，有关向海洋倾倒废物的案件有 1 起。

---

① 徐祥民、李冰强等：《渤海管理法的体制问题研究》，人民出版社 2011 年版，第 5 页。

表 3.1　中央层面涉及海洋生态环境执法的职能部门及其职责[①]

职能部门及下属涉海单位		涉及海洋生态保护的主要职责
生态环境部	海洋环境司	负责全国海洋生态环境监管工作。修复监管；监督陆源污染物排海、负责防治海岸和海洋工程建设项目；负责防治海岸和海洋工程建设项目；承担湾长制相关工作等。
	自然生态保护司	指导协调和监督生态保护修复工作。生态保护红线监管；国家公园等各类自然保护地监管；生物多样性保护、生物物种资源（含生物遗传资源）保护和生物安全管理等。
	生态环境执法局	统一负责生态环境监督执法。组织拟订重大突发生态环境事件和生态破坏事件的应急预案；协调解决有关跨区域环境污染纠纷；执法检查；水、海洋生态环境领域监督执法等。
	东北督察局 华北督察局 华东督察局 华南督察局	监督地方；督察相关工作；参与重特大突发生态环境事件应急响应与调查处理的督察；承办跨省区域重大生态环境纠纷协调处置；承担重大环境污染与生态破坏案件查办等。
自然资源部	国土空间生态修复司	海洋生态、海域海岸带和海岛修复等工作；生态保护补偿相关工作等。
	海洋战略规划与经济司	拟订海洋发展、深海、极地等海洋强国建设重大战略并监督实施；拟订海岸带综合保护利用、海域海岛保护利用、海洋军民融合发展等规划并监督实施。
	海域海岛管理司	监督管理海域海岛开发利用活动；组织开展海域海岛监视监测和评估等。
	国土空间用途管制司	组织拟订湿地、海域、海岛等国土空间用途转用政策等。
	国家林业和草原局	监管林业和草原及其生态保护修复；监管森林、草原、湿地资源；监管国家公园、海洋特别保护区等各类自然保护地等。
交通运输部	海事局	防治船舶污染的监督管理；参与船舶污染事故的调查处理等。
农业农村部	渔业渔政管理局	按分工维护国家海洋和淡水管辖水域渔业权益；组织渔业水域生态环境及水生野生动植物保护等。

---

① 资料来源：由作者根据各部门官网及有关法律整理编制。

续表

职能部门及下属涉海单位		涉及海洋生态保护的主要职责
人民武警部队	海警部队（中国海警局、海区分局、直属局、省级、市和工作站）	拥有海上综合执法权。在职责范围内，海洋生态污染破坏行为执法；海洋环境污染事故的处理等。

另外，根据中央司法机关及各地海事法院发布的白皮书等相关文件，初步总结出近几年我国海洋生态环境民事公益诉讼运行情况。

关于检察机关提起的海洋民事公益诉讼情况。自 2019 年 2 月最高检部署开展"守护海洋"检察公益诉讼专项监督活动，截至 2020 年 4 月，沿海检察机关海洋公益诉讼案件办理全面展开。据统计，由检察机关向法院提起公益诉讼 152 件，其中，民事公益诉讼 34 件。[①]

根据《海口海事法院 2018—2020 年海洋环境资源审判白皮书》，2018—2020 年，海口海事法院于 2019 年开始受理第一宗海洋环境资源民事公益诉讼，至 2020 年年底，共审理了 21 宗。[②] 根据宁波海事法院于 2020 年发布的《浙江省海洋生态环境司法保护情况白皮书》，宁波海事法院依法审理涉及入海污染源、海洋生态损害、石油泄漏等引发的纠纷 79 起。其中，有关破坏海洋生态环境的公益诉讼案件 3 件。[③] 根据厦门海事法院于 2022 年发布的《厦门海事法院海洋生态环境司法保护白皮书（2016.1—2022.9）》，厦门海事法院依法审理海洋生态环境污染赔偿案件 1773 件，清污费用案件 38 件。[④]

---

① 《检察机关"守护海洋"已提起公益诉讼 152 件》，载《民主与法制网》，http://www.mzyfz.com/cms/fazhixinwen/xinwenzhongxin/fazhijujiao/html/848/2020 - 04 - 17/content - 1424060.html，最后访问日期：2022 年 5 月 21 日。

② 《海口海事法院发布海洋环境资源审判白皮书并公布 7 个典型案例》，载《人民法治网》，https://www.rmfz.org.cn/contents/857/491932.html，最后访问日期：2022 年 5 月 21 日。

③ 《浙江首发海洋司法保护"白皮书"五年审结海洋环境案件 79 起》，载《搜狐网》，https://www.sohu.com/a/370300552_120065720，最后访问日期：2022 年 5 月 21 日。

④ 《厦门海事法院海洋生态环境司法保护白皮书（2016.1—2022.9）》，载《厦门海事法院官网》，http://www.xmhsfy.gov.cn/sjbg/bps/202210/t20221011_255650.htm，最后访问日期：2023 年 1 月 11 日。

二 2019—2022 年海洋生态环境民事公益诉讼案例的特点分析

通过统计 2019—2022 年海洋生态环境民事公益诉讼案例，发现近几年我国海洋生态环境民事公益诉讼的司法实践具有以下特点：

第一，海洋生态环境民事公益诉讼案件数量较少。在中国裁判文书网上，统计整理出 2019—2022 年我国有关海洋生态环境民事公益诉讼案件的裁判文书共计 25 份。《浙江省海洋生态环境司法保护情况白皮书》（2020）显示，截至 2020 年，宁波海事法院审理的有关破坏海洋生态环境的公益诉讼案件为 3 件。海事法院审理的海洋生态环境民事公益诉讼案件数量少，这与适格原告范围过窄有着密切关系。同时，我国海洋生态环境民事公益诉讼案件数量较少，这说明我国相关诉讼制度存在障碍：公众权利意识相对不足，且普通公民无法提起相关诉讼；地方经济发展与海洋生态环境保护的冲突问题；法律赋予公众海洋生态环境保护的权利相对不足；海洋生态环境公益诉讼制度本身存在缺陷。

第二，司法实践中，海洋生态环境民事公益诉讼的适格原告仅包括海洋行政机关与检察机关，将环保组织排除在外。随着国家"大部制"改革，作为传统的海洋生态环境民事公益诉讼适格原告的海洋行政监督管理机关发生相应的改变。实践中，检察机关成为维护海洋生态环境公共利益的中坚力量，积极履行相关职责。然而，实践中环保组织仍不能成为海洋生态环境民事公益诉讼的适格原告。例如，郴州市阳光志愿者协会于 2021 年以违法捕捞行为造成了海洋生态环境资源损害为由，向海口海事法院提起海洋生态环境民事公益诉讼，而海口海事法院认定郴州市阳光志愿者协会不具有起诉资格。又如，最高人民法院于 2019 年支持原审法院认为北京市朝阳区自然之友环境研究所不具有海洋生态环境民事公益诉讼原告资格，驳回再审申请。根据最高人民法院的立场，环保组织目前还无法成为适格的海洋生态环境民事公益诉讼原告。

第三，司法实践中，若污染环境违法行为同时危害了陆地与海洋生态环境，符合法律条件的环保组织具有环境公益诉讼原告资格。例如，2020 年，中国生物多样性保护与绿色发展基金会就违法工程项目可能会同时影响海洋与陆地生态环境为由，认为其具有环境公益诉讼原告资格，向广东省高级人民法院提起上诉，而广东省高级人民法院支持了上诉请求并指令广州海事法院受理。在司法实践中，由于许多海洋生态环境损害案件同时侵害了陆地和海洋生态环境，为了实现陆海生态环境统筹保护，陆地生态环境民事公益诉讼和海洋生态环境民事公益诉讼的一些制度应当保持一致性。

第四，在法律适用层面，相关法院判决、裁定或调解的法律依据主要包括：《民法典》《民事诉讼法》《海洋环境保护法》《环境保护法》《渔业法》《最高人民法院关于适用〈中华人民共和国民事诉讼法〉的解释》（以下简称《民事诉讼法解释》）以及关于检察公益诉讼、海洋生态环境损害赔偿与环境民事公益诉讼等方面的司法解释。从司法实践来看，海洋生态环境民事公益诉讼的程序性法律依据主要参照一般环境民事公益诉讼的法律、法规、司法解释等。其中，审判程序、证据规则、举证责任等需参照《民事诉讼法》及相关司法解释等一般民事程序规定。

第五，在海洋生态环境损害赔偿范围层面，相关法院主要依据司法解释及鉴定意见确定赔偿范围。关于海洋生态环境损害赔偿费用的表述，相关文书一般笼统采用海洋生态环境损害赔偿金，并未明确指出此赔偿金的具体赔偿范围。关于确定生态环境损害赔偿金数额，相关法律文书一般这样表述"根据专家意见"或"根据鉴定报告"等等，表明生态环境损害赔偿金数额的确定过度依赖鉴定意见或者专家意见。

第六，一些法律文书中将海洋生态环境民事公益诉讼表述为海事海商公益诉讼是否合理。[①] 从海洋生态环境民事公益诉讼的性质角度，该诉讼系环境公益诉讼中的一种，采用的是一般环境公益诉讼的程序规定，而非依据海事海商诉讼程序规定。因此，将海洋生态环境民事公益诉讼认定为海事海商公益诉讼值得商榷。

第三节 我国海洋生态环境民事公益诉讼制度的内容与不足

在明确海洋生态环境民事公益诉讼的理论基础以及对我国相关案例

[①] 例如，《刘阳、詹少文海事海商纠纷一审民事判决书（2019）浙72民初808号》中存在此种表述：本院认为，本案为海事海商纠纷公益诉讼。

实证分析之后，通过探究我国海洋生态环境民事公益诉讼制度内容，发现其中存在的不足之处。作为本章核心部分，研究我国海洋生态环境民事公益诉讼制度内容及不足，是提出相关针对性建议的前提。

一 海洋生态环境民事公益诉讼原告适格规则

（一）原告适格规则考察

我国海洋生态环境损害民事公益诉讼现状包括：确定诉讼原告需要考虑的因素、相关行政机关与检察机关有权提起该公益诉讼等。

第一，确定海洋生态环境损害民事公益诉讼原告需要考虑的因素，包括：一是与一般民事诉讼相比，海洋生态环境民事公益诉讼目的是保护公共利益。传统民事诉讼对私主体的民事纠纷进行处理，明确相关主体的权利与义务，处理违法行为，维护民事权利和民事利益。与传统一般民事诉讼不同，海洋生态环境民事公益诉讼是为了海洋生态环境公共利益，达到保护和改善海洋生态环境、防治海洋生态环境污染以及助力建设海洋生态文明的目标；二是海洋生态损害的特点决定了受害主体的广泛性。海洋生态环境损害一般具有间接性特点，是其通过海洋反馈到人类受害主体，而不是直接作用到人类受害主体，这往往造成受害群体的不确定性，无法确定具体直接利害关系人。然而，若要成为传统民事诉讼原告，相关主体需要与海洋生态环境损害事实存在直接利害关系。而海洋生态环境损害的受害人因不具有直接利害关系，一般不能作为一般民事诉讼的适格原告；三是关于海洋生态环境民事公益诉讼原告范围的立法现状。由于海洋生态环境损害有别于传统的人身损害和财产损失，具有公共性、广泛性等特征，导致确定海洋生态环境损害公益诉讼原告较为困难。若没有法律主体为海洋生态环境损害后果来承担责任，这将使我国海洋生态环境污染现状更加严重，侵犯海洋生态权益；若海洋生态环境损害诉讼原告的缺位，将致使国家利益、社会利益处于无人维护的境地。总之，法律确定广泛的海洋生态环境民事公益诉讼适格原告范围是十分必要的。

第二，《海洋环境保护法》规定行使海洋监督管理权的行政机关代表国家有权提起海洋生态环境损害民事公益诉讼，若该部门不提起诉讼的，人民检察院可以向人民法院提起诉讼；该部门提起诉讼的，人民检察院可以支持起诉。在我国，若海洋生态环境遭到污染、破坏，行使海洋监督管理权的行政机关既可以直接行使监管执法权，又可以代表国家有权提起海洋生态环境损害民事公益诉讼。首先，海洋生态环境的行政监管。生态环境行政部门直接行使生态环境保护的行政职权，所作出的行政行为具有针对性、直接性和高效性等特点，是生态环境保护的第一道防线。[1]但行政机关行使海洋生态环境监管执法权存在缺点，包括行政权单方性、行政主体占主导地位等。其次，行使海洋环境监督管理权的行政机关与检察机关享有诉权的法律依据。《海洋环境保护法》第114条规定行使海洋环境监督管理权的部门与检察机关享有相关诉权。[2]虽然《海洋环境保护法》没有详细规定海洋生态环境民事公益诉讼制度，而是规定了行使海洋环境监督管理权的行政机关与检察机关有权对违法者要求赔偿，但已为海洋生态环境民事公益诉讼提供了法律依据。再次，海洋生态环境民事公益诉讼的实践。在"塔斯曼海"案中，为了海洋生态环境损害能够得到赔偿，天津海洋局作为原告向责任者提起海洋生态环境损害索赔诉讼。该案系国内第一次由行使海洋环境监督管理权的行政机关提起的海洋生态环境民事公益诉讼，是《海洋环境保护法》实施以来海洋行政主管部门第一次作为原告代表国家提起索赔诉讼。在此之前，虽然也发生过油污损害索赔案件，但维权主体均是受害个体，且仅仅就清污费、实际经济损失等直接损失进行索赔，而海洋生态环境的间接性损失没有得到应有赔偿。最后，相关行政机关与检察机关作为海洋生态环境民事公益诉讼适格原告的优势。行使海洋环境监督管理权的行政机关作为海洋生态环境民事公益诉讼原告，能够更好地发挥海洋生态环境损害司法救济机制的作用。由于海洋生态环境受害者与加害者往往地位不平等，加害人多为占有优势地位的企业，普通被害人和调查人员要求进入污染厂址调查，往往被企业借助不同理由而拒绝。受害人则多是处于弱势地位的普通个人，在调查研究与资金方面明显不足，对于证

---

[1] 吴良志、熊靖等：《环境侵权受害者司法保护》，中国法制出版社2017年版，第73页。
[2] 《海洋环境保护法》第114条规定：对污染海洋环境、破坏海洋生态、给国家造成重大损失的，由依照本法规定行使海洋环境监督管理权的部门代表国家对责任者提出损害赔偿要求。前款规定的部门不提起诉讼的，人民检察院可以向人民法院提起诉讼。前款规定的部门提起诉讼的，人民检察院可以支持起诉。

据的收集存在极大困难。① 而相关行政机关拥有调查研究海洋生态环境公益损害的科学知识和费用，可以利用其行政权要求相关污染企业进行配合调查，进而充分发挥海洋生态环境民事公益诉讼的作用。检察机关作为补充起诉主体地位，可以在相关行政机关未提前诉讼时，补充提起海洋生态环境民事公益诉讼，或者在相关行政机关提前诉讼后支持起诉。检察机关作为法律监督机关，有责任与能力维护海洋生态环境公共利益。

第三，《环境保护法》规定的一般环境民事公益诉讼适格原告范围。《环境保护法》规定了法律规定的行政机关与符合条件的环保公益组织有权提起环境公益诉讼。② 《环境保护法》第58条规定符合条件的环保公益组织作为提起环境公益诉讼的适格原告，这对保护生态环境具有重要意义，意味着启动环境公益诉讼的门槛降低，有利于加强生态环境损害的司法救济。《环境保护法》作为环境保护基本法律，其适用范围包括海洋环境领域，这并不意味着符合条件的环保公益组织拥有提起海洋生态环境损害民事公益诉讼的诉权。较《环境保护法》而言，《海洋环境保护法》是海洋环境保护特别法律，在海洋生态环境领域优先适用。但《环境保护法》关于环境民事公益诉讼原告范围的规定可以作为海洋生态环境民事公益诉讼原告范围的完善方向。

第四，检察机关拥有起诉与支持起诉海洋生态环境民事公益诉讼的资格。在2017年7月1日《民事诉讼法》修改施行后，由检察机关支持起诉的污染海洋环境民事公益诉讼案出现，系全国首例。在该案中，中山市检察院督促中山市海洋与渔业局对彭伟权等人依法提起公益诉讼，要求恢复原状与赔偿损失，并于2017年支持起诉。该案对于检察机关通过提起或支持提起海洋生态环境民事公益诉讼来保护海洋生态环境具有里程碑意义。根据2023年修订的《海洋环境保护法》，检察机关可以针对海洋生态环境公益诉讼案件，补充起诉或支持起诉。2022年发布的

---

① 傅剑清：《论环境公益损害救济——从"公地悲剧"到"公地救济"》，中国社会科学出版社2017年版，第150页。

② 《环境保护法》第58条进行了明确的规定："对污染环境、破坏生态，损害社会公共利益的行为，符合下列条件的社会组织可以向人民法院提起诉讼：（一）依法在设区的市级以上人民政府民政部门登记；（二）专门从事环境保护公益活动连续五年以上且无违法记录。"

《最高人民法院、最高人民检察院关于办理海洋自然资源与生态环境公益诉讼案件若干问题的规定》（以下简称为《"两高"关于海洋生态环境公益诉讼的规定》）明确人民检察院可以提起或支持相关行政机关提起海洋生态环境民事公益诉讼。[①] 依据该规定，若人民检察院提起海洋生态环境民事公益诉讼，须告知拥有相关诉权的行政机关依法提起诉讼，在相关行政机关仍不提起诉讼的前提下，检察机关可以向有管辖权的海事法院提起海洋生态环境民事公益诉讼。根据《检察公益诉讼的解释》第13条，若检察机关拟提起生态环境民事公益诉讼，应当先公告30日，当公告期内拥有诉权的主体没有提起公益诉讼，检察机关可以提起公益诉讼。

（二）原告适格规则存在的问题

1. 适格原告范围过窄

检察机关与行使海洋监督管理权的行政机关是我国海洋生态环境民事公益诉讼仅有的适格原告。依据《海洋环境保护法》的规定，有权提起海洋生态环境民事公益诉讼的主体是行使海洋监督管理权的行政机关和检察机关。《环境保护法》作为环境保护的基本法律，其适用范围包括海洋环境领域。然而，相较于《海洋环境保护法》，《环境保护法》属于一般环境保护法律，这意味着《环境保护法》规定的符合条件的环保公益组织不可以提起海洋生态环境民事公益诉讼。因此，根据《海洋环境保护法》，海洋生态环境民事公益诉讼的原告主体为行使海洋监督管理权的行政机关和检察机关。另外，《"两高"关于海洋生态环境公益诉讼的规定》规定了人民检察院可以提起或支持相关行政机关提起海洋生态环境民事公益诉讼。

海洋生态环境民事公益诉讼原告范围过窄不利于充分发挥民事公益诉讼保护海洋生态环境的作用，限制了社会组织和公民通过民事公益诉

---

① 《最高人民法院、最高人民检察院关于办理海洋自然资源与生态环境公益诉讼案件若干问题的规定》第2条第2款规定：有关部门根据职能分工提起海洋自然资源与生态环境损害赔偿诉讼的，人民检察院可以支持起诉。第3条规定人民检察院在履行职责中发现破坏海洋生态、海洋水产资源、海洋保护区的行为，可以告知行使海洋环境监督管理权的部门依本规定第2条提起诉讼。在有关部门仍不提起诉讼的情况下，人民检察院就海洋自然资源与生态环境损害，向有管辖权的海事法院提起民事公益诉讼的，海事法院应予受理。

讼方式维护环境公共利益和国家利益。在我国，社会组织和公民是否有可能成为海洋生态环境民事公益诉讼的适格原告？根据相关法律，设立环境侵权救济机制的目的是维护相关个体私法上的环境权利、财产权与人身权，并不关注保护环境公共物品和公共利益。以私法救济为主的环境损害救济途径将受到私法相关制度及理念的约束，即：只有私人受益并以环境要素为媒介的人身权和财产权遭到侵害时，相关环境损害救济才能发挥作用，这存在明显弊端。[1] 公众参与制度缺位于环境公益诉讼，原因是受到传统行政理念的影响，行政机关在环境保护方面占据主导地位并履行主要职责，易导致公众产生依赖而不能积极参与环保工作。[2] 目前，各级行政机关实行自上而下的生态环境监管机制，并成为制定生态环境法规政策仅有主体，而相关环保工作依赖行政机关较为严重。同样，作为需要维护的公共利益之一，海洋生态环境保护也依赖于政府。建立公众参与的生态环境民事公益诉讼是保障公民环境权、激发公众参与生态环境保护及促进人类可持续发展的需要。[3]

2. 法律未明确相关行政主体的诉权分配问题

现行法律规定了行使海洋监督管理权的行政机关有权代表国家提起海洋生态环境损害赔偿诉讼，而未明确规定由哪一个机关提起。根据现行法律，未具体到哪些行政机关是索赔主体，造成在实践中存在应由哪一级政府和主管部门代表国家对责任者提出索赔的问题，即如何确定海洋生态损害诉讼的具体起诉主体。[4] "大部制"改革后，作为索赔主体的行政机关（如自然资源部、生态环境部、中国海事局、海警局等）资格确定更加复杂，存在横向分工不清与纵向分工无法可依的问题，进而可能会导致索赔效率低和资源浪费。[5] 例如，2021年全国首例由海警机构提

---

[1] 尹媛媛：《环境权利可诉性研究》，中国社会科学出版社2016年版，第14页。
[2] 傅剑清：《论环境公益损害救济——从"公地悲剧"到"公地救济"》，中国社会科学出版社2017年版，第144页。
[3] 庄敬华：《环境污染损害赔偿立法研究》，中国方正出版社2012年版，第184页。
[4] 刘家沂主编：《海洋生态损害的国家索赔法律机制与国际溢油案例研究》，海洋出版社2010年版，第173页。
[5] 韩立新、陈羽乔：《海洋生态环境损害国家索赔主体的对接与完善——以〈海洋环境保护法〉修改为契机》，《中国海商法研究》2019年第3期。

起的海洋生态环境损害赔偿纠纷案,[①] 开启了海警机构提起海洋生态环境民事公益诉讼的先河,是贯彻与实施《海警法》的重要司法实践。海事法院受理该案是海警机构保护海洋生态环境职责在司法实践中得到首次确认。然而,我国现行法律并未明确有权提起海洋生态环境民事公益诉讼的行政机关的诉权分配问题,导致实践中诉权存在争议、交叉与复杂的情况。

在职能部门分管模式下,海洋行政监督管理机关的海洋生态环境民事公益诉权分配变得复杂。职能部门分管模式是行政机关设置的主要模式之一,根据不同时期的现实状况来设置职能管理部门。职能部门分管模式的突出特质是不同部门分别就不同领域各自管理。通过上下级相关部门领导关系的行政管理模式,实现职能部门分管不同领域的金字塔式多层级组织管理架构。职能部门分管模式优势与劣势明显:一是其优势为可以提高管理的专业化和高效性,注重上下级领导,有利于提高行政效率;二是其劣势为面对海洋生态环境破坏、海洋资源过度开发、各海洋执法部门冲突加剧等问题,仅依靠某一部门或者某一行业的行政力量难以解决。因此,职能部门分管海洋生态环境体现出行政权力分工负责的属性与环境的整体性之间的矛盾。[②] 任何行政权力都需要按照事权予以分割,尤其现代以来,行政事务越来越复杂,行政权力和行政组织迅速扩张,行政权按事权划分越来越细化。然而,由于各海洋环境要素相互联系、相互影响,海洋生态环境治理需要运用整体思维并重视合作与共治。在海洋生态环境民事公益诉权分配方面,职能部门分管模式下相关行政机关的诉权分配更为复杂。

3. 兼具海洋与陆地生态环境民事公益诉讼案件的环保组织诉权问题

若相关违法行为同时污染海洋与陆地生态环境,海事法院与地方法院的管辖权问题以及符合法律条件的环保组织诉权问题都是需要考虑的。《最高人民法院关于海事法院受理案件范围的规定》规定海事法院拥有海洋及通海可航水域开发利用与环境保护相关纠纷案件的管辖权。按照现

[①] 资料源自《全国海警首起海洋生态公益诉讼案始末》,载《新浪网》,https://news.sina.com.cn/s/2022-03-29/doc-imcwiwss8707967.shtml,最后访问日期:2022年5月18日。

[②] 代杰:《环境法理学》,天津大学出版社2020年版,第142页。

行相关法律，地方人民法院与海事法院拥有该类案件的管辖权。地方人民法院基于陆地生态环境污染对此类案件拥有管辖权，而海事法院基于海洋生态环境污染对此类案件拥有管辖权。

符合法律条件的环保组织对此类案件的诉权问题。在司法实践中，一些环保组织就此类案件向地方人民法院提起环境公益诉讼，人民法院认为，该组织是适格的环境公益诉讼原告。假设符合法律条件的环保组织就海洋生态环境公益受到损害事实向海事法院提起海洋生态环境民事公益诉讼，按照现行法律及司法实践，海事法院一般认定环保组织不适格。符合法律条件的环保组织有权提起陆地生态环境民事公益诉讼，而不可以提起海洋生态环境民事公益诉讼。例如，最高人民法院于2019年支持原审法院认为，环保组织不具有海洋生态环境民事公益诉讼原告资格，驳回再审申请。此类案件在不同法院得到不同处理结果，显然不具有合理性。因此，赋予符合法律条件的环保组织提起海洋生态环境民事公益诉讼的权利，是解决兼具海洋与陆地生态环境民事公益诉讼案件的环保组织诉权问题的关键。

二 海洋生态环境民事公益诉讼索赔范围

（一）索赔范围现状考察

海洋生态环境民事公益诉讼索赔范围是指侵权人造成海洋生态环境破坏或污染后，索赔主体可以向责任人请求赔偿并被法律所支持的具体种类和数量。一般损害赔偿包括直接损失与间接损失，可以分成人身、财产及精神等方面的损害赔偿等。海洋生态环境损害赔偿范围包括海洋生态损害恢复费用、预防措施费用、海洋生态环境功能永久性损害造成的损失等。而船舶油污造成海洋环境损害的赔偿范围有所不同。

1. 一般海洋生态环境损害赔偿范围考察

我国相关法律规定了海洋生态环境损害的索赔范围。《环境保护法》《海洋环境保护法》等法律规定了有关海洋生态环境损害赔偿范围的内容。其中，《海洋环境保护法》规定了海洋环境违法者的责任承担方式。[①]《海

---

① 《海洋环境保护法》第114条第1款规定：对污染海洋环境、破坏海洋生态，造成他人损害的，依照《中华人民共和国民法典》等法律的规定承担民事责任。

洋环境保护法》第 114 条规定参考《民法典》等相关规定，即依照《民法典》等法律的规定承担民事责任。然而，《海洋环境保护法》第 114 条的规定是针对环境污染造成他人损害案件的责任承担方式，与海洋生态环境公益诉讼案件赔偿范围有所区别。于 2013 年出台的《海洋生态损害评估技术指南（试行）》规定的海洋生态环境损害赔偿范围包括：清除污染和减轻损害等预防措施费用；海洋环境容量恢复期的损失费用；修复费用；评估等其他合理费用。于 2014 年出台的《海洋生态损害国家损失索赔办法》第 3 条规定的海洋生态损害国家损失的范围包括：处置措施费用及处置措施产生的次生污染损害消除费用；恢复期间的损失费用；监测、评估以及专业咨询的合理费用；修复费用及由此产生的合理费用或者重建替代费用；其他合理费用。于 2018 年实施的《最高人民法院关于审理海洋自然资源与生态环境损害赔偿纠纷案件若干问题的规定》（以下简称为《海洋生态环境损害赔偿的规定》）第 7 条对海洋生态环境损害赔偿范围作了明确规定，具体范围包括调查评估费用、恢复费用、恢复期间损失以及预防措施费用。[1] 此条款系首次明确规定海洋生态环境损害赔偿范围，但仅由司法解释规定，其法律效力层级较低。于 2017 年出台的《生态环境损害赔偿制度改革方案》规定了生态损害赔偿范围，[2] 但明确规定海洋生态环境损害案件需要依据《海洋环境保护法》等，而不适用此方案。但该方案规定的生态环境损害赔偿范围可以作为完善海洋生态损害赔偿范围的参考。《民法典》第 1235 条规定生态环境损害赔偿范围包括清污费、修复费用、调查鉴定评估费用、生态服务功能丧失所致的损失、生态环境功能永久性损害造成的损失、

---

[1] 《最高人民法院关于审理海洋自然资源与生态环境损害赔偿纠纷案件若干问题的规定》第 7 条：海洋自然资源与生态环境损失赔偿范围包括：（一）预防措施费用，即为减轻或者防止海洋环境污染、生态恶化、自然资源减少所采取合理应急处置措施而发生的费用；（二）恢复费用，即采取或者将要采取措施恢复或者部分恢复受损害海洋自然资源与生态环境功能所需费用；（三）恢复期间损失，即受损害的海洋自然资源与生态环境功能部分或者完全恢复前的海洋自然资源损失、生态环境服务功能损失；（四）调查评估费用，即调查、勘查、监测污染区域和评估污染等损害风险与实际损害所发生的费用。

[2] 《生态环境损害赔偿制度改革方案》规定的赔偿范围包括清除污染费用、生态环境修复费用、生态环境修复期间服务功能的损失、生态环境功能永久性损害造成的损失以及生态环境损害赔偿调查、鉴定评估等合理费用。

防止损害的发生和扩大所支出的合理费用。《民法典》规定的生态环境损害赔偿范围，在解决生态环境损害赔偿范围的争议方面具有重要意义。

2. 船舶油污公益诉讼的赔偿范围考察

第一，船舶油污相关公约对船舶油污损害赔偿范围的界定。我国于2000年加入的《1992年国际油污损害民事责任公约》（以下简称《1992油污公约》）对环境损害规定的赔偿范围较窄。[1]《1992油污公约》规定的船舶油污造成的环境损害赔偿范围只限于已经实际采取或将要采取的合理恢复措施的费用。其中，合理恢复费用是指尽可能地将环境恢复为正常生态平衡状态所需的合理费用。关于环境损害赔偿的限定，只是赔偿可恢复的环境损害，不赔偿不可恢复的环境损害，也就是不赔偿减损的环境价值或者纯粹的环境损害。《1992油污公约》规定了船舶油污造成的环境损害的定义，明确了船舶油污损害的预防措施等。总之，《1992油污公约》规定的对环境损害的索赔限于实际采取的以及将要采取的合理恢复措施的费用。

第二，我国关于船舶油污损害赔偿范围的规定。我国相关法律未明确船舶油污公益诉讼的索赔范围，而仅仅规定了船舶油污损害赔偿范围。我国《海商法》等涉及船舶油污损害的法律均未明确船舶油污损害赔偿范围。《海洋环境保护法》仅原则性地规定了国家完善并实施船舶油污损害赔偿基金等制度。[2]《防治船舶污染海洋环境管理条例》第48条原则上规定了船舶油污归责原则，[3] 第49条规定了免于承担责任的情形，属于损害赔偿范围的除外因素，[4] 第53条规定若发生船舶油污事故，国家组

---

[1]《1969年国际油污损害民事责任公约1992年议定书》规定相关环境赔偿范围只限于已经实际采取或将要采取的合理恢复费用。

[2]《海洋环境保护法》第82条规定国家完善并实施船舶油污损害民事赔偿责任制度；按照船舶油污损害赔偿责任由船东和货主共同承担风险的原则，完善并实施船舶油污保险、油污损害赔偿基金制度，具体办法由国务院规定。

[3]《防治船舶污染海洋环境管理条例》第48条规定造成海洋环境污染损害的责任者，应当排除危害，并赔偿损失；完全由于第三者的故意或者过失，造成海洋环境污染损害的，由第三者排除危害，并承担赔偿责任。

[4]《防治船舶污染海洋环境管理条例》第49条规定完全属于下列情形之一，经过及时采取合理措施，仍然不能避免对海洋环境造成污染损害的，免予承担责任：（一）战争；（二）不可抗拒的自然灾害；（三）负责灯塔或者其他助航设备的主管部门，在执行职责时的疏忽，或者其他过失行为。

织有关单位进行应急处置、清除污染所发生的必要费用，在船舶油污损害赔偿中应优先受偿。总之，我国关于船舶油污损害赔偿范围的法律法规仅在原则上进行了规定，缺乏具体可操作性。

相关司法解释进一步明确了船舶油污损害赔偿范围，仍未明确船舶油污公益诉讼的索赔范围。为了解决司法实践中相关损害赔偿范围的问题，最高人民法院则以司法解释的形式，制定了船舶油污损害赔偿范围。《最高人民法院关于审理船舶油污损害赔偿纠纷案件若干问题的规定》（以下简称《船舶油污损害赔偿的规定》）第 9 条规定船舶油污损害赔偿范围包括：预防措施费用及其造成的进一步灭失或损害；财产损害与收入损失；因油污造成环境损害所引起的收入损失；已采取或将要采取合理恢复措施费用。① 该司法解释第 9 条所规定的船舶油污损害赔偿主要针对财产损害、经济收入损失等私主体的利益索赔，亦涉及产生的环境损害的索赔。根据《船舶油污损害赔偿的规定》第 17 条，船舶油污事故造成环境损害的，对环境损害的赔偿应限于已实际采取或者将要采取的合理恢复措施的费用。恢复措施的费用包括合理的监测、评估、研究费用。该司法解释第 17 条与公约的规定保持一致，但对海洋生态环境的保护作用有限。

（二）海洋生态环境损害赔偿范围存在的争议

1. 一般海洋生态环境损害赔偿范围的争议

（1）《民法典》与其他规范性文件的不一致。2018 年实施的《海洋生态环境损害赔偿的规定》第 7 条第一次明确规定海洋生态环境损害赔偿范围。然而，该规定仅是司法解释，法律效力层级较低。《海洋生态损害评估技术指南（试行）》《海洋生态损害国家损失索赔办法》等规范性文件规定的海洋生态环境损害赔偿范围亦存在冲突。作为一般民事法律规定，《民法典》第 1235 条规定的生态环境损害赔偿范围适用于海洋生态环境损害领域。在《海洋环境保护法》未规定海洋生态环境损害赔偿

---

① 《最高人民法院关于审理船舶油污损害赔偿纠纷案件若干问题的规定》第 9 条为防止或者减轻船舶油污损害采取预防措施所发生的费用，以及预防措施造成的进一步灭失或者损害；船舶油污事故造成该船舶之外的财产损害以及由此引起的收入损失；因油污造成环境损害所引起的收入损失；对受污染的环境已采取或将要采取合理恢复措施的费用。

范围的情况下，尽管《海洋生态环境损害赔偿的规定》规定了相关赔偿范围，但根据司法解释不得与法律相抵触原则，《民法典》规定的赔偿范围应优先适用。然而，相较于一般生态环境损害，海洋生态环境损害有其自身特殊性，包括损害范围广、损害关联性强、损害赔偿确定更加困难等。《民法典》规定的生态环境损害赔偿范围恐难适合海洋生态环境损害赔偿领域。因此，合理的解决途径应为《海洋环境保护法》明确规定海洋生态环境损害赔偿范围，这就避免了法律适用冲突的问题。

（2）国内法与国际条约规定的索赔范围不同。《海洋生态损害评估技术指南（试行）》《海洋生态损害国家损失索赔办法》等规范性文件规定了环境容量损失与恢复期间损失，而《索赔手册》《国际海事委员会油污损害指南》并不承认理论模型推演出来的环境容量损失。《民法典》亦没有规定环境容量损失与恢复期间的损失。因此，关于海洋生态环境损害赔偿范围的国内法与国际条约之间存在冲突。

2. 船舶油污公益诉讼赔偿范围的争议

（1）关于船舶油污公益诉讼损害赔偿的国内法之间的不同。《船舶油污损害赔偿的规定》关于船舶油污环境损害赔偿范围的规定在一定程度上明确了船舶油污环境损害赔偿范围，但人民法院在认定船舶油污环境损害赔偿范围时，仍然存在较大困难。我国船舶油污损害赔偿范围的相关司法解释只是规定了一个大概的范围，且范围过窄。根据《船舶油污损害赔偿的规定》第 17 条，船舶油污环境损害赔偿仅限于已实际采取或者将要采取的合理恢复措施的费用。与此同时，《民法典》规定了生态环境损害赔偿范围，并未排除在船舶油污公益诉讼损害赔偿领域的适用。由于《民法典》相关规定与《船舶油污损害赔偿的规定》关于船舶油污环境损害赔偿范围的规定存在不一致，在非涉外司法实践中，难免出现适用赔偿范围冲突的情况。然而，《民法典》规定的生态损害赔偿范围是针对一般生态环境损害的赔偿范围，不宜直接适用于船舶油污公益诉讼的损害赔偿范围。因此，相关法律明确规定船舶油污公益诉讼的损害赔偿范围，是解决船舶油污公益诉讼的损害赔偿范围争议的关键路径。

（2）关于船舶油污公益诉讼损害赔偿的国内法与国际条约之间的不同。若国内船舶油污损害造成的海洋生态环境污染损害，相关损害赔偿范围适用《船舶油污损害赔偿的规定》。相较于国内船舶漏油损害赔偿，涉外船舶漏油污染致海洋生态环境损害的赔偿范围较小，这不利于保护我国船舶及海洋生态环境的利益。

三 诉讼中调解、和解等程序的适用

（一）诉讼中适用调解、和解等程序的考察

近几年，以调解结案的海洋生态环境民事公益诉讼案件占重要部分。调解与和解是否适用于海洋生态环境民事公益诉讼领域？反对观点认为，在环境民事公益诉讼中，原告只是公共利益的代表，没有实体利益，缺乏调解与和解的基础。支持观点认为，为了司法效率及秩序价值，实现法律纠纷解决路径多元化，环境公益诉讼可以适用调解、和解。[①] 在法律及司法实践层面，我国采用了环境民事公益诉讼可以适用调解的做法。

海洋生态环境公益诉讼是否适用调解、和解的争议焦点在于原告对公共利益是否具有处分权。有学者认为公益起诉人作为公共利益的代表，由于公共利益具有不可处分性，不应将调解、和解适用于环境公益诉讼，以防止对公共利益的损害。在司法实践中，环境公益诉讼的原告与被告在达成调解或和解的过程中往往互相协商、彼此妥协及达成合意，存在放弃一定实体性利益的可能性。[②] 若公共利益未能实现，环境民事公益诉讼则不能适用调解、和解。环境公益诉讼的目的不是维护私人利益，而是维护国家利益及社会公益，公益起诉人的诉权是国家或社会公众赋予的。理论上，以处分环境权益为内容的调解制度不可应用于生态环境公益诉讼领域，应将依法判决作为解决纠纷的途径。

我国现行法律、行政法规及司法解释采用了调解、和解有限适用于环境民事公益诉讼领域。这些规定同样适用于海洋生态环境民事公益诉讼。关于环境民事公益诉讼的调解及和解，《最高人民法院关于审理环境民事公益诉讼案件适用法律若干问题的解释》（以下简称《环境民事公益诉讼的解释》）第25条规定了环境民事公益诉讼当事人达成调解或和解的，法院应当公告调解或和解协议。公告期届满，法院认为，调解或和

[①] 孙洪坤、张姣：《论环境民事公益诉讼中的调解制度》，《广西社会科学》2013年第9期。

[②] 张卫平：《民事公益诉讼原则的制度化及实施研究》，《清华法学》2013年第4期。

解内容不损害公共利益的,应当制定调解书。① 关于检察机关在民事公益诉讼中的撤诉,《检察公益诉讼的解释》第19条规定了检察机关撤诉的先决条件为民事公益诉讼请求实现。②

(二) 诉讼中适用调解、和解等程序存在的问题

调解、和解适用于海洋生态环境民事公益诉讼存在的问题,主要包括:一是调解或和解内容范围及限度不明确。《环境民事公益诉讼的解释》第25条及《民事诉讼法解释》第287条③等规定了环境民事公益诉讼案件可以适用调解与和解制度,但没有规定调解的范围与具体内容。环境民事公益诉讼涉及的几乎所有事项都可以依据司法解释进行调解与和解,易导致危害公共利益。④;二是调解或和解协议的审查不充分。关于调解与和解协议的审查,相关司法解释仅作了原则性规定,而未明确法院对调解或和解协议的具体审查内容、审查程序及审查人员组成等。在海洋生态环境民事诉讼实践中,海事法院对调解协议的审查往往表述为"经审查,调解协议不违反法律规定,亦未损害社会公共利益,本院予以确认",⑤而未经过实质性论证、解释及审查;三是公众参与监督调解或和解协议内容的渠道不足。《民事诉讼法解释》等仅规定了调解协议应当公告,并未明确公众参与监督的法定渠道。

---

① 《最高人民法院关于审理环境民事公益诉讼案件适用法律若干问题的解释》第25条规定:环境民事公益诉讼当事人达成调解协议或者自行达成和解协议后,人民法院应当将协议内容公告,公告期间不少于三十日。公告期满后,人民法院审查认为调解协议或者和解协议的内容不损害社会公共利益的,应当出具调解书。当事人以达成和解协议为由申请撤诉的,不予准许。调解书应当写明诉讼请求、案件的基本事实和协议内容,并应当公开。

② 《最高人民法院、最高人民检察院关于检察公益诉讼案件适用法律若干问题的解释》第19条规定:民事公益诉讼案件审理过程中,人民检察院诉讼请求全部实现而撤回起诉的,人民法院应予准许。

③ 《最高人民法院关于适用〈中华人民共和国民事诉讼法〉的解释》第287条对公益诉讼案件,当事人可以和解,人民法院可以调解。当事人达成和解或者调解协议后,人民法院应当将和解或者调解协议进行公告。公告期间不得少于三十日。公告期满后,人民法院经审查,和解或者调解协议不违反社会公共利益的,应当出具调解书;和解或者调解协议违反社会公共利益的,不予出具调解书,继续对案件进行审理并依法作出裁判。

④ 张旭勇、潘慕元:《民事公益诉讼调解协议公告审查制度及其完善》,《河南财经政法大学学报》2019年第4期。

⑤ 例如《2020琼72民初18号蔡元春张仔腾环境污染责任纠纷一审民事调解书》就有如此表述。

第四节　海洋生态环境民事公益诉讼域外考察与借鉴

归纳分析域外国家关于海洋生态环境民事公益诉讼的立法、理论以及实践，可以让我们在更为开阔的视野下，针对我国现有相关司法制度的不足，为我国海洋生态环境民事公益诉讼的完善提供立法与司法实践的参照系。本部分选取了英美法系及大陆法系具有代表性的国家，有针对性地分析相关环境民事公益诉讼的原告适格范围、损害赔偿范围、诉讼中调解与和解的适用等问题，为我国海洋生态环境民事公益诉讼提出完善建议，奠定域外考察基础。

一　美国海洋环境民事公益诉讼考察及借鉴

（一）美国海洋环境民事公益诉讼考察

1. 美国海洋环境民事公益诉讼概述

在美国环境法中，环境民事公益诉讼主要表现为环境公民诉讼[①]制度，但二者不能画等号。美国环境公民诉讼不仅维护环境公共利益，还关注私人利益方面。美国环境公民诉讼在性质上属于环境自力救济，系其环境法中较为特别的制度。在海洋环境民事公益诉讼问题上，美国没有专门区分"海洋环境公民诉讼"与其他环境公民诉讼，亦未特别设置适用于海洋环境公民诉讼的条款。美国相关环境法是在环境、生物以及能源等领域的单行法逐个设置公民诉讼制度。[②] 在原告资格、理论基础、诉讼目的、救济途径等方面，海洋环境民事公益诉讼基本可以参考一般环境公民诉讼的规则。在美国环境法体系下，有关海洋环境的单行法规定公民可以在某些领域提起公民诉讼。例如，美国《清洁水法》规定，公民可以就美国可通航水域污染而提起环境公民诉讼；《濒危物种法》规

[①] 环境公民诉讼是指公民可以依法就企业违反法定环境保护义务、污染环境行为或者主管机关没有履行法定职责行为提起诉讼。

[②] 冯静茹：《美国环境法下的海洋环境公民诉讼问题研究》，《浙江海洋大学学报》（人文科学版）2019 年第 6 期。

定，公民可以就物种受到威胁或濒临灭绝而提起环境公民诉讼。海洋环境公民诉讼包括海洋环境民事公益诉讼及海洋环境行政公益诉讼等，本部分将重点研究美国海洋环境民事公益诉讼。

关于海洋环境公民诉讼目的，并不局限于维护个人利益，亦维护环境公共利益与国家环境利益。关于公民诉讼目的，公民诉讼将维护公益作为诉讼目的与要件，诉讼实际目的常常并非个案救济，而起到敦促行政部门或相关义务主体履行保护公益的法定行为，相关裁判不仅及于当事人。① 环境公民诉讼对于美国贯彻实施环境保护法律法规具有重要意义，也是美国环境保护法律制度体系的重要组成部分；环境公民诉讼制度是通过获得司法支持，实现环境保护目的，督促政府机关履行职责，缓解公众对政府的不信任和疑虑。另外，美国环境公民诉讼体现了对环境权利的间接救济，其目的主要是保护环境及相关环境利益，敦促相关主体合法行使权力与权利以及履行相关义务。② 由于海洋环境保护是环境保护的重要部分，环境公民诉讼适用于海洋环境保护领域。

作为海洋环境民事公益诉讼的重要表现形式，美国环境公民诉讼设置了诉讼前通知的必要程序。美国环境公民诉讼赋予了任何公众可以针对违反污染排放限制、违反许可证等违法行为而提起诉讼的权利。大部分美国环境法律规定任何公民诉讼的原告必须提前至少60天向联邦环保部、违法行为所在州以及违法行为人发出书面通知，若违法行为人收到书面通知后，进行自我纠正，或者联邦环保部或州政府立即履行法定职责的，则不再需要启动诉讼。③ 公民诉讼条款规定诉前通知程序的目的是保护政府作为主要执法者的地位。④ 在海洋环境保护领域，海洋生态环境公益诉讼亦应作为海洋生态环境行政执法的有效补充。

2. 原告适格规则

环境公共信托理论成为公民提起海洋环境民事公益诉讼的依据。环境公共信托指的是为了环境资源的可持续利用，全体公民作为委托人和

---

① 傅剑清：《论环境公益损害救济——从"公地悲剧"到"公地救济"》，中国社会科学出版社2017年版，第126页。
② 尹媛媛：《环境权利可诉性研究》，中国社会科学出版社2016年版，第80页。
③ 巩固：《美国环境公民诉讼之起诉限制及其启示》，《法商研究》2017年第5期。
④ 王曦、张岩：《论美国环境公民诉讼制度》，《交大法学》2015年第4期。

受益人，将环境资源以信托财产的形式信托给政府的一种信托。环境公共信托理论源自古罗马，后经英国传入美国，逐渐成为公民提起环境公民诉讼的理论基础。作为信托的一种，公共信托的委托人为全体社会公民，而将代表公共利益的国家作为受托人。根据环境公共信托理论，国家或政府拥有普通法意义上的环境资源所有权，而作为委托人和受益人的全体公民享有环境资源的真正所有权。作为真正所有权的委托人或受益人，全体公民享有对信托财产的追及权。若国家或者政府滥用权力、损害受益人的利益或者未尽环境义务，为了纠正政府违法行为或要求其履行职责，全体公民均可以提起环境公益诉讼。环境公共信托理论成为环境公民诉讼中公民诉讼资格的依据。

在美国环境公益诉讼中，不仅授予美国相关公权力机关可以提起诉讼，而且允许公民以维护环境资源公共利益为由，并作为环境委托人或者受益人提起诉讼。在海洋环境领域，当全体公民交给国家信托管理的海洋环境受到侵害时，国家有义务保护海洋环境不受损害。全体国民将一定诉权托付给国家，此为诉讼信托。国家又将诉权分配给相关行政机关、检察机关等，这些机关可以代表国家提起诉讼。若国家法定机关未依据职权提起诉讼，任何一个公民均可以依据环境公共信托理论向法院提起海洋环境公民诉讼。

第一，关于美国原告资格的性质。明晰美国原告资格的性质，有助于深刻理解美国海洋环境公民诉讼中的原告资格。原告资格是属于管辖权问题，还是属于原告实体性请求权问题，在美国亦未取得共识。[①] 美国关于原告资格的定性，存在"本案要件"或"诉讼要件"之争。"本案要件"指的是使法院认同原告请求所必须具备的要件，其关注原告有没有权利提起请求，有没有必要通过判决来保护原告主张。"本案要件"说认为原告资格的有无必须以案件实体问题决定，若法院认为原告没有起诉资格，不可以将没有管辖权作为驳回起诉的理由，而应以缺乏实体要件作为理由。"本案要件"说从根本上看应是美国民事诉讼目的观在原告资格领域的体现。而"诉讼要件"指的是法院就原告请求的正确与否进行审理前所应当具备的程序要件。"诉讼要件"说认为原告资格本质上属于联邦法院的管辖

---

① 陈亮：《美国环境公益诉讼原告适格规则研究》，中国检察出版社 2010 年版，第 94 页。

权问题，原告资格有无与案件事实没有关系。自20世纪六七十年代以来，美国联邦最高法院不断努力区别开原告资格问题和案件实体问题。美国联邦最高法院认为原告资格要件的符合是对案件进行实体审理的必经程序。"诉讼要件"说认为原告资格的判断与案件事实无关，原告资格仅仅为法院对案件进行审理之前必经的程序要件。"本案要件"说与"诉讼要件"说均曾被美国联邦最高法院采纳。美国已经达成了这一共识：联邦法院有没有管辖权是原告资格的判断标准，而美国联邦法院管辖权受到美国宪法的限制。因此，美国海洋环境公民诉讼的原告资格问题亦应采用"诉讼要件"说。判断是否具有海洋环境公民诉讼的原告资格与案件事实无关，原告资格仅仅为法院对案件进行审理之前必经的程序。

第二，关于公民诉讼中"公民"的理解。"私人检察总长"理论是美国公民诉讼中确定原告的重要理论基础。"私人检察总长"指的是若政府怠于保护公共利益之时，通过提起诉讼来保护公共利益的私人。[①] "私人检察总长"最早于1943年被提出来。实际上，"私人检察总长"理论允许私人充当公共利益的代表，系对检察长理论的类比。在环境公民诉讼中，"公民"指的是任何团体和个人，包括州政府、企业等。启动公益诉讼的首要问题是获取原告起诉资格，进而具备控告侵权行为之地位和资格。从美国联邦最高法院判例和《清洁空气法》《清洁水法》《固体废物处置法》《防止船舶污染法》《濒危物种法》《综合环境反应、赔偿和责任法》《资源保护和恢复法》等相关法律可以发现，公民诉讼尽管采用"公民"一词，但实际上任何企业、州政府、个人等主体都可以提起诉讼。根据美国《清洁水法》《清洁空气法》等法律，任何公民或者组织皆可以对作为环境违法者的公民、企业及政府机关等提起诉讼，要求违法主体遵守相关环境法的规定。[②] 例如，美国《清洁空气法》规定了环境公民诉讼条款来保护空气环境。[③] 因此，任何人都可能成为环境公民诉讼的

---

① 张辉：《美国公民诉讼之"私人检察总长理论"解析》，《环球法律评论》2014年第1期。
② 例如：美国《清洁空气法》规定除了将任何人囊括到原告主体之外，还授予任何联邦政府部门、机构或者分支机构，及其官员、代理人或者雇员依法享有提起公民诉讼的权利。
③ 美国《清洁空气法》规定"任何人如果认为联邦环保局局长未采取或履行依据本法不属于他的行政自由裁量权范围的行动或义务，皆可以自己名义对局长提起诉讼。""任何人以联邦环保局局长为被告，主张其怠于执行本法所赋予其非自由裁量的职责。"

原告。此外，美国环境公益诉讼制度还影响国会环境法律的出台。在美国海洋环境民事公益诉讼中，"公民"的范围亦包括任何个人、团体。然而，美国法律规定的任何个人、团体可以提起公民诉讼，也同时受到一些法定要件的限制。

第三，确定美国海洋环境民事公益诉讼的适格原告需参照相关公民诉讼条款。根据美国《宪法》《清洁水法》等法律规定，获取公民诉讼原告起诉资格需满足以下条件：一是原告必须证明被起诉的行为已经或将会导致原告"事实上的损害"（Injury in Fact）。海洋环境民事公益诉讼的原告资格享有不是以原告遭受法定的、经济损害为限度，起诉者只需证明遭受事实上的损害即可。在美国相关法律及司法实践中，在判断海洋环境民事公益诉讼的原告是否适格时，仍需证明原告与争诉案件存在相当程度的利益关联。二是原告应当提供该损害和被诉行为的因果关系证明。三是原告应当提供法院可以采取某些方式提供救济或纠正的证明。四是"审慎资格"规则（Prudential）。五是损害必须在"利益范围"（Zone of Interest）内，并可以得到真正意义上的法律保护。另外，若公益组织要启动诉讼程序，公益组织不仅要证明相关成员满足上述要求，还要证明所寻求的司法救济目标"与组织宗旨有密切联系"。[①] 总之，美国环境法律允许任何人可以成为"公民诉讼"的原告。[②] 同时，美国法律对提起环境公民诉讼的限制性规定主要包括：具体明确的可诉范围；起诉前置程序和通知程序；行政机构能够依法履行相关法律行为是启动环境民事公民诉讼的阻却事由。其中，依据《清洁水法》等法律，公民诉讼的原告不能获得法定资金支持，导致有限的普通民众能够依法提起公民诉讼，而更多的是非政府组织（NGO）提起。尽管美国已经尽可能地将海洋环境民事公益诉讼的原告适格范围扩大，但结果仍存在一定欠缺之处。扩张后的海洋环境民事公益诉讼的原告适格范围仍摆脱不了传统私权下的原告适格规则的束缚。

[①] ［美］詹姆斯·萨尔兹曼、［美］巴顿·汤普森：《美国环境法》（第四版），徐卓然、胡慕云译，北京大学出版社2016年版，第75页。

[②] 吕忠梅、杨诗鸣：《美国环境法实施机制之透视——以环境公益损害救济为例》，《湖南师范大学社会科学学报》2021年第2期。

3. 赔偿范围

（1）一般海洋环境损害赔偿范围

在国家层面，美国有关海洋环境与资源保护以及相关损害赔偿规则体系较为完善。美国先后出台了《清洁水法》《综合环境反应、赔偿和责任法》《1990年油污法》等法律以及一些具体的自然资源损害赔偿规则，均是美国海洋环境与资源损害赔偿的重要依据。1977年《清洁水法》首次明确州政府可以作为受托人提起自然资源损害赔偿，但仅适用于污染物进入美国水域的情况。1980年的《综合环境反应、赔偿和责任法》适用于任何"有害物质"引起的环境损害赔偿。美国《国家海洋保护区法》明确规定自然资源损害责任：在海洋保护区内，其资源只要受到破坏或损害，包括任何人运用任何手段造成的损害，均可依法要求生态恢复。[①]

《综合环境反应、赔偿和责任法》规定了两种责任方式，包括响应措施、通过价值评估的金钱损害赔偿。响应措施是指若发生海洋环境与资源损害等紧急情况，以避免、减轻或控制其不利后果为出发点，进而采取的合理措施。响应措施包括对已经造成的有害物质释放、将来造成或存在可能造成的危险的有害物质释放，进行移除、消除、补救等。[②] 责任人应当承担的损害赔偿金额包括采取响应措施的支出及损害赔偿费用。《综合环境反应、赔偿和责任法》关于环境治理费用的赔偿范围包括了清除或救助行动的全部费用、自然资源损失的赔偿金（包括损害评估费用）、有关健康效应或健康评价研究的费用等。同时，《综合环境反应、赔偿和责任法》明确了危险物质泄漏的严格责任。[③] 此外，该法还规定建立危险物质信托基金以及关闭后信托基金。而该法没有规定具体的自然资源损害赔偿规则。于1986年出台的《自然资源损害赔偿规则》详细规定了自然资源损害赔偿规则。

《自然资源损害赔偿规则》分为两种损害赔偿程序。其中，第一种适用于海岸、海洋自然资源损害领域（NRDAM/CME）。此时，赔偿范围包

---

① 程雨燕：《生态环境损害赔偿制度的理念转变与发展方向——兼与美国自然资源损害制度比较》，《社会科学辑刊》2018年第3期。

② 朱凌珂：《美国自然资源损害赔偿范围制度及其借鉴》，《学术界》2018年第3期。

③ 王曦：《美国环境法概论》，武汉大学出版社1992年版，第380页。

括响应措施的支出与合理评估费用等，并总额不超过 10 万美元。如果超过此数额，权力机构则会限制关于此损害金额的计算。根据自然资源损害赔偿规则，损害赔偿范围包括恢复措施的费用、恢复期间的服务价值损失、不能恢复的价值赔偿。《综合环境反应、赔偿和责任法》规定的合理的损害评估费用亦是损害赔偿范围。

（2）船舶油污损害赔偿范围

美国《1990 年油污法》涉及了海洋生态损害赔偿的内容。关于立法目的，《1990 年油污法》规定的是当发生油污事故或存在发生油污事故的现实危险时，恢复环境并补偿公众在自然资源或服务方面的损失，通过恢复、赔偿中期损失等手段使得受损的自然资源和服务恢复到事故未发生之前的状态（"基线"状态）。[①] 在归责原则方面，《1990 年油污法》采用的是严格责任。[②] 采用严格责任有利于确定海洋油污责任人以及海洋环境修复主体。《1978 年港口和油轮安全法》规定了油轮和运载散装货的其他船舶驶入美国港口时必须实施规定的特定要求，其目的是尽可能减少对海洋环境带来的威胁。

美国《1990 年油污法》是在长期的立法和司法实践中建立的，对油污损害赔偿提供了法律依据。美国油污损害的赔偿范围包括清污费用和油污损害赔偿。根据美国《1990 年油污法》的规定："清污费用（removal cost）"指溢油发生后引起的清污费用，或者在存在相当大的溢油危险时，防止、减少或转移石油污染的费用。责任方须赔偿所有的清污费用，包括在实际发生溢油或存在相当大的溢油危险时，防止、减少或减轻油污的费用。溢油责任信托基金不仅应支付实际发生溢油事件的清污和防污措施费用，而且应支付没有发生溢油事件的防污措施费用。清污费用及油污损害的范围非常广泛：包括自然资源的损害、毁灭损失或使用损失；合理的评估费用；不动产或个人财产的损害，或者不动产或个人财产毁灭造成的经济损失；自然资源损失；由于不动产、个人财产或自然

[①] 韩立新主编：《国际油污损害赔偿机制与评估实践》，大连海事大学出版社 2008 年版，第 119 页。

[②] 《1990 年油污法》规定船舶或设施在美国可航行水域、海岸线或其专属经济区内的油污排放责任人承担严格责任，并支付清污费用和赔偿其他损害。

资源损害或毁灭，税收、矿区使用费、服务费、租金或利益份额的净损失；由于不动产个人财产或自然资源的损害、毁灭或损失造成的利润损失；清污期间或之后额外的公共服务费用。① 美国关于船舶油污损害赔偿范围②具体包括：一是基本恢复措施需要的费用。此项费用包括了一切为了复原、恢复、替代以及由于自然资源遭到破坏而修复的费用；二是在恢复之前自然资源与环境的贬值损失，包括了不能恢复的海洋环境损害赔偿；三是损害评估费用。海洋环境损害赔偿的评估需要大量的人力物力，将其纳入赔偿范围也在情理之中。在保护海洋环境及资源方面，美国海洋环境赔偿机制较好地保护了海洋环境及受害人的利益；四是其他的合理费用。总之，美国《1990年油污法》规定的损害赔偿范围包括清污费用、评估费用、修复或替代修复费用、修复期间自然资源的损失等。

另外，美国法律亦规定了环境公民诉讼费用的承担。根据美国法律法规，在原则上，胜诉方不可以向败诉方要求律师费，而是各自负责律师费用。然而，在公民诉讼中，为了降低原告的诉讼负担，法院可以要求败诉方承担胜诉方律师费等诉讼费用。在公民诉讼中，由于公民诉讼能够维护公共利益以及敦促监管执法，美国法律对诉讼费用承担专门规定了特殊条款。在传统诉讼中，作为诉讼原告的公民必然要支付一定诉讼费用，属于公民的诉讼负担。在公民诉讼中，若诉讼费用各自承担，公民可能对提起公民诉讼失去积极性。因此，为了鼓励公众积极参与公民诉讼与监督执法，美国《清洁水法》等法律明确规定了法院可以裁定占优势地位的公民诉讼当事人承担诉讼费用的条款。③ 据此，在公民诉讼中，为了减轻原告的诉讼费用负担，法院可以让被告承担本来由原告承担的诉讼费用。

4. 诉讼中调解、和解等程序的适用

纵观美国环境民事公益诉讼的历史，美国没有将调解、和解等排除

---

① 张丽英等：《海洋污染相关法律制度及其新发展》，法律出版社2019年版，第218页。
② 详见33 U. S. C § 2706 (d) (1)。
③ 美国《清洁水法》规定法院对根据公民诉讼条款提起的任何诉讼做出任何最后判决时，法院认为合理，可以裁定由任何占优势或主要占优势的当事人承担诉讼费用（包括律师和专家证人的合理费用）。

在环境民事公益诉讼之外,[①] 美国海洋环境公益诉讼如何合理适用调解、和解成为焦点问题。在美国公民诉讼中,适用和解的一般要件包括:一是违法者已经支付了一定罚款;二是违法者已经承担了使其污染物排放达到法定标准的义务;三是向原告支付了费用;四是制定了"缓和"或"信任"计划。在美国,在大多数情况下,严重污染海洋环境的主体往往是海洋环境公益诉讼案件中明显的败诉方,长时间的诉讼将产生高额的律师费用。长期的诉讼可能导致责任主体的行动、环境恢复等推迟许久。旷日持久的诉讼推迟了污染者最终采取而未采取行动的时间,该行动的及早实施可能会有利于保护环境及人类健康。由于美国海洋环境民事公益诉讼允许适用和解、调解,一些公益诉讼案件得到快速处理,同时海洋环境亦得到较快恢复。

综上所述,美国公民诉讼制度是一项重要的环境法律制度,适用于海洋环境保护领域。为了维护海洋环境公共利益,针对企业违反法定海洋环境保护义务或实施污染海洋环境的行为,公民可以依法提起诉讼,但判决可能与该公民或组织无关。

(二)美国海洋环境民事公益诉讼的启示

美国海洋环境民事公益诉讼制度的主要启示包括:

1. 原告主体具有广泛性

依据"私人检察总长"理论,美国海洋环境民事公益诉讼的原告范围变得较为广泛。由于公共利益具有抽象性与不确定性,公众作为一个整体无法去保护公共利益,而国会可以授权法定的组织或个人有权提起诉讼,来维护公共利益免受侵犯。作为公共利益代表之一,"私人检察总长"的本质特征是保护公共利益。"私人检察总长"制度的定位是行政执法的补充,实现国会相关法律得到充分落实,达到法律维护公共利益的目的。[②] "私人检察总长"理论成为美国海洋环境民事公益诉讼的理论支撑。作为公民诉讼在海洋环境的体现,美国海洋环境民事公益诉讼亦将"私人检察总长"理论作为理论基础之一。在海洋环境民事公益诉讼中,

---

[①] 颜运秋:《公益诉讼理念与实践研究》,法律出版社 2019 年版,第 291 页。

[②] 张辉:《美国公民诉讼之"私人检察总长理论"解析》,《环球法律评论》2014 年第 1 期。

"私人检察总长"的诉讼目的不是保护海洋私益，而是依据法律的授权保护海洋环境公共利益。"私人检察总长"获得海洋环境民事公益诉讼的原告资格，不是由于本身的权利或利益受到损害，而是法律授权其拥有维护海洋环境公共利益的诉讼权利。

一个典型的环境公民诉讼条款为法律授权任何公民或组织可以就任何违法行为人而起诉，请求法院要求该违法行为人遵守法律，并严格敦促政府部门履行法律强制性义务。[1]而环境公民诉讼通过诉讼原告范围的扩大，鼓励公民就环境公益提起诉讼，在法院对诉讼的展开过程中，明确环境保护的原则和规则，通过具体的裁判和示范效应，推动环境法的实施。《联邦行政法》规定了公民诉讼制度，明确个人和组织可对不遵守环境法的任何人或机构提起诉讼，体现了私人"检察官"的作用，作为行政执法的补充，环保公益组织应当充分运用该权利来追究政府忽略的违法行为的责任；个人和组织可以对环境保护相关政府部门的行政不作为而提起公民诉讼。因此，公民诉讼可以促使政府积极执行环境法，防止行政权力违反法律、违反法律程序性规定、越权或任意行政、行政不作为等。[2]

在海洋环境保护领域，美国环境公民诉讼作为海洋司法治理的手段，发挥了重要作用。实际上，海洋环境公益诉讼本身就是公众参与海洋事务的有效途径之一，能够阻止环境违法行为并追究违法者的责任，达到保护海洋环境的目的。然而，从美国海洋环境保护领域的公民诉讼条款与司法实践对原告资格的态度来看，我们可以体会到公民诉讼的原告资格并不是一句"本国人民不受任何限制"可以表述完毕的。尽管美国海洋环境公民诉讼的原告适格规则受到"事实上的损害"等要件的限制，但其起诉适格范围已经扩大到了一定程度，有力维护了海洋环境公共利益。立法机关希望更多的法律主体参与海洋环境公民诉讼活动，同时又希望不要提起没有正面意义的海洋环境公民诉讼，以避免影响企业正常

---

[1] 朱丽：《美国环境公共利益司法保护制度与实践及对我国的启示》，《环境保护》2017年第21期。

[2] 吕忠梅等：《侵害与救济——环境友好型社会中的法治基础》，法律出版社2012年版，第328页。

生产经营以及行政机关正当执法活动，节约司法资源与成本。相较于美国"事实上的损害"的标准，我国关于海洋环境民事公益诉讼原告资格的判定标准明显过窄。我国现行法律关于原告资格的判定仍然以原告与实体法律关系相关联为限，认定原告资格以实体法上的利害关系人为标准，已经无法满足现代社会扩大诉讼机能的需要。

2. 赔偿范围更加规范

美国关于海洋环境损害赔偿范围的规则更加规范，相关配套规则亦较为完善。

第一，响应措施费用的启示。美国《综合环境反应、赔偿和责任法》明确将响应措施囊括在赔偿范围之内。若响应措施采取得积极，可以将损害降到最低，能及时防止污染物的扩散。美国的响应措施由相关部门或潜在责任人负责实施，而由最终责任人承担响应措施费用。关于响应措施费用的合理性判断，这是由自然资源的受托人在采取响应措施时可利用的信息而决定的。美国通过制定自然资源损害赔偿规则，明确细化了环境与资源损害赔偿范围的相关规则，强化了规则的可操作性。

第二，油污损害赔偿范围的启示。美国《1990年油污法》详细规定了油污损害赔偿法律条款，可操作性强。关于油污损害赔偿范围，美国进行了单独规定，明确包括恢复措施费用、恢复之前的环境与资源损害、损害评估费用。美国针对油类污染专门制定了一部法律，采取了更为严格的责任承担机制，其目的是严格控制油类对海洋环境、资源的污染。美国《1990年油污法》的相关规定与《1992年油污公约》和《1992年基金公约》存在明显不同。按照美国《1990年油污法》，美国设立了10亿美元的"油污基金"，详细规定了基金的来源、使用和管理等内容。与国际公约相比，美国《1990年油污法》规定的赔偿范围更宽、责任限额更高，更易于受害人获得赔偿。比如，美国将船东的赔偿限额在原来的基础上提高了8倍，它不仅要求油轮施行强制保险，还要求非油轮和石油设施也施行强制保险。[①] 另外，美国还允许各州制定更为严格的法律。美国《1990年油污法》明确了清污费用的概念界定，对于司法实践具有

---

① 王玟黎：《中国船舶油污损害赔偿法律制度研究》，中国法制出版社2008年版，第16页。

重要的指导意义。

3. 诉讼中调解、和解等程序适用的借鉴

美国海洋环境民事公益诉讼通过调解、和解，责任者能够及时履行环境义务，降低律师费用等诉讼成本，更快、更好地维护海洋环境公共利益以及人类健康。美国海洋环境民事公益诉讼案件中适用调解、和解是有条件的，并接受监督。由于公众或不参与诉讼的人有可能受到这些调解、和解诉讼的不利影响，应给予非当事人参与调解、和解的机会。我国海洋生态环境民事公益诉讼可以适用调解、和解等程序，但具体适用条件及幅度的规定过于笼统，相关公众参与监督机制也存在不足。因此，我国应当借鉴美国相关制度的规定，明确调解、和解及撤诉等程序的适用条件及幅度，拓宽公众参与监督机制。

二 德国海洋环境民事公益诉讼考察与借鉴

以德国环境团体诉讼为代表的环境民事公益诉讼，成为另一类维护环境公益比较成功的范例。德国团体诉讼最先兴起于消费者权益保护领域，随后被广泛应用于不同部门法域。分析和考察德国环境团体诉讼，对我国完善海洋生态环境民事公益诉讼具有借鉴意义。在《联邦自然保护法》《环境救济法》等法律中，对德国环境团体诉讼均有规定。德国环境团体诉讼包括了停止非法行为和损害的环境民事公民诉讼，允许法定主体就环境污染者的环境污染损害行为提起诉讼，目的是弥补环境执法的不足。

（一）德国海洋环境民事公益诉讼考察

1. 原告适格规则

德国环境团体诉讼受到《奥尔胡斯公约》的影响。联合国欧洲委员会制定的《奥尔胡斯公约》，明确了当环境遭到破坏或公众权利受到损害时，确保能够诉诸司法而获得救济的权利。《奥尔胡斯公约》赋予了公民、组织及政府调查或者阻止其他缔约国的污染者造成污染的权利。欧盟于2005年批准了该公约，随后德国也加入该公约。德国于2006年出台了《环境上诉法》，于2007年出台了《环境损害法》，赋予了环境团体提起环境民事公益诉讼以及要求环境损害赔偿的权利。

德国环境团体诉讼的原告资格具有一定广泛性的同时，受到一定限制。基于德国传统诉讼主观权利理论构建的诉讼制度，排除了就他人权利及公共利益受到侵害而提起诉讼的可能。为了环境公益损害得到救济，德国环境团体诉讼打破了诉讼主观权利的理论束缚，完善了德国环境诉讼体系。关于这种公益起诉权的性质，德国理论界与实务界采用了双重属性说，认为其是一种实体法上的请求权，也是诉讼实施权。环境团体若行使公益诉权必须具备程序法上的要求，这也体现出德国对于环境团体诉讼的限制。

德国长期以来限制非政府组织的公益诉权，仅授予了依据《德国民法典》成立的法人形式的非盈利性质的私人社团公益诉权。德国的环境社团主体必须经过法定机关许可才可以成为适格原告。德国《环境救济法》规定环境社团若想取得联邦或州环保部门的许可，需要具备一定条件：其宗旨是环境保护；环境社团必须连续存在三年以上，且积极进行环境保护活动；综合考量环境社团此前从事的活动种类、程度，其成员与财政状况等；以维护《德国税法典》意义上的非营利性的公共利益为目的；环境社团成员必须是开放的并具有完全的表决权。同时，若想获得环境公益诉权，除了满足上述确认条件以外，还需要通过法定确认程序。

2. 损害赔偿范围

德国关于环境损害赔偿的规定受到欧盟有关法律文件的影响。其中，欧盟于 2004 年出台了《预防和补救环境损害的环境责任指令》，明确了提起环境损害诉讼的条件和方式，以及损害责任范围包括环境损害和潜在损害威胁等[1]，这对德国环境损害赔偿范围产生重要影响。德国《联邦环境保护法》关于修复措施的规定，引用了《欧盟环境责任指令》，包括基础修复、补充修复、赔偿修复三个方面。[2] 关于生态环境的修复，德国不仅关注损失的价值和修复的费用的差额，而且重视生态环境的非使用功能。

德国于 1990 年出台的《环境责任法》规定的赔偿范围是以修复为基础确定的。根据德国于 2007 年出台的《环境损害预防及恢复法》，环境

---

[1] 蔡守秋、海燕：《也谈对环境的损害——欧盟〈预防和补救环境损害的环境责任指令〉的启示》，《环境科学与管理》2005 年第 4 期。

[2] 马强伟：《德国生态环境损害的救济体系以及启示》，《法治研究》2020 年第 2 期。

污染责任人负有信息提供义务、危险防止义务、恢复义务、费用负担义务等。《环境损害预防及恢复法》第 6 条规定责任人必须首先采取限制损害继续扩大的措施,第 8 条规定责任人需采取必要修复措施。其中,恢复义务指的是若生态环境遭到损害,相关责任人应立即采取措施来防止损害扩大并恢复原状。为了防止损害发生、扩大或者采取恢复措施而产生的费用,由环境损害责任人承担。若环境损害责任人实施的恢复措施无法使环境恢复原状,应当支付补偿金。① 《环境损害预防及恢复法》第 9 条第 1 款规定环境损害责任人承担的费用范围包括预防措施、损害限制措施及修复措施。该法第 9 条第 2 款规定包括费用免除规则和费用偿还规则在内的具体费用承担规则,下放到各联邦州自行规定。

3. 诉讼中调解、和解等程序的适用

德国学者艾卡·雷宾德研究表明,1979—2010 年,大约有 15% 的环境团体诉讼是通过调解来解决的,而这些调解案件中 18% 得到了超出诉讼费用的数额。以环境污染者为被告的环境民事公益诉讼,通过调解来处理案件,是否符合法律正当性要求,在德国理论界和实务界引发热议。②

(二) 德国海洋环境民事公益诉讼的启示

通过分析德国相关环境民事公益诉讼制度,结合我国海洋生态环境民事公益诉讼现存的不足,寻找德国做法的可借鉴之处。

1. 原告适格范围广泛性与限制性的平衡

在立法及司法实践方面,德国海洋环境民事诉讼一直持谨慎态度,这也体现了原告适格范围广泛性与限制性的平衡。德国海洋环境民事公益诉讼的设置,不是以恢复私人损害为目的,而是为了迫使海洋环境损害者停止损害行为并履行修复义务。德国赋予适格原告能够提起海洋环境民事公益诉讼并要求污染者承担海洋环境损害赔偿责任的权利。德国海洋环境民事公益诉讼的功能不仅在于已发生的海洋环境损害的救济,

---

① 陶建国:《德国〈环境损害预防及恢复法〉评介及启示》,《中国环境管理干部学院学报》2015 年第 2 期。
② [德] 艾卡·雷宾德:《欧盟和德国的环境保护集体诉讼》,王曦译,《交大法学》2015 年第 4 期。

而且还在于预防海洋环境损害的发生。与此同时，德国海洋环境民事公益诉讼具有一定的谦抑性，只有在行政部门不能有效履行行政职责的情况下才能启动。为实现海洋环境公益的保护，德国适当扩张了公益诉讼原告适格范围，原告资格条件呈现逐渐降低趋势。另外，为了规制潜在的海洋环境污染、破坏行为，德国也在海洋环境民事公益诉讼的具体程序上作出了安排。

2. 损害赔偿范围的启示

关于环境损害赔偿范围，德国主要是以修复为中心而建立的制度体系。德国以法律形式明确生态环境损害赔偿范围，规定污染者应承担危险防止义务、恢复义务、费用负担义务等。德国环境损害赔偿制度是"污染者付费"原则的重要体现，这也是德国环境损害赔偿范围的核心所在。因此，在海洋生态环境损害赔偿范围方面，我国应充分贯彻"污染者付费"原则，建立以修复为核心的损害赔偿体系。

3. 诉讼中调解、和解等程序适用的启示

海洋环境民事公益诉讼案件的公益性与案件的可调解性并不必然存在矛盾。德国法律允许环境民事公益诉讼能够适用调解与和解，是为了尽快解决案件纠纷，达到保护环境的目的。德国环境民事公益诉讼实行职权主义审判模式，这与我国现行环境案件审判模式相同。基于环境保护的需要，德国在审理环境公益诉讼案件时，充分发挥法官的主观能动性，积极实施调解措施，督促环境团体提出切实可行的环境诉求，要求污染者遵守环境义务。海洋环境民事公益诉讼适用调解措施（程序）符合公益诉讼的目的，与经济原则相契合，也是环境效率原则的要求。

三 日本公害审判与环境保护诉讼制度考察与借鉴

（一）日本公害审判与环境保护诉讼制度考察

日本公害审判与环境保护诉讼制度是海洋环境公益诉讼的重要制度载体。研究日本公害审判与环境保护诉讼制度的内容，进而了解日本海洋环境公益诉讼具体运行机制。关于日本环境公益诉讼的名称，我国学者未形成统一认识。事实上，为了维护环境公益，日本公众提起的诉讼包括公害审判与环境保护诉讼两个组成部分。公众可以就不同公害而提起公害审判，包括环境污染造成公民人身受到伤害而提起诉讼；[①] 而环境保护诉讼指的是针对各种环境要素的保护，包括环境污染与破坏造成公共利益受损而提起的诉讼。因此，可以将日本环境公益诉讼称之为公害审判与环境保护诉讼。关于日本海洋环境民事公益诉讼的定位，日本秉持海洋环境保护依靠政府的理念，为了弥补事后救济不足的海洋环境民事公益诉讼，是以提起公害诉讼、事后救济为目的，日本不断完善海洋环境公害诉讼。

日本公害审判与环境保护诉讼制度具有重大环境保护意义。20世纪70年代，著名的日本四大公害案最终胜诉，显示出司法对环境保护的重要作用，带动了日本环保运动的发展，敦促相关企业采取有效措施治理环境污染，并给予受害者可观的赔偿款。[②] 公害影响深刻化和四大公害诉讼所要求采取公害对策的国民呼声，促使日本政府决心推进公害规制立法。[③] 此后，日本公害审判与环境保护诉讼制度不断完善。当加害者为企业时，因企业处于优势地位，受害者利用私力救济变得困难重重，而日本公害审判与环境保护诉讼制度可以解决此难题。公害审判与环境保护诉讼制度具体包括相关诉讼程序、受害者提出救济和环境保护以及将维护环境公共利益作为目标。经过公害审判与环境保护诉讼后，产生的判决、判例可以作为判例法，能够指导环境保护领域相似案件的审判工作。公害诉讼和环境保护诉讼判决中指明了有无罪、责任承担的分配、区分大小责任的理由等，对普通大众具有启发和指导意义，对产生公害的企业具有警告和威慑作用。

关于日本公害诉讼的原告资格、损害赔偿等的法律依据。日本公害审判与环境保护诉讼制度主要法律依据包括《日本民法典》《水质污浊防止法》《环境基本法》《海洋污染防治法》《大气污染防治法》《公害犯罪处罚法》等。关于海洋环境污染的公害诉讼，其主要法律依据为《水质

---

① 日本律师协会主编：《日本公害环境诉讼典型案例与评析》，中国政法大学出版社2010年版，第1—7页。

② 袁倩：《日本水俣病事件与环境抗争——基于政治机会结构理论的考察》，《日本问题研究》2016年第1期。

③ 吕忠梅等：《侵害与救济——环境友好型社会中的法治基础》，法律出版社2012年版，第305页。

污浊防止法》《濑户内海环境保全特别措施法》等，涉及理论包括损害赔偿责任与停止侵害行为等。例如：日本一典型的公害诉讼案例——熊本水俣病诉讼，该事件系 20 世纪最大的水污染公害事件。另外，《日本法院法》规定了绝大部分案件由法院管辖。①

关于日本公害诉讼的原告适格，日本学者提出了不同的观点，包括纠纷管理权说、任意诉讼担当说、每一争点的当事人适格说、选定拟制说等。由于环境具有公益性，公害诉讼的原告适格范围不能随意归属某个特殊主体，这对于原告适格范围的确定带来难度。由于日本《环境基本法》规定了环境权，这成为公众提起环境民事公益诉讼的权利基础。日本经过四大公害诉讼，进一步完善了环境损害赔偿诉讼，"包括请求"、"一律请求"责任承担方式的提出与运用。

（二）日本公害审判与环境保护诉讼制度的启示

适用于海洋环境领域的日本公害审判与环境保护诉讼对完善我国海洋环境民事公益诉讼具有重要启示。日本公害纠纷指的是因环境污染造成伤害而发生的纠纷。只有相关被害人能够得到充分救济，环境公害才能得到有效规制与治理。因此，日本公害审判与环境保护诉讼制度对于防治公害与保护生态环境发挥了重要作用。

日本公害诉讼的原告适格范围更为广泛。日本许多公害对策将实现环境权作为终极目标，而环境司法的目标之一也是为了国民环境权的实现。在公害诉讼中，应当将环境上的利益作为重要保护对象。因此，当一部分人破坏环境时，该地域的居民们为维护各自环境权可以向法院提起诉讼，请求命令停止对环境污染破坏的行为。维护公民环境权有利于实现代际公平，既可以满足当代人的环境利益需求或者实现自己的合理环境利益需要，还可以满足后代人的气候环境、资源环境等环境利益需要。②

第五节　我国海洋生态环境民事公益诉讼的完善建议

随着环境权、环境公平与正义等理论的发展，海洋生态环境民事公

---

① 《日本法院法》规定除宪法的特别规定外，一切法律上的争讼由法院管辖。
② 吕忠梅主持：《超越与保守——可持续发展视野下的环境法创新》，法律出版社 2003 年版，第 101 页。

益诉讼亦逐渐形成了规范体系。由于海洋生态环境的污染、破坏往往会产生巨大损害后果,我国现有海洋生态环境民事公益诉讼制度显得力不从心。与一般民事诉讼不同,完善海洋生态环境民事公益诉讼应充分贯彻生态系统理念,维护海洋生态系统的健康与平衡。而确立环境权成为一般公众能够提起海洋生态环境民事公益诉讼的权利基础。法律明确公众环境权,赋予公众在健康、清洁的环境中生存与发展的权利。据此,放宽提起海洋生态环境民事公益诉讼原告范围变得顺理成章。同时,在海洋生态环境民事公益诉讼中,相关索赔范围、调解与和解的适用等内容应当明确与完善。

一 海洋生态环境民事公益诉讼的应然功能

(一)实现海洋生态环境保护与海洋经济发展的平衡

由于我国长期坚持以经济建设为中心,如今海洋生态环境保护受到重视,但应把握好海洋生态环境保护与经济发展的平衡,不应过多地重视某一方面而忽视另一方面,这也是健全海洋生态环境民事公益诉讼需要考虑的功能因素。

保护和利用海洋资源已成为保证我国海洋生态环境和海洋经济发展相协调的前提。[1] 在实施海洋强国战略背景下,海洋经济发展与海洋生态环境保护的协调显得至关重要,这也是可持续发展的内在要求。我国现有海洋生态环境治理法律体系也体现出一定的人与海洋和谐的理念。[2] 海洋生态环境立法侧重海洋生态环境保护,但也不是盲目牺牲经济发展,而是在海洋经济发展与海洋生态环境保护之间找到平衡点,进而实现海洋全面协调与可持续发展。

海洋生态环境民事公益诉讼应当在维护海洋生态环境的同时,适当

---

[1] 凌欣、刘家沂:《论可持续发展理念在各国海洋环境立法中的典型性应用》,《天津大学学报》(社会科学版)2019年第2期。

[2] 例如《海洋环境保护法》第1条明确了"为了保护和改善海洋环境,保护海洋资源,防治污染损害,保障生态安全和公众健康,维护国家海洋权益,建设海洋强国,推进生态文明建设,促进经济社会可持续发展,实现人与自然和谐共生"的立法目的。该法确立了海洋环境保护规划制度、海洋生态保护制度、海洋自然保护区和特别保护区制度等,充分体现了可持续发展的理念。再比如《海岛保护法》的立法目的是"保护海岛及其周边海域生态系统,合理开发利用海岛自然资源,维护国家海洋权益,促进经济社会可持续发展"。

考虑海洋经济的健康发展。海洋生态环境民事公益诉讼的目的之一是实现海洋可持续发展，满足当代人与后代人的发展需求。可持续发展关乎人类的长期稳定发展，其专门指环境和自然资源长期承载能力对发展进程的重要性以及发展对改善生活质量的重要性。[①] 若要实现人类与海洋的和谐，我们应树立人与海洋的协调观、法治观、生态理性观以及生态价值观等。其中，海洋生态环境民事公益诉讼亦是为了实现人与海洋和谐，通过司法手段实现对海洋生态环境的保护。

（二）海洋生态环境民事公益诉讼应作为海洋生态环境执法监管的重要补充

当海洋生态环境执法监管机关无法有效行使海洋生态环境监管职权时，海洋生态环境民事公益诉讼能够发挥自身价值。例如，针对污染海洋生态环境的企业，生态环境部门虽然可以责令限期整改，但对逾期不整改的没有独立强制执行权；即使申请相关政府部门或法院强制执行，实际效率过于低下。因此，海洋生态环境民事公益诉讼应作为海洋生态环境执法监管的重要补充，通过司法途径进行必要的司法救济。

二 健全原告适格规则

（一）明确放宽诉讼原告起诉资格

1. 确立环境权成为公众提起海洋生态环境民事公益诉讼的重要依据

环境权的公益性表现为一切公民或组织享有清洁、健康环境的权利。其中，个人环境权虽然以公民个人为主体，但不能将其认定为私权，而具有很强的公益性。对于这种新型权利的形式，司法实践中认为其属于公共利益，权利救济亦主要通过公益诉讼来实现。在海洋生态环境立法领域，我国有关立法也体现了一定的环境权理念。《环境保护法》第57条明确了公民、法人和其他组织具有检举、控告权。[②]《大气污染防治法》

[①] 周训芳、李爱年主编：《环境法学》，湖南人民出版社2008年版，第47页。

[②] 《环境保护法》第57条规定公民、法人和其他组织发现任何单位和个人有污染环境和破坏生态行为的，有权向环境保护主管部门或者其他负有环境保护监督管理职责的部门举报。公民、法人和其他组织发现地方各级人民政府、县级以上人民政府环境保护主管部门和其他负有环境保护监督管理职责的部门不依法履行职责的，有权向其上级机关或者监察机关举报。接受举报的机关应当对举报人的相关信息予以保密，保护举报人的合法权益。

也有类似单位和个人的检举、控告权的规定。另外,《民法典》确立的绿色原则也体现了一定的环境权要求,① 但并不能认为《民法典》确立了环境权。②

环境权的法律确认与海洋生态环境保护密切相关。海洋生态环境属于公众公共物品,直接关系到每个人的利益。海洋生态环境既关系到个人的直接利益,又关系到不特定多数人的共同利益。世界许多国家的法律已经确立了环境权,成为环境公益诉讼的重要权利来源。

环境权的法律确认对于公众通过海洋生态环境民事公益诉讼获得救济具有至关重要作用。公民若要参加海洋生态环境民事公益诉讼,首先要证明其拥有诉权。若环境权没有得到法律确认,海洋生态环境民事公益诉讼就缺乏发展的权利基础。环境权的确立可以完善海洋生态环境民事公益诉讼适格原告范围,与环境权相关的一切个人、法人或非法人组织等主体都可能成为海洋生态环境民事公益诉讼的适格原告。

2. 符合法律条件的环保组织作为适格原告的必要性与可行性

(1) 符合法律条件的环保组织作为适格原告的必要性

海洋生态环境损害特点需要符合法律条件的环保组织作为海洋生态环境民事公益诉讼适格原告。海洋生态环境损害通常具有波及范围广、因果关系复杂、专业技术强、救济难度大且不及时救济将导致损害进一步扩大等特点。在海洋生态环境民事公益诉讼方面,法定行政机关与检察机关在证据采集、调查等方面具有天然优势。然而,仅仅依靠行政机关与检察机关提起海洋生态环境民事公益诉讼对于保护海洋生态环境来说远远不够。若海洋生态环境行政管理机关与检察机关不能及时提起海洋生态环境民事公益诉讼,海洋生态环境公共利益可能遭受重大损失。法律赋予符合法律条件的环保组织拥有海洋生态环境民事公益诉权,能够弥补海洋生态环境民事公益诉讼的不足。

由于海洋生态环境公共利益具有普惠性和共享性,若发生海洋生态环境污染事件,难以确定法律上的直接利害关系人。因此,有必要鼓励、

---

① 《民法典》第9条规定民事主体从事民事活动,应当有利于节约资源、保护生态环境。
② 黄锡生:《民法典时代环境权的解释路径——兼论绿色原则的民法功能》,《现代法学》2020年第4期。

引导与规范符合法律条件的环保公益组织提起海洋生态环境民事公益诉讼。为了保护海洋生态环境，法律应当充分保障符合法律条件的环保公益组织提起海洋生态环境民事公益诉讼的诉权。

（2）符合法律条件的环保组织作为适格原告的可行性

在我国，环境权理念逐步深入人心，并可以作为符合法律条件的环保组织提起海洋生态环境民事公益诉讼的理论基础。私主体为了海洋环境公共利益而提起民事公益诉讼的现象正在全球范围内出现与发展。法律赋予私主体可以就海洋环境侵权提起海洋环境民事公益诉讼，此现象在世界各国也呈现出放宽与扩大的趋势。环境权作为每个人享有的、具有公共利益性质的一种法律权利，这反映了救济环境权的公益属性，也是一种具有普适性的救济权。环境公益诉权是根据环境权而产生的，也是保障环境权实现的救济性权利。在我国，一些环境法律规定体现了一定环境权理念。例如，《海洋环境保护法》第9条规定了一切单位和个人有权对海洋环境污染者，以及相关行政机关工作人员的违法失职行为进行监督和检举。[①] 又如，《环境保护法》第57条也有类似关于公民环境保护的规定。[②] 我国相关法律涉及环境权理念的规定已经深入国民心中，推动了公众树立环境保护、低碳发展意识，这为符合法律条件的环保组织提起海洋生态环境民事公益诉讼提供了社会基础。

符合法律条件的环保组织通过启动一般环境民事公益诉讼积累了丰富经验。根据2021年度《中国环境司法发展报告》，全国法院2021年环境资源公益诉讼案件收案5267件，结案4943件。关于相关案件类型，环境刑事附带民事公益诉讼案件数量占比达89%，民事公益诉讼、行政公益诉讼占比不高。关于环境公益诉讼的分布，江苏、浙江、山东、广东、

[①] 《海洋环境保护法》第9条规定任何单位和个人都有保护海洋环境的义务，并有权对污染海洋环境、破坏海洋生态的单位和个人，以及海洋环境监督管理人员的违法行为进行监督和检举。从事影响海洋环境活动的任何单位和个人，都应当采取有效措施，防止、减轻海洋环境污染、生态破坏。排污者应当依法公开排污信息。

[②] 《环境保护法》第57条规定公民、法人和其他组织发现任何单位和个人有污染环境和破坏生态行为的，有权向环境保护主管部门或者其他负有环境保护监督管理职责的部门举报。公民、法人和其他组织发现地方各级人民政府、县级以上人民政府环境保护主管部门和其他负有环境保护监督管理职责的部门不依法履行职责的，有权向其上级机关或者监察机关举报。接受举报的机关应当对举报人的相关信息予以保密，保护举报人的合法权益。

广西、四川、安徽、贵州、湖南等省的环境公益诉讼案件数量均在70件以上，约占全国该类案件总量的57.3%。① 其中，部分案件是由环保公益组织提起的环境民事公益诉讼，积累了一定的公益诉讼经验。另外，虽然我国法律没有明确授权符合法律条件的环保公益组织能够提起海洋生态环境民事公益诉讼，但在个别案例中海事法院受理了来自公益组织的起诉。例如，中国生物多样性保护与绿色发展基金会于2015年诉康菲石油中国公司与中国海洋石油总公司的海洋环境公益诉讼由青岛海事法院正式受理。②

3. 明确放宽原告起诉资格的具体建议

通过研究一般环保组织与公民个人的起诉资格，提出放宽海洋生态环境民事公益诉讼原告适格范围。

第一，一般环保组织的起诉资格。《海洋环境保护法》规定能够提起海洋生态环境民事公益诉讼的主体为行使海洋环境监督管理权的部门和检察机关，而《环境保护法》规定的起诉主体扩大到符合条件的环保公益组织。就立法目的而言，符合条件的环保组织应当具备海洋生态环境民事公益诉讼的原告主体资格。现实中，在多数海洋生态环境民事公益诉讼案件中，由相关行政机关与检察机关作为原告提起诉讼。虽然《环境保护法》已将起诉主体扩大到符合条件的环保公益组织，但现实案例较少。因此，《海洋环境保护法》应明确海洋生态环境民事公益诉讼的起诉主体包括符合法律条件的环保公益组织，即在地级市以上依法注册登记设立的、没有违法犯罪历史并连续从事五年以上环境保护公益的环保组织可以提起诉讼。参照域外一些国家的做法以及我国环境保护法律相关规定，能够提起海洋生态环境民事公益诉讼的环保公益组织应当具备以下基本条件：一是具备固定的成员，组织完备且具有一定规模；二是必须具有组织章程，团体成员对章程的认可，使自己依赖该公益组织；三是一般具有权利能力，通过公益组织的依法登记；四是必须具备一定的资金；五是该组织成立的目的是为了保护环境公共利益；六是无违法

---

① 《环境司法发展报告：环境公益诉讼案量增长，预防性功能增强》，《搜狐网》，https://www.sohu.com/a/554355671_260616，最后访问日期：2022年6月6日。

② 《青岛海事法院受理环保公益组织控诉康菲石油中海油案》，《齐鲁网》，http://qingdao.iqilu.com/qdminsheng/2015/0727/2496501.shtml，最后访问日期：2022年6月17日。

记录且连续从事环保公益五年以上。当公众环境保护意识达到较高水平以及公益诉讼制度发展较为成熟时，相关法律可以逐步将海洋生态环境民事公益诉讼的适格原告范围放宽到一般环境公益组织，以适应海洋生态环境司法保护的需要。

法律明确赋予符合法律条件的环保组织诉权，是解决兼具陆地与海洋生态环境民事公益诉讼案件的环保组织诉权问题的关键。《海洋环境保护法》应明确规定符合法律条件的环保组织拥有海洋生态环境民事公益诉讼案件的起诉权。符合法律条件的环保组织同时拥有陆地与海洋生态环境民事公益诉讼的诉权，这就避免了就此类案件向不同法院提起公益诉讼而产生不同处理结果。符合法律条件的环保组织能够充分发挥自身优势，通过提起海洋生态环境民事公益诉讼，在维护海洋生态环境方面发挥重要作用。另外，相关法律应明确此类案件的民事公益诉讼的实体与程序规则。例如，在此类案件中，普通地方人民法院与海事法院应加强协作与配合、证据调取与共享、司法鉴定意见互通等。

第二，公民个人的起诉资格。是否将海洋生态环境民事公益诉讼原告范围扩大到公民个人？明确公民环境诉讼的概念，其是指与案件没有利害关系的公民、非政府组织等私主体以维护环境公益为目的向法院起诉的诉讼制度。[1] 美国联邦环境法律均规定了"公民诉讼"制度，[2] 是以督促联邦与各州行政公权力部门避免怠于履行职责为目的之一，日本也存在类似的诉讼制度。[3] 美国公民诉讼不是狭义的公民个人诉讼，而是泛指公民个人、非政府组织提起的诉讼，主要目的是维护公共利益，也考虑私益保护。美国宪法明确了公民享有公益诉权，而作为公民诉讼适格原告的公民及社会团体被视为特殊的执法者。[4] 有学者建议，若公民对环境部门处罚行政相对人的决定有异议，允许以环境部门为被

---

[1] 马英杰：《海洋环境保护法概论》，海洋出版社2012年版，第183页。
[2] 根据美国公民诉讼制度，公民对于美国政府相关环境决议若有异议，可以根据行政法规对政府官员追究行政责任。在州政府或者联邦政府违反了相应环境法规，或者其他私人违反环境法时，公民和非政府组织有权依据"公民诉讼"的条款提起诉讼。在公民诉讼中，原告必须对政府或者有关被告发出预先通知，在发出通知之后的一段时间内，政府可以先自行处理所争议的问题。
[3] 汪劲：《环境法学》，北京大学出版社2014年版，第329页。
[4] 王曦、张岩：《论美国环境公民诉讼制度》，《交大法学》2015年第4期。

告提起诉讼；若公民、社会组织等认为海洋行政管理机构在审批项目时审批不当，有可能造成海洋生态环境损害，可以向人民法院起诉。[①] 在我国，由于公益诉讼的起诉资格有着严格限制，公民个人提起公益诉讼无法可依。目前，我国确立公民环境公益诉权的时机尚不成熟：一是我国海洋生态环境司法资源有限；二是将起诉资格扩大到公民个人，可能造成随意起诉现象，不利于司法威严。法律可以赋予公民个人拥有起诉倡议权：当发现有海洋生态环境污染行为，公民个人可以向有权利提起公益诉讼的主体或人民法院提出起诉倡议；若拥有公益诉权的主体认为存在违法行为且应当提起民事公益诉讼，应当提起民事公益诉讼。

（二）厘清各行政机关的诉权

目前，我国海洋生态环境民事公益诉讼主要由行政机关提起。在"大部制"改革后，各行政部门之间的诉权分配更加复杂，需要重新梳理。海洋生态环境民事公益诉讼的国家索赔主体应当按照生态环境和资源要素分配。其中，代表国家提起海洋生态环境民事公益诉讼可以由市级以上生态环境主管部门负责。关于上下级行政机关的诉权分配，可以参考民事诉讼法的规定，以海洋生态损害分布地区范围等因素划分上下级行政机关的诉权。[②] 根据我国政府结构组成以及海洋生态环境实际情况，由行政机关代表国家提起民事公益诉讼应采用地域管辖和分级管辖原则。可以建立中央到地方行政机关的分级负责提起海洋生态环境民事公益诉讼的制度，明确海洋行政监督管理部门在诉权分配中的分工和协调机制。同时，检察机关应加大对行政机关支持诉讼的力度，履行其法律监督职责。

三 重新理清索赔范围

（一）明确海洋生态环境损害赔偿范围的争议分析

1. 海洋生态环境损害范围不宜直接适用《民法典》的规定

《民法典》规定的生态环境损害赔偿范围不宜直接适用于海洋生态环

[①] 田其云等：《我国海洋生态恢复法律制度研究》，中国政法大学出版社 2011 年版，第 98 页。

[②] 韩立新、陈羽乔：《海洋生态环境损害国家索赔主体的对接与完善——以〈海洋环境保护法〉修改为契机》，《中国海商法研究》2019 年第 3 期。

境损害赔偿领域。① 若将《民法典》规定的生态环境损害赔偿范围直接适用于海洋生态环境损害赔偿领域，则将使得一般海洋生态环境损害赔偿范围与船舶油污损害赔偿范围相同。然而，根据相关国际条约、其他国家以及我国的做法，船舶油污损害赔偿范围作为特殊部分而独立存在。根据《民法典》第 11 条规定，有其他法律对相关民事关系进行规定的，依照其规定。由于《民法典》与《海洋环境保护法》同为法律，作为特别法的《海洋环境保护法》应当明确规定海洋生态环境损害赔偿范围，以避免海洋生态环境损害范围直接适用《民法典》的规定而产生一系列问题。

2. 《海洋环境保护法》规定相关损害赔偿范围的必要性

作为专门针对海洋生态环境制定的法律，《海洋环境保护法》承担着保护海洋生态环境的重任。《海洋环境保护法》明确规定海洋生态环境损害赔偿范围，避免了直接适用《民法典》有关规定所带来的诸多问题。《海洋环境保护法》明确规定海洋生态环境民事公益诉讼的损害赔偿范围，这有利于明确海洋生态环境损害赔偿范围，避免司法实践中出现适用法律的争议。海洋生态环境损害得不到有效赔偿，造成污染不断恶化，这也说明现行海洋生态环境损害赔偿范围的适用存在弊端，在维护海洋生态系统平衡及创造海洋生态效益方面具有局限性。为了避免海洋生态环境损害赔偿范围存在争议，需要明确海洋生态环境损害赔偿范围的法律规定。

(二) 明确海洋生态环境损害赔偿范围的具体建议

1. 一般海洋生态环境损害赔偿范围的完善建议

《海洋环境保护法》明确规定海洋生态环境损害赔偿范围，应当协调国内法与国际条约存在的不一致问题，规范国内有关海洋生态环境损害赔偿范围的适用冲突问题。

关于海洋生态环境民事公益诉讼的索赔范围，其恢复费用是处于赔偿范围的核心地位。民法侵权损害赔偿中所针对的财产损害赔偿是以对被损害的民事权利给予经济补偿使其恢复原状为目的。恢复费用的赔偿

---

① 廖兵兵、叶榅平：《生态文明视域下海洋生态环境损害赔偿范围研究》，《中国海商法研究》2022 年第 4 期。

限度为：一是海洋生态环境损害恢复费用限定在已经采取或将要采取合理恢复措施的费用；二是促使受损海洋生态环境复原或有助于海洋生态环境自然恢复的适当措施；三是合理恢复措施是可行的；四是应当考虑采取的恢复措施成本与恢复实际效果成一定合理比例。

针对海洋生态环境民事公益诉讼的索赔范围，有学者提出单独列出清污费用，作为海洋生态环境赔偿范围之一，理由是生态恢复分为两阶段：清除污染和恢复生态。[①] 根据我国参加的《1992年油污公约》《国际燃油污染损害民事责任公约》等对污染损害的定义，清污费用属于污染损害赔偿范围，但与环境损害赔偿并列。《民法典》规定了生态环境损害赔偿范围，将清污费和修复生态环境费用并列，这表明生态环境修复不包括清除污染费用。参考《民法典》等法律法规及相关国际条约等，一般海洋生态环境损害赔偿范围可以包括：恢复费用、清污费、调查评估费、恢复期间的经济损失、防止损害的发生和扩大的合理费用等。

2. 船舶油污公益诉讼损害赔偿范围的完善建议

为了解决国内法之间的冲突以及与国际条约的不一致问题，《海洋环境保护法》等相关法律应当明确规定船舶油污公益诉讼损害赔偿范围，实现国内法适用的统一性。船舶油污公益诉讼损害赔偿范围作为船舶油污公益诉讼赔偿法的重要部分，其目标在于最大限度地保护海洋生态环境。船舶油污损害赔偿范围作为适用于船舶油污损害领域的制度，需考虑各方利益的平衡。既要考虑到航运业、保险业以及石油业等赔偿主体的承担能力，在赔偿主体和受害人的利益之间进行衡量，还要根据各类赔偿主体的实际情况，在他们之间进行赔偿责任的分配。为了解决我国船舶油污公益诉讼损害赔偿范围的适用法律争议，根据我国船舶油污损害赔偿的情况，相关法律制定船舶油污公益诉讼的损害赔偿范围。

相关法律可以将船舶油污损害赔偿范围分为公益诉讼的损害赔偿范围及私益诉讼的损害赔偿范围，并明确二者的协调衔接机制。其中，若确定船舶油污公益诉讼的损害赔偿范围，应当充分参考一般海洋生态环境公益诉讼的索赔范围，且不宜过窄或过于宽泛，进而尽量实现海洋生

---

① 李晨光：《海洋生态环境损害赔偿范围探析》，《环境保护》2018年第8期。

态环境的公平与正义价值。船舶油污案件的海洋生态环境损害赔偿范围包括海洋生态环境损害到修复完成过程的服务功能丧失导致的损失、海洋生态环境永久性损害造成的损失、采取恢复措施的费用并由此造成的进一步损失、评估费等。

一是海洋生态环境损害到修复完成过程的服务功能丧失导致的损失。二是海洋生态环境永久性损害造成的损失。若海洋生态环境无法恢复或难以恢复的，污染者应当承担此部分的损害责任。三是恢复措施费用。公约体系和美国《1990年油污法》将恢复措施费用作为船舶油污损害赔偿的基本范围，符合损害赔偿法的精神。我国相关法律需建立船舶油污损害领域的环境恢复措施的合理性标准，该标准可以包括：措施需明显加速环境修复；措施需阻止船舶油污造成进一步损害；措施需尽可能阻止油污对自然或经济资源的不利影响；措施具有可行性等。四是评估费用。当船舶油污事故发生后，索赔人若想提起海洋生态环境损害赔偿诉讼，就必须对海洋生态环境损害进行估算。虽然海洋生态环境损害的计算主要是恢复措施费用，但在大多油污事故中，计算恢复措施费用并不是简单的过程，需要各方面专家的参与，衡量各种可能的恢复措施，进而选择最佳修复方案，然后再对修复方案的实施费用进行计算。而整个修复费用的计算过程应当由船舶油污损害赔偿主体来承担。

此外，船舶油污公益诉讼的损害赔偿数额受到船舶油污损害赔偿责任限制的规制，这也与一般海洋生态环境损害赔偿范围存在的区别。环境与自然资源损害赔偿制度能够推动修复海洋生态环境工作，维护海洋生态平衡。虽然船舶油污损害赔偿制度在不断完善，但赔偿责任限制制度为实现油污各方利益之间的平衡，始终将赔偿水平限制在特定幅度之内。

四 完善诉讼中调解、和解等程序的适用

（一）海洋生态环境民事公益诉讼中调解、和解适用幅度的探讨

不损害公共利益是在海洋生态环境民事公益诉讼中适用调解、和解的前提。由于海洋生态环境民事公益诉讼的主要目的是预防与救济对海洋生态环境本身的损害，相关诉讼制度设计应以不损害海洋生态环境公

共利益为前提。法律不要求启动海洋生态环境民事公益诉讼的法定主体与所提起的诉讼案件有直接利害关系,这突破了传统诉讼的利益关联原则。法定主体以"善意好事者"的身份提起海洋生态环境民事公益诉讼,以保护公共利益。因此,海洋生态环境民事公益诉讼中调解、和解适用幅度应以不损害公共利益为首要条件。

诉讼公正与效率价值的实现与协调。海洋生态环境民事公益诉讼的目的不能成为不适用一些民事诉讼程序的理由。海洋生态环境民事公益诉讼的特殊性不能改变其属于民事诉讼的范畴。海洋生态环境民事公益诉讼仅是在起诉主体与诉讼客体之间存在一定特殊性,为了更好地发挥司法保护公益的作用而设置的特殊程序性规定。在海洋生态环境民事公益诉讼中,对调解、和解的一些程序规则作合理设计使其适用于该诉讼,这也是实现诉讼公正与效率价值的需要。将调解、和解适用于海洋生态环境民事公益诉讼中,如何协调公正与效率价值是关键问题。我们认为应当详细规定海洋生态环境民事公益诉讼中调解、和解的适用规则,严格明确适用条件及限制措施。

(二) 完善诉讼中调解、和解等程序适用的具体建议

关于海洋生态环境民事公益诉讼中调解、和解及撤诉的完善,主要建议为:一是明确海洋生态环境民事公益诉讼中调解或和解内容范围及限度。明确可以调解与和解的内容与限度,能够避免海洋生态环境公共利益的损害。可以规定禁止调解与和解的内容,比如严重危害海洋生态环境公共利益的内容不得调解与和解。本书认为,并不是所有涉及海洋生态环境公共利益的内容均不可适用调解与和解。比如,公益诉讼原告为了能够达成合理的修复方案,就海洋生态环境修复问题向法院申请调解,经过严格审查和有关海洋生态环境行政管理部门的认可,可以认定相关调解具有合法性;二是海洋生态环境民事公益诉讼中调解或和解的审查。在海洋生态环境民事公益诉讼中适用调解或和解时,明确法院对调解或和解协议的具体审查内容、审查程序及审查人员组成等。其中,审查内容可包括实体审查和程序审查。审查程序可以包括聘请有专门知识的人对专业问题进行解答,重大案件可以召开专家会议等。审查人员可以包括审判人员、具有专门知识的人民陪审员等;三是拓宽公众参与监督调解或和解协议内容的渠道。在海洋生态环境民事公益诉讼中,若

相关调解或和解内容涉及利害关系人众多，人民法院可以就调解或和解关键问题的审查向利害关系人征求意见。

本章小结

　　本章系统研究了海洋生态环境民事公益诉讼制度。关于海洋生态环境民事公益诉讼的理论基础，主要包括实现环境权、环境公平与正义、环境法中的环境利益等。通过详细分析我国海洋生态环境民事公益诉讼现状，发现存在诸多问题：适格原告范围过窄；海洋生态环境损害赔偿范围存在争议；调解、和解及撤诉的适用存在问题。

　　通过分析美国、德国等西方国家关于海洋环境民事公益诉讼的规定，发现一些可借鉴之处。例如，美国海洋环境民事公益诉讼的原告主体更具广泛性，索赔范围更加合理等。域外经验表明，海洋生态环境民事公益诉讼不同于传统民事诉讼，是一种新型的诉讼形式。面对环境损害或海洋环境损害，一些国家选择构建出一套全新的诉讼制度体系，以应对不断恶化的环境危机。在环境民事公益诉讼的适格原告方面，西方国家呈现扩张趋势，甚至可以公民成为环境民事公益诉讼的重要参与者，但也存在一定限制。在美国，环境保护组织也并不是必然取得原告资格，当环境保护组织的会员自己适格并其诉求的利益与该环保组织的目的符合时，才能取得原告资格。这些域外国家的环境公益诉讼具有较强的公益属性，"善意"标准成为审核原告资格的一个重要因素。

　　近年来，我国海洋生态环境民事公益诉讼发生重要变化，呈现出不断发展与完善的趋势。一是能够提起海洋生态环境民事公益诉讼的行政机关发生变化。其中，海警机构成为海洋生态环境民事公益诉讼的适格原告成为一大特点，这与《海警法》的出台有关。整合成立的生态环境部门成为海洋生态环境民事公益诉讼的适格原告。二是检察机关成为适格的海洋生态环境民事公益诉讼原告。检察机关作为海洋生态环境民事公益诉讼原告具有必要性与合法性。为了完善我国海洋生态环境民事公益诉讼制度，提出健全原告适格规则、明确损害赔偿范围、完善诉讼中调解与和解的适用等建议。提出实现海洋生态环境保护与海洋经济发展的平衡、海洋生态环境民事公益诉讼应作为执法监管的重要补充的应然功能。在健全原告适格规则领域，确立环境权成为公众提起海洋生态环境民事公益诉讼重要依据，符合法律条件的环保组织作为适格原告具有必要性与可行性。公众环境权与国家海洋生态环境行政权均具有公益性特征，均为了维护海洋生态环境公共利益。

第五章

海洋生态环境行政公益诉讼

市场经济纵容相关参与者更偏向于功利主义行为，用利益导向行为，导致出现"市场失灵"。作为海洋生态治理主体之一，政府存在有限理性、信息不对称、追求自身利益等现象，导致"政府失灵"。为了弥补市场与政府双重失灵的不足，有必要引进独立的海洋生态环境行政公益诉讼制度，通过对海洋生态环境监管执法的司法审查，实现维护海洋生态环境利益的目的。一般行政公益诉讼相关规定是海洋生态环境行政公益诉讼制度的重要依据。我国《行政诉讼法》（2017修订）明确规定人民检察院是提起环境行政公益诉讼的唯一主体。由于现行法律未明确规定海洋生态环境行政公益诉讼制度，只能参照一般行政公益诉讼相关规定。在完善海洋生态环境行政公益诉讼时，应考虑海洋生态环境行政案件的特殊性。

第一节 海洋生态环境行政公益诉讼的特征

通过介绍海洋生态环境行政公益诉讼的特征，能够充分了解其诉讼本身，为详细的制度内容研究作铺垫。海洋生态环境行政公益诉讼具有一般行政公益诉讼的特征，亦拥有自身的特性。其具有本质上的监督性，诉讼目的具有公益性，当事人的特定性及判决结果的扩张性等。

一 诉讼本质上的监督性

海洋生态环境行政公益诉讼是防止"政府失灵"的一种解决方法。

行政权的目的在于弥补市民社会的不足，纠正"市场失灵"，保障公共利益。[①] 然而，行政权扩张可能导致"政府失灵"现象。为了防止"政府失灵"，按照权力制衡原则，引入司法权监督行政权是现代国家的一种解决路径。海洋生态环境行政公益诉讼是为了审查和纠正违法行政行为或不作为是否真正损害了海洋生态环境公共利益。

检察机关与人民法院通过海洋生态环境行政公益诉讼对相关行政机关实施必要监督。检察机关行使海洋生态环境行政公益诉权，不是以行政法律关系当事人的身份而提起诉讼的，而是以公共利益的代表向人民法院提起的行政公益诉讼。关于检察机关的诉讼请求，检察机关向人民法院诉请行政主体损害海洋生态环境公共利益的行政违法行为，诉请行政主体查处损害海洋生态环境公共利益的违法行为，以及其他诉讼请求。人民法院不得主动行使行政公益审判权，也不得鼓动检察机关提起海洋生态环境行政公益诉讼，只能对起诉人的起诉作出回应。人民法院对检察机关提起的海洋生态环境行政公益诉讼，需要通过司法程序进行审查，体现出"不告不理"原则。

二 诉讼目的的公益性

海洋生态环境行政公益诉讼的被诉行为是侵害或危及了国家或社会公共利益的行为，通常不是直接损害原告私益的行为。关于海洋生态环境行政公益诉讼目的，原告起诉目的不在于自身的某些利益受到损害或威胁，而在于因政府机关的违法行为或不作为导致国家或社会公共利益受到损害或威胁。与"只有存在法律上的直接利害关系，才能提起诉讼"的传统行政诉讼相比，海洋生态环境行政公益诉讼放宽了原告起诉资格的限制，能够使得法定主体通过行政公益诉讼维护海洋生态环境公共利益。

三 当事人的特定性

海洋生态环境行政公益诉讼的起诉者与被告是法定的。作为法定的起诉主体，拥有海洋生态环境行政公益起诉资格的检察机关的地位具有

---

① 田凯：《行政公诉论》，中国检察出版社2009年版，第32页。

双重属性，既是海洋生态环境行政公益诉讼的启动者，又是对诉讼进行监督的法律监督者。[①] 检察机关提起海洋生态环境行政公益诉讼不仅负责提起诉讼的职能，而且还应对诉讼本身进行必要监督，纠正相关诉讼中违背法律的行为。海洋生态环境行政公益诉讼被告也是特定的，即涉及海洋生态环境的行政机关及其工作人员。在我国法律体系下，海洋生态环境行政公益诉讼的起诉主体和被告是由相关法律明确限定的，系被特定化的主体。

四 判决结果的扩张性

在传统私益诉讼中，法院判决的效力仅仅对诉讼当事人有效，一般不对其他主体存在约束效力，除非为相关判例。而在海洋生态环境行政公益诉讼中，人民法院的判决效力不仅及于当事人，对案件相关的社会公众、社会组织及国家机关等主体均产生法律效力。海洋生态环境行政公益诉讼的判决效力范围包括直接参加诉讼的当事人以及对其权益受到损害并未参加诉讼的不特定多数人，具有很明显的扩张性。对于那些具有普遍侵害性的海洋生态环境公共利益案件，通过海洋生态环境行政公益诉讼，使得那些所有的、潜在的与公众的利益受到保护。

第二节 我国海洋生态环境行政公益诉讼实证分析

从我国海洋生态环境行政公益诉讼案例出发，发现实践中的现状及问题，为探究我国海洋生态环境行政公益诉讼制度现状及不足提供实践分析支撑。通过分析相关案例，挖掘深层次的制度不足或法律适用问题，此作为理论联系实际的重要研究部分。

一 我国海洋生态环境行政公益诉讼案例统计

在中国裁判文书网上，以海洋环境行政公益诉讼为关键词，并按照行政诉讼案由，搜索海洋生态环境行政公益诉讼案件相关法律文书，统

[①] 根据我国相关法律，检察机关是法定的行政公益诉讼原告，亦是法定的法律监督机关。

计整理出了有关海洋生态环境行政公益诉讼的 5 件典型案例，如附录Ⅱ所示。根据《我国海洋生态环境行政公益诉讼案例统计表》，可以清晰了解我国海洋生态环境行政公益诉讼的司法实践。关于案件的案由，5 件相关案件均为涉海行政机关怠于履行监管职责；关于案件的起诉主体，检察机关作为适格原告；关于法律的适用，5 件相关案件均适用《行政诉讼法》的有关规定。

另外，根据中央相关部署及各地海事法院相关白皮书，能够了解我国海洋生态环境行政公益诉讼的实践情况。2019 年 2 月至 2020 年 4 月，"守护海洋"检察公益诉讼专项监督活动部署显示，检察机关向法院提起行政公益诉讼 7 件。① 根据《海口海事法院 2018—2020 年海洋环境资源审判白皮书》，海口海事法院共受理涉海洋环境资源案件 180 件，包括了行政案件 119 件，但行政公益诉讼案件占比较少。② 根据宁波海事法院于 2020 年发布的《浙江省海洋生态环境司法保护情况"白皮书"》，涉海洋生态环境海事行政案件 44 件，但行政公益诉讼案件占比较少。③ 根据《厦门海事法院海洋生态环境司法保护白皮书（2016.1—2022.9）》，涉及海洋生态环境的行政诉讼案件，多为因不服海事行政机关作出的涉及海洋、通海可航水域开发利用、渔业、环境与生态资源保护等活动的行政行为而提起的诉讼。④

二　我国海洋生态环境行政公益诉讼案例特点分析

通过统计我国海洋生态环境行政公益诉讼的相关案例，发现存在以下特点：

---

① 《检察机关"守护海洋"已提起公益诉讼 152 件》，《民主与法制网》，http://www.mzyfz.com/cms/fazhixinwen/xinwenzhongxin/fazhijujiao/html/848/2020 - 04 - 17/content - 1424060.html，最后访问日期：2022 年 5 月 21 日。

② 《海口海事法院发布海洋环境资源审判白皮书并公布 7 个典型案例》，《人民法治网》，https://www.rmfz.org.cn/contents/857/491932.html，最后访问日期：2022 年 5 月 21 日。

③ 《浙江首发海洋司法保护"白皮书"五年审结海洋环境案件七十九起》，《搜狐网》，https://www.sohu.com/a/370300552_120065720，最后访问日期：2022 年 5 月 21 日。

④ 《厦门海事法院海洋生态环境司法保护白皮书（2016.1—2022.9）》，《厦门海事法院官网》，http://www.xmhsfy.gov.cn/sjbg/bps/202210/t20221011_255650.htm，最后访问日期：2023 年 1 月 11 日。

第一，检察机关作为法定的海洋生态环境行政公益诉讼原告。例如：在公益诉讼起诉人威海火炬高技术产业开发区人民检察院诉被告威海市环翠区海洋发展局不履行海域监管职责案中，检察机关向人民法院提起了行政公益诉讼。检察机关作为适格的海洋生态环境行政公益诉讼原告，具有一定优势。然而，仅仅依靠检察机关提起海洋生态环境行政公益诉讼，既可能导致海洋生态环境行政公益诉讼启动难的问题，亦不能有效遏制与监督相关行政权，这与现代司法制度设计理念存在分歧。

第二，海洋生态环境行政公益诉讼案件的法律依据主要包括《行政诉讼法》《检察公益诉讼的解释》《"两高"关于海洋生态环境公益诉讼的规定》《渔业法》《森林法》《自然保护区条例》《海洋环境保护法》等。海洋生态环境行政公益诉讼案件主要参照一般行政公益诉讼的规定，相对缺乏专门性规则。

第三，海洋生态环境行政公益诉讼案件大多为相关行政机关的违法行政行为或行政不作为。例如，文昌市人民检察院认为文昌市海洋与渔业局不履行查处违法定置网的法定职责，向海口海事法院提起了行政公益诉讼，要求文昌市海洋与渔业局履行相关法定职责。该案中，相关诉讼理由是文昌市海洋与渔业局不履行查处违法定置网的法定职责，系行政不作为的一种表现。

第四，海洋生态环境行政公益诉讼案件与其他案件可能存在交叉。例如，在深圳市福田区人民检察院诉深圳市城市管理局不履行法定职责案中，涉及了海洋生态环境保护以及自然保护区保护等问题。在这些交叉案件中，如何分配管辖权、起诉主体的确定、诉讼程序的适用等均需要明确。

第五，海洋生态环境行政公益诉讼案件较少。根据汇总的《我国海洋生态环境行政公益诉讼案例统计表》以及海口海事法院、宁波海事法院、厦门海事法院等发布的"白皮书"，我国海洋生态环境行政公益诉讼案件相对较少。其中，适格原告范围过窄是造成海洋生态环境行政公益诉讼案件相对较少的重要原因之一。海洋生态环境行政公益诉讼案件较少，这说明我国相关诉讼制度存在诸多困境：公众没有提起相关诉讼的权利；检察机关监督相关行政机关的力量不足；海洋生态环境行政公益诉讼制度本身的缺陷。

第三节 我国海洋生态环境行政公益诉讼制度现状与不足

较为完整的行政诉讼制度，既要对公民、法人或非法人组织的合法权益进行救济，也要对国家利益和社会公共利益进行有效的保护。在《行政诉讼法》明确规定行政公益诉讼条款后，标志着行政公益诉讼制度在我国的确立。其中，海洋生态环境行政公益诉讼制度亦被囊括在一般行政公益诉讼内。然而，由于我国行政公益诉讼起步较晚，相关制度仍处于不断完善之中。

一 海洋生态环境行政公益诉讼的法律依据及存在的问题

（一）法律依据

我国海洋生态环境行政公益诉讼制度的法律依据主要包括：《行政诉讼法》《最高人民法院关于适用〈中华人民共和国行政诉讼法〉的解释》《"两高"关于海洋生态环境公益诉讼的规定》《检察公益诉讼的解释》等。

关于海洋生态环境行政公益诉讼案件管辖，除依据《行政诉讼法》一般规定外，《最高人民法院关于海事诉讼管辖问题的规定》亦是重要法律依据。根据《最高人民法院关于海事诉讼管辖问题的规定》，[1] 可以得出：海洋生态环境行政公益诉讼案件由最开始作出行政行为的相关行政机关所在地海事法院管辖；若经过复议的海洋生态环境公益诉讼案件，则由复议机关所在地海事法院管辖。关于海洋生态环境行政公益诉讼的二审法院，根据《最高人民法院关于海事诉讼管辖问题的规定》，海事行政上诉案件是由海事法院所在地的高级人民法院管辖。

---

[1]《最高人民法院关于海事诉讼管辖问题的规定》第2条 关于海事行政案件管辖：1. 海事法院审理第一审海事行政案件。海事法院所在地的高级人民法院审理海事行政上诉案件，由行政审判庭负责审理。2. 海事行政案件由最初作出行政行为的行政机关所在地海事法院管辖。经复议的案件，由复议机关所在地海事法院管辖。对限制人身自由的行政强制措施不服提起的诉讼，由被告所在地或者原告所在地海事法院管辖。前述行政机关所在地或者原告所在地不在海事法院管辖区域内的，由行政执法行为实施地海事法院管辖。

我国相关法律规定了行政公益诉讼的目的，系海洋生态环境行政公益诉讼目的的法律依据。根据《行政诉讼法》第 25 条的规定，[1] 拥有生态环境监管职能的行政机关违法行政或行政不作为，导致国家利益或社会公共利益受损，是启动环境行政公益诉讼的先决条件。由此可知，海洋生态环境公益诉讼的目的是维护国家利益和社会公共利益。

根据《行政诉讼法》等法律的规定，启动海洋生态环境行政公益诉讼需要经过前置程序。在提起海洋生态环境行政公益诉讼之前，检察机关应当向相关行政机关就违法行政或不作为而提出检察建议，该行政机关不履行职责的，检察机关才能提起海洋生态环境行政公益诉讼，这表明提出检察建议是海洋生态环境行政公益诉讼的必经前置程序。由于检察机关与行政机关存在监督制约关系，设定行政公益诉讼前置程序可以达到司法权有限制约行政权的目的。

海洋生态环境行政公益诉讼被告的确定需依据《行政诉讼法》等法律。海洋生态环境行政公益诉讼被告可以是作出违法行政行为的机关、行政不作为的机关或者行政复议机关等。根据《行政诉讼法》《海洋环境保护法》等法律[2]，可以得出：负有海洋生态环境监管职能的行政机关因违法行政或不作为而成为适格的海洋生态环境行政公益诉讼被告。

（二）法律依据存在的问题

目前，专门的海洋生态环境行政公益诉讼制度未得到我国法律确认。我国海洋生态环境行政公益诉讼制度需参照《行政诉讼法》关于行政公益诉讼的规定。关于一般行政公益诉讼，《行政诉讼法》第 25 条规定了人民检察院发现生态环境监管机关违法行政或不作为，需先出具检察建议，该行政机关拒不改正，才可启动行政公益诉讼。实际上，《行政诉讼

---

[1] 《行政诉讼法》第 25 条明确了人民检察院启动行政公益诉讼的条件之一为行政机关的行政行为或不作为导致国家利益或者社会公共利益受到侵害。

[2] 《行政诉讼法》第 26 条规定公民、法人或者其他组织直接向人民法院提起诉讼的，作出行政行为的行政机关是被告。经复议的案件，复议机关决定维持原行政行为的，作出原行政行为的行政机关和复议机关是共同被告；复议机关改变原行政行为的，复议机关是被告。复议机关在法定期限内未作出复议决定，公民、法人或者其他组织起诉原行政行为的，作出原行政行为的行政机关是被告；起诉复议机关不作为的，复议机关是被告。两个以上行政机关作出同一行政行为的，共同作出行政行为的行政机关是共同被告。行政机关委托的组织所作的行政行为，委托的行政机关是被告。行政机关被撤销或者职权变更的，继续行使其职权的行政机关是被告。

法》规定的行政公益诉讼制度对行政权的限制极为有限,仅是人民检察院履行法律监督职权的路径,是人民检察院监督行政机关的手段。在行政公益诉讼实践中,人民检察院可能存在无法保持中立态度与不能履行维护公共利益和国家利益的义务等情况。由于海洋生态环境行政公益诉讼的特殊性,我国相关法律应当专门规定海洋生态环境行政公益诉讼制度的内容。此外,尽管我国《"两高"关于海洋生态环境公益诉讼的规定》第5条规定了海洋行政公益诉讼制度的内容,[①] 但此司法解释仅为《行政诉讼法》关于一般公益诉讼在海洋领域适用的解释,其效力层级也较低。

二 海洋生态环境行政公益诉讼的原告资格及存在的问题

(一) 原告资格有关规定

海洋生态环境行政公益诉讼原告确定需要参照一般行政公益诉讼的规定。根据现行法律规定,海洋生态环境行政公益诉讼的适格原告仅为检察机关。[②] 检察机关作为海洋生态环境行政公益诉讼原告具有优势:对于作为海洋生态环境行政公益诉讼被告的行政机关而言,作为拥有检察权的检察机关具有对等地位,这有利于平等解决纠纷和得到公正处理结果;作为法律监督机关,检察机关对于提起海洋生态环境行政公益诉讼具有专业优势及业务便利;法律赋予检察机关有权提起环境行政公益诉讼,这符合现代法治社会强调权力监督制约的要求;检察机关对海洋生态行政公益诉讼案件调查取证更为便利,有利于维护公共利益。同时,仅仅检察机关有资格提起海洋生态环境行政公益诉讼也存在弊端:由于检察机关与相关行政机关可能存在业务往来、内部领导同事等关系,检

[①] 《最高人民法院、最高人民检察院关于办理海洋自然资源与生态环境公益诉讼案件若干问题的规定》第5条规定:人民检察院在履行职责中发现对破坏海洋生态、海洋水产资源、海洋保护区的行为负有监督管理职责的部门违法行使职权或者不作为,致使国家利益或者社会公共利益受到侵害的,应当向有关部门提出检察建议,督促其依法履行职责。有关部门不依法履行职责的,人民检察院依法向被诉行政机关所在地的海事法院提起行政公益诉讼。

[②] 《行政诉讼法》第25条规定了人民检察院在履行职责中发现生态环境和资源保护、食品药品安全、国有财产保护、国有土地使用权出让等领域负有监督管理职责的行政机关违法行使职权或者不作为,致使国家利益或者社会公共利益受到侵害的,应当向行政机关提出检察建议,督促其依法履行职责。行政机关不依法履行职责的,人民检察院依法向人民法院提起诉讼。

察机关本应当提起行政公益诉讼的案件却未能启动诉讼程序;关于海洋生态环境行政公益诉讼的起诉主体,现有法律将公民、社会组织等其他主体拒之门外,这也不符合《宪法》赋予公民监督权、批评建议权的规定;单一起诉主体不符合用最严格法治保护生态环境的要求。

(二) 原告资格存在的问题

通过分析我国海洋生态环境行政公益诉讼的原告资格现状,发现相关原告资格存在以下问题:

1. 适格原告仅限于检察机关

在环境法治过程中,政府不仅是环境政策的制定者,也是环境政策的执行者和监督者。相关监管机关实施的一系列环境行政行为都极大可能造成环境、资源和生态的有利或者不利影响,这些影响甚至要大于社会组织和公众的影响。因此,有必要将政府及其职能部门对环境有影响的行为纳入法律规制。[①] 然而,《行政诉讼法》仅规定行政相对人或者有直接利害关系的人可以对行政机关的具体行政行为提起行政诉讼,并规定了附带审查抽象行政行为制度。一般行政诉讼有利于规范行政行为、加强行政相对人的私益保护以及促进行政机关依法行政。实际上,《行政诉讼法》规定的行政诉讼属于维护私益的诉讼,其诉讼目的在于维护社会组织或个人遭受损害的人身和财产损失。若负有海洋生态监督管理职责的行政机关违法行政或不作为,公众欲运用司法"伸张正义",但却被拒之门外。客观上,环境民事公益诉讼积累了宝贵经验,环境公益组织的不断增多以及人们环境保护意识的不断增强为环境行政公益诉讼提供了宝贵的现实基础。总之,应当放宽环境行政公益诉讼的适格原告范围,树立司法权威,充分发挥司法权限制行政权的作用,促进生态环境的司法治理。

2. 海洋生态环境行政公益起诉人与法律监督职能的冲突

根据《行政诉讼法》《"两高"关于海洋生态环境公益诉讼的规定》,检察机关是法定的海洋生态环境行政公益诉讼发起者,系相关案件当事人。同时,检察机关作为法律监督机关,在海洋生态环境行政公益诉讼

---

① 吕忠梅等:《环境司法专门化 现状调查与制度重构》,法律出版社2017年版,第231页。

期间承担法律监督职能，系监督者。因此，在海洋生态环境行政公益诉讼当中，检察机关承担双重角色，既是诉讼当事人，又是行政公益诉讼的法律监督者，存在角色冲突。若检察机关提起海洋生态环境行政公益诉讼，同时履行法律监督职能，其监督者的中立性存疑。

三 海洋生态环境行政公益诉讼的受案范围及存在的问题

受案范围又指法院审判权的范围或可诉行为的范围，表明法院受理案件的界限。海洋生态环境行政公益诉讼的受案范围，指的是人民法院受理海洋生态环境行政公益诉讼案件的范围与界限。

（一）受案范围有关规定

关于海洋生态环境行政公益诉讼受案范围的主要法律依据为《行政诉讼法》《"两高"关于海洋生态环境公益诉讼的规定》等。

1. 海洋生态环境监督管理机关的违法行政行为或不作为

根据《行政诉讼法》，在生态环境和资源保护领域负有监督管理职责的行政机关违法行使职权或者不作为是行政公益诉讼的受案范围之一。根据《"两高"关于海洋生态环境公益诉讼的规定》，对破坏海洋生态、海洋保护区、海洋水产资源的行为负有监督管理职责的部门违法行使职权或者不作为是海洋生态环境行政公益诉讼的受案范围之一。因此，海洋生态环境监督管理机关的违法行政行为或不作为成为海洋生态环境行政公益诉讼的法定受案范围。

2. 部分抽象行政行为的附带司法审查

抽象行政行为是相对于具体行政行为而言，指的是行政机关针对不特定人制定的并能重复使用的规范性文件的行为。抽象行政行为包括行政机关制定的法规、规章以及其他具有普遍约束力的规范性文件的行为。在我国，根据现行法律规定，还不能单独针对抽象行政行为提起行政公益诉讼。根据《行政诉讼法》第53条，[①] 在行政诉讼中，针对具体行政行为所依据的规章以下（不含规章）的政府规范性文件，可以一并申请

---

① 《行政诉讼法》第53条：公民、法人或者其他组织认为行政行为所依据的国务院部门和地方人民政府及其部门制定的规范性文件不合法，在对行政行为提起诉讼时，可以一并请求对该规范性文件进行审查。前款规定的规范性文件不含规章。

司法审查。实际上，一些具体行政行为的合法性审查依赖于相关抽象行政行为的合法性审查，这也是部分抽象行政行为附带司法审查制度的价值所在。① 据此，在海洋生态环境行政公益诉讼中，针对海洋生态环境具体行政行为所依据的规章以下（不含规章）的政府规范性文件，是海洋生态环境行政公益诉讼的受案范围。

（二）受案范围存在的问题

通过分析我国海洋生态环境行政公益诉讼的受案范围现状，发现存在以下不足。

1. 海洋生态环境行政违法行为或不作为的判断标准缺失

《行政诉讼法》第 25 条规定了启动行政公益诉讼的法定条件之一是负有监督管理职责的行政机关行政违法行为或不作为。然而，相关法律及配套法规、司法解释等未明确违法行政行为或怠于履行职责的具体情形。在海洋生态环境领域，《"两高"关于海洋生态环境公益诉讼的规定》第 5 条规定了启动海洋行政公益诉讼的法定条件之一是海洋监督管理机关的行政违法行为或不作为，亦未规定具体判断情形，致使在实践中认定标准不一。例如，在文昌市人民检察院于 2019 年诉文昌市海洋与渔业局不履行查处违法定置网的法定职责案中，海口海事法院认定被告文昌市海洋与渔业局存在未完全履行查处辖区内违法定置网的情形，确认其怠于履行职责。然而，该案未明确引用何种判定标准，只认定被告文昌市海洋与渔业局存在不履行职责的情形。

2. 不能单独针对损害公共利益的海洋生态环境抽象行政行为提起诉讼

根据《行政诉讼法》的规定，检察机关不能单独针对损害公共利益的海洋生态环境抽象行政行为提起诉讼，② 导致现实中损害公共利益的海洋生态环境抽象行政行为无法受到有效的制约，这也不符合"有权力就有监督"原则的要求。有学者认为，抽象行政行为不宜作为受案范围，而仅仅可以附带司法审查，因为抽象行政行为具有较多的政策性和自由

---

① 自正法：《"民告官"受案范围扩大趋势探析》，《理论探索》2016 年第 1 期。
② 《行政诉讼法》第 53 条只规定了抽象行政行为的附带司法审查，并不允许单独就抽象行政行为提起司法审查。

裁量因素。① 此观点忽略了抽象行政行为正是因为针对不特定主体而制定的，其关乎着广大公众的利益。为了对损害公共利益的海洋生态环境抽象行政行为形成有效监督，我国应当允许相关主体单独就该行为提起行政公益诉讼。赋予法院就海洋生态环境抽象行政行为进行必要的司法审查，这也符合现代法治国家的发展趋势，体现了运用司法权限制行政权的要求。

第四节　海洋生态环境行政公益诉讼域外考察与借鉴

随着现代行政法的发展，各国逐渐认识到行政法需同私法一样担负起维护私权益的任务，亦要肩负保护公共利益的使命。研究域外国家关于海洋环境行政公益诉讼的内容，能够发现海洋环境行政公益诉讼的原告资格限制越来越少，且为公民提供了更广泛的参与行政公益诉讼的途径。大多数西方国家建立起了海洋环境行政公益诉讼制度。通过研究西方国家的海洋环境行政公益诉讼制度，我们能够直观地了解海洋环境行政公益诉讼的形成与发展状况，为完善我国海洋生态环境行政公益诉讼提供域外考察与借鉴。

一　美国海洋环境行政公益诉讼考察与借鉴

在美国，依据"私人检察总长"理论，若法律没有明确禁止审查或不宜由法院审查的损害公共利益的行为，适格原告皆可启动行政公益诉讼。② 美国环境公民诉讼、相关人诉讼、职务履行令请求诉讼等均是行政公益诉讼的重要形式。其中，相关人诉讼指的是若私人没有当事人的资格，法律允许其作为相关人提起行政诉讼。职务履行令请求诉讼指的是私人以个人名义将行政机关的行政不作为诉请法院，期望获得责令行政机关履行相关职能的判决。若联邦环保局局长作为公民诉讼的被告，则

---

① 杨士林：《抽象行政行为不宜纳入行政诉讼受案范围》，《济南大学学报》（社会科学版）2010 年第 1 期。
② 王珂瑾：《行政公益诉讼制度研究》，山东大学出版社 2009 年版，第 202 页。

仅可就其非自由裁量的行为或义务来提起诉讼。而后，只有法院确认有关政府机关怠于执法或实施违法行政行为，相关案件才有机会被受理。

公民以"私人检察总长"名义提起公民诉讼之前，应履行诉前催告程序，督促环境监管机关及时有效履行监管职责，保护生态环境。经公民催告后的六十天内，环境监管机关拒不履行职责之时，公民才能提起环境公民诉讼。"私人检察总长"的催告监督有利于监管机关的自我改正和社会资源的节约。

(一) 美国海洋环境行政公益诉讼的原告适格范围与启示

1. 原告适格范围考察

根据美国法律的规定，可以提起司法审查的主体包括由于行政机关导致其法定权利遭到侵害的人，或者遭到相关法律规定行政机关行为的负面影响或者损害的人等。一些涉海环境保护法律规定的环境公民诉讼条款，包含了海洋环境行政公益诉讼的内容。环境公民诉讼条款主要规定了任何人均可以自己名义就行政机关、公务人员等任何主体不履行职责、破坏环境等行为提起环境公民诉讼。

第一，总检察长成为适格原告。美国总检察长作为美国联邦及州政府的首席法律官，是联邦与州的公权力机构和立法部门的法律顾问，系代表公共利益的主体。美国检察长作为公共利益的代表，为了督促环境保护部门履行法定职责，可以对环境保护部提起诉讼。在相关诉讼中，检察长独立行使权力，而不受行政部门的干预。美国《保护环境法》《防止污染水流条例》等均规定检察官有权提起行政诉讼。美国总检察长可以由国会授权，以公益代表人的资格提起行政诉讼。美国总检察长为了维护国家利益与公共利益，可以介入任何侵害或者危及公共利益的行政诉讼。

第二，"私人检察总长"成为适格原告。关于原告资格的标准，美国一开始采取"直接利害关系说"，具有直接利害关系的主体才可能取得原告资格。自20世纪70年代后，主要联邦法规均规定了公民有权提起行政公益诉讼，在各自的调整范围内取消了传统适格原告的制度障碍。参考前文美国公民诉讼关于原告资格的规定，任何人均可以成为美国海洋环境行政公益诉讼的适格原告。其中，私主体包括企业、社会组织、个人等。美国在《清洁空气法》等法律中授予公民以"私人检察总长"的名义实施公民诉讼的权利。"私人检察总长"制度在规制权力滥用上具有突出功能和价值。为了抑制广泛的环境侵害行为，同侵害环境公共利益行为或行政违法行为作斗争，在监管机关未发现或无力处置的环境污染领域，环境公民诉讼能够发挥作用，达到规制与矫正违法行为的目的。在政府监管资源有限的情况下，公民诉讼对政府监管执法起到有效补充作用，即：由公民诉讼推动的司法介入是环境法实施的重要一环。若海洋环境监管者未能履行监管职责，公民可以"私人检察总长"名义对监管机关提起公民诉讼，请求司法介入纠正监管行为，构成了独立的外部监督机制。

第三，普通公民成为适格原告。根据前文关于美国海洋环境民事公益诉讼的适格原告考察，美国公民诉讼亦包括行政公益诉讼。而普通公民成为适格原告，亦受到"事实上的损害"的限制。若相关海洋环境违法行政行为或不作为造成了普通公民相关权益"事实上的损害"，公民可以依据法律授权成为海洋环境行政公益诉讼的适格原告。

2. 原告适格范围的启示

美国海洋环境行政公益诉讼的适格原告更加广泛。"私人检察总长"制度是美国为了维护公共利益而确立的一项重要制度。美国相关法律明确提起了海洋环境公民诉讼主体范围的广泛性，规定了公民维护海洋环境公共利益的司法途径。这些社会主体以"私人检察总长"的名义，针对危害海洋环境的行政行为或不作为，通过司法途径来寻求必要的救济。针对海洋环境监管机关违法监管或不作为，公民可以"私人检察总长"的名义提起环境公民诉讼，监督海洋环境监管机关的监管行为。"私人检察总长"制度对于我国完善海洋生态环境行政公益诉讼制度以及加强海洋生态环境法律规制具有重要借鉴意义。

在美国，法律允许任何人可以针对海洋环境监督管理机关的违法行政行为提起诉讼，但存在一定限制。无论是检察官还是普通公众均有权以维护海洋环境公共利益的名义诉诸法院，要求涉海洋环境的部门履行法定职责。美国行政公益诉讼的适格原告范围经历了明显的当事人到现有经济利益的消费者，再到未受到经济损害的消费者，直至没有利害关系的人的转变。虽然美国海洋环境行政公益诉讼的适格原告规则受到一定限制，但有权提起相关诉讼的主体已经非常广泛。而确定环境权是扩大海洋环境行政公益诉讼的适格原告范围的重要权利基础。

(二) 美国海洋环境行政公益诉讼的受案范围考察与启示

1. 受案范围考察

美国相关法律明确规定了针对行政行为的司法审查制度，[①] 是限制行政权的重要司法手段。[②] 司法审查的审查对象是行政机关的行政行为，其审查范围包括具体行政行为与抽象行政行为。美国环境司法审查包括针对全国范围内普遍适用的行政规定的司法审查，以及针对区域性的或相对具体的行政规定的司法审查。环境司法审查的受理法院主要包括哥伦比亚特区上诉法院与联邦地区巡回上诉法院。例如：根据《清洁空气法》，可以向哥伦比亚特区上诉法院申请司法审查范围包括美国联邦环保部（EPA）颁布的新污染源排放标准、国家空气质量一类与二类标准、污染排放标准，以及其他效力及于全国的控制或者禁止规定、规则等；而对于美国联邦环保部（EPA）批准或者颁布各州实施方案（SIP），或者其他在特定区域内适用或者单独有效的政策措施、规定等，可以向联邦地区巡回上诉法院申请司法审查。另外，在美国公民诉讼案例中，很多案件是由于被告违反了环境信息公开义务或者环境决策公众参与机制等，将环境公益诉讼作为公众参与权的司法救济途径。

(1)《清洁水法》规定的司法审查范围

《清洁水法》主要规定了抽象行政行为与行政罚款金额的司法审查。关于前者，可以申请司法审查的抽象行政行为包括：颁发新污染源排放标准的行政行为；颁发任何排放标准、限制或者预排放标准的行政行为；同意州许可证方案的决定；颁发的任何技术类或水质类的排放限制；颁发的有毒污染物单项控制计划等。抽象行政行为司法审查的管辖法院包括申请人住所地或者营业所在地的联邦巡回上诉法院。关于后者，针对罚款金额的司法审查启动主体是行政处罚所对应的行政相对人以及评论该行政处罚的普通大众。《清洁水法》规定的司法审查权的特色之处在于其赋予了社会公众行使提起司法审查的权利。依据《清洁水法》，美国联

[①] 美国司法审查制度是指因行政机关作出的错误行政行为而受到伤害的、或者因行政机关的行政行为而受到负面影响或者伤害的任何人，均有权对该行政行为提起司法审查。

[②] 张辉：《美国环境法研究》，中国民主法制出版社2015年版，第421页。

邦环保部（EPA）或者陆军工程兵团（Corps）在作出行政处罚之前，应当发布关于行政处罚具体内容的公告，任何社会大众于公告期内均可评论该行政处罚的相关内容。若公众评论了该行政处罚，相关部门应当举行听证会，并向评论人发出邀请。在此情形下，若相关部门没有召开听证会就出具了行政处罚内容，相关评论人可以提起司法审查。[①] 这种赋予社会公众行使司法审查权的规定是海洋环境司法治理的重要借鉴，特别是为我国海洋生态环境公众参与制度以及海洋环境信息公开制度提供了有益参考。

（2）《固体废物处置法》规定的司法审查范围

作为环境保护的重要法律，《固体废物处置法》适用于海洋环境保护领域。《固体废物处置法》规定可以进行司法审查的行政行为包括：美国联邦环保部（EPA）依据本法而制定、修改管理规定的行为；任何颁发、拒绝颁发、修改或取消责任较大的危险物处置人、贮存人和处理人许可证的行为；EPA针对任何有关出台、变动或者废止有关管理规定的申请进行否决的行为；州政府颁发、驳回或撤销有关危险废物许可或者临时许可的行为。由于上述原因，所有权利主体均可提起司法审查。司法审查的管辖法院：关于许可证的司法审查管辖法院可以是权利人的住所地或营业地所在地的联邦巡回上诉法院，而关于管理规定的司法审查管辖法院须为哥伦比亚特区联邦上诉法院。关于申请时效，该法规定申请司法审查的一般时效为90日。

（3）《综合环境反应、赔偿与责任法》规定的司法审查范围

《综合环境反应、赔偿与责任法》规定可以申请司法审查的行政行为包括：美国联邦环保部（EPA）采取的环境治理行为或者相应的执行命令；根据该法规定应当制定相关管理规定的行为。关于管辖法院，针对管理规定的司法审查管辖权归哥伦比亚特区联邦上诉法院。该法规定司法审查的一般时效为90日。可以申请司法审查的具体行政行为主要包括：执行EPA作出的执行命令的案件，或者因违反执行命令要求收缴罚款的案件；治理环境费用的追偿案与损害赔偿案；针对超级基金补偿费用支付与利息的申请案等。《综合环境反应、赔偿与责任法》规定的司法

---

① 张辉：《美国环境法研究》，中国民主法制出版社2015年版，第421—424页。

审查内容体现了法效率价值，彰显了法律保护公共利益的初衷。① 在海洋环境保护领域，《综合环境反应、赔偿与责任法》规定的司法审查同样适用。

（4）《清洁空气法》规定的司法审查范围

《清洁空气法》规定可以申请司法审查的行政行为主要包括：相关制度与管理规则的制定行为、制定各种标准的行为及作出行政决定或者行政命令的行为。该法规定可以申请司法审查的行政行为具体包括：行政机关作出的国家空气质量一级标准和二级标准，以及污染排放标准；有关燃料控制措施或禁止措施；新污染源执行标准及其要求；新机动车或其发动机的排放标准；有关管理规定或其他在全国范围内适用的规则；审批各州污染减排实施方案；行政命令或行政处罚措施等。其中，法院审查行政主体的行政行为时，同时会审查该主体的行政自由裁量权。② 按照不同案件类型，司法审查案件可以由哥伦比亚特区联邦上诉法院或适当的联邦巡回上诉法院管辖。

综上所述，美国环境司法审查制度是一项重要的环境司法治理制度，适用于海洋环境保护领域，包括海洋水污染、海洋固体废物处置、海洋环境损害赔偿与治理责任等领域。作为美国海洋环境司法治理的重要制度，其司法审查制度为我国海洋生态环境司法制度建设提供的经验借鉴，包括启动司法审查的主体具有广泛性与审查内容具有多样性等。

2. 受案范围的启示

（1）美国海洋环境行政公益诉讼的司法审查范围较为广泛。美国环境司法审查范围包括具体行政行为和抽象行政行为。而根据我国《行政诉讼法》第 53 条的规定，关于抽象行政行为的审查，只能审查作出具体行政行为所依据的规范性文件，这就意味着公民和组织不能单独对抽象行政行为提起司法审查。在美国，抽象行政行为司法审查的限制较少，

---

① ［美］丹尼尔·A.法伯、罗杰·W.芬德利：《环境法精要》，田其云、黄彪译，南开大学出版社 2016 年版，第 180—184 页。

② 何香柏：《环境规制的权力行使与制度约束——美国谢弗林案的借鉴》，《法学评论》2019 年第 5 期。

利害关系人可专门就某一抽象行政行为提起司法审查。[①] 在海洋生态环境领域，借鉴美国环境司法审查制度，我国应规定广泛的海洋生态环境司法审查范围，赋予公众可以就海洋生态环境抽象行政行为单独提起司法审查的权利。

（2）美国将海洋环境公益诉讼作为海洋环境公众参与权益的救济机制。环境公民诉讼制度在一定程度上缓解了公众对政府的不信任和对主管机关执法不诚信的疑虑，促进公众更愿意参加环境保护活动，推动环境保护运动和环境保护团体的发展。[②] 在我国，一些环境法律确立了环境公众参与制度以及相关公益诉讼制度。然而，我国法律没有明确规定公民、环保组织可以就环境公众参与权受到侵害而提起诉讼的情形。在海洋生态环境保护领域，有权提起海洋环境行政公益诉讼的主体仅限于检察机关。因此，为了加强公众参与权的司法保护，相关法律应允许一些环保组织有权以海洋环境公众参与权受到侵害为由提起海洋生态环境公益诉讼。

二 德国海洋环境行政公益诉讼考察与借鉴

作为大陆法系国家的代表，德国海洋环境行政公益诉讼制度主要依据成文法的规定。比起美国等国家，德国对于行政公益诉讼的适格原告范围及受案范围的态度较为谨慎，但也是相对广泛的。德国海洋环境行政公益诉讼的法律依据包括：《行政法院法》《联邦自然保护法》《环境损害法》《环境法律救济法》等。

（一）德国海洋环境行政公益诉讼原告适格范围与启示

1. 原告适格范围的考察

在早期德国，一般来说，只有行政行为的直接对象才能获得司法保护。随着政治与经济的发展，行政法院逐渐改变了反射利益或事实利益的判断标准，在一些行政诉讼案件采用法律上保护的利益，甚至将保护

[①] 高军东：《试论美国司法审查的正当性基础》，《河南师范大学学报》（哲学社会科学版）2015年第4期。

[②] 巩固：《美国原告资格演变及对公民诉讼的影响解析》，《法制与社会发展》2017年第4期。

公共利益扩大解释为保护个人利益来方便公众提起行政诉讼。尘埃及废气侵入法、原子能法等涉及海洋环境领域的成文法均规定了不仅限于利益受害者的利害关系人可以提起包括以公益为目的的行政诉讼。

(1)《行政法院法》的规定

德国海洋环境行政公益诉讼主要法律依据为《行政法院法》等，其关于原告资格亦受到这些法律的规制。关于原告资格的取得，德国《行政法院法》第42条规定了除法律规定外，原告仅在认为其权利被行政行为或不作为侵害时，才可以提起行政诉讼。在德国确认之诉中，仅需具有正当利益而非合法利益，即可取得原告资格。而在其他行政诉讼类型中，需要证明权利受到侵害。以撤销之诉等行政诉讼为例，根据德国《行政法院法》的规定，相关主体若要获得原告资格，其基本权利必须遭到了行政行为的侵害。在德国许多案件中，相关主体依据宪法规定的权利而提起行政诉讼，而实务中的关系人则可直接根据宪法规定的权利成为行政公益诉讼的适格原告。若相关原告值得保护的利益被随意忽略或者是相关基本权利遭到侵害而无法忍受，关系人可以提起行政诉讼。[①]

(2) 环境团体行政公益诉讼制度

环境团体行政公益诉讼是德国确立的一项重要制度。不莱梅州于1979年修改的《自然保护法》率先规定环境团体是适格的原告主体，此后德国的其他联邦州在相关法律中也作了类似规定。德国于2002年修订的《联邦自然保护法》明确规定符合法律条件的环保团体是环境行政公益诉讼的适格原告。相继的《环境损害法》《环境法律救济法》等法律规定了环境团体行政公益诉讼的具体内容。[②]

(3) 德国公益代表人制度

设置公益代表人制度是德国行政公益诉讼的一个重要特点，适用于海洋环境行政公益诉讼领域。该制度分为狭义上的公益代表人和广义上的公益代表人。狭义的公益代表人指的是在行政程序中履行作为一般公

[①] 杨华:《海洋环境公益诉讼原告主体论》,《法商研究》2021年第3期。

[②] 于2007年制订的《环境损害法》主要规定了经营者防止损害自然环境的义务、承担损害赔偿责任的条件和方式，证明规则、环境团体诉权等。《环境法律救济法》是为了履行《奥胡斯公约》而于2006年制订的一部只有几条的法律，主要规定了环境团体行使诉权的资格、起诉条件、诉讼对象、申请诉讼资格的程序和批准机关等。

益代表的职能，没有其他程序任务。而广义的公益代表人是指代表一般性公共利益之外，也作为州公法上的法人程序代表机构参与诉讼。在维护海洋公益、督促海洋行政机关履行职责、促使法院正确适用法律方面，德国公益代表人制度发挥了重要作用。德国《行政法院法》明确规定了行政诉讼的公益代表人制度，规定联邦最高检察官是联邦的公益代表人，而州与地方检察官是州及地方的公益代表人。德国《行政法院法》第35条规定，在联邦行政法院中设立一名检察官，该检察官为了维护公共利益，可以参加任何行政诉讼。作为相关行政诉讼的参与人，公益代表人可以维护公共利益的名义，进行上诉或要求相关行政主体变更行政行为。

第一，驻联邦行政法院联邦公益代表人。从性质、法律监督范围、参与诉讼方式角度，分析驻联邦行政法院的联邦公益代表人：一是驻联邦行政法院联邦公益代表人的性质。驻联邦行政法院联邦公益代表人是一个独立的程序机构，由总统任命，受内政部长监督，包括一般性公益代表人和其他法律设立的特殊公益代表人。作为公共利益的保障者，联邦利益代表人的职能并不因其接受联邦政府的指令而受到削弱。联邦利益代表人是一个特殊的司法机关，旨在对联邦行政法院发现法律提供援助。它还是一个程序机构，促进联邦行政法院程序的运行。二是驻联邦行政法院联邦公益代表人参与诉讼的范围。根据《德国行政法院法》的规定，为了维护公共利益以及国家利益，驻联邦行政法院的联邦公益代表人可以参加联邦行政法院除了战争纪律法庭外的所有诉讼。[1] 联邦利益代表人在作出参与声明后，就可以成为程序参与人，而无需获得法院同意。由于联邦利益代表人参与诉讼的目的是维护公共利益，公民个人没有要求联邦利益代表人参与诉讼的权利。[2] 在支持法院适用和发现法律方面，联邦利益代表人主要任务是向法院展示和提供法律材料，阐述相关事实、判例等，阐述相关法律规范，表达联邦政府的法律意见。三是联邦公益代表人参与诉讼方式。联邦公益代表人认为参与诉讼对保障公共利益有必要时或根据联邦政府指令等情形参与诉讼。

---

[1] 韩成军：《法德日行政执法检察监督机制对我国的启示》，《江西社会科学》2015年第11期。

[2] 章志远：《行政公益诉讼热的冷思考》，《法学评论》2007年第1期。

第二，州公益代表人。从以下两个方面，分析州公益代表人：一是州公益代表人参与诉讼方式包括单方声明和州政府授权。根据《德国行政法院法》第63条的规定，狭义的公益代表人参与诉讼完全取决于其单方面声明，而无需法院的积极参与。其中，法院也有义务给予公益代表人陈述的机会。关于政府授权方式，州政府可以授权公益代表人一般性或在某案件中，代表州或州机构。此时，公益代表人原则上可以作为诉讼一方当事人参与诉讼。二是狭义的公益代表人不能取代州的必要利益代表人。州公益代表人能否同时以狭义公益代表人身份和州代表人身份参与诉讼。在具体诉讼程序中，公益代表人只能履行一种职责。若狭义的公益代表人参与诉讼，则州应以其他代表人在程序中代理其利益。因此，狭义公益代表人参与诉讼不能取代州必要利益代表人。狭义公益代表人只能在起诉申请框架内参与，而不能超越诉讼参与对象。另外，由于公益代表人本身具有履行法官职业的资格，所以无须另行聘请律师。

2. 原告适格范围的启示

包括环境团体在内的广泛的适格原告范围能够有效地保护海洋环境公共利益。在德国，海洋环境行政诉讼权益已经从传统的狭义权利概念扩大到法律上保护的权益，甚至是法律上保护的事实权益。德国海洋环境行政公益诉权不仅依据成文法的规定，而且依据宪法规定的基本权利及成文法规定的一般原则所衍生的权利。其中，环境团体是重要的海洋环境行政公益诉讼的适格原告。海洋环境行政公益诉讼的原告与接受判决的当事人未必是同一主体。海洋环境行政公益诉讼的原告可以看作接受权利义务承担主体的信托。同时，代内与代际的海洋环境公共利益均是海洋环境行政公益诉讼保护的对象。

德国公益代表人制度具有重要借鉴意义。公共利益代表的充分性，将决定着诉讼结果的正当性程度。[1] 德国公益代表人可以参加任何诉讼，这与我国检察机关履行法律监督职能类似，但存在区别。为了维护公共利益，德国公益代表人可以实质性地参与任何行政诉讼，进行上诉或要求行政机关改变行政行为，具有很强的权力制约意味。驻联邦行政法院联邦公益代表人能够广泛参与相关诉讼。为了公众和国家的利益，联邦

---

[1] 王福华：《公益诉讼的法理基础》，《法制与社会发展》2022年第2期。

行政法院除战争纪律法庭外的所有诉讼均允许驻联邦行政法院的联邦公益代表人参加。这与我国人民检察院提起行政公益诉讼类似，但也有不同。从诉讼参与范围来看，驻联邦行政法院联邦公益代表人能够参与的诉讼范围更为广泛。德国公益代表人参与诉讼方式值得我们借鉴。从参与方式来看，驻联邦行政法院联邦公益代表人认为有必要或者受联邦指令来参与诉讼。因此，从参与范围、参与时间以及参与方式角度来看，相较于我国检察机关启动行政公益诉讼，驻联邦行政法院联邦公益代表人能够更容易、更全面的参与环境公益诉讼。因此，德国公益代表人拥有就公共利益参加任何海洋环境行政诉讼的权力，这值得我国借鉴。我国应当加强检察机关的法律监督职能，对行政机关的违法行政行为或不作为形成有效制约。

（二）德国海洋环境行政公益诉讼受案范围与启示

1. 受案范围的考察

根据德国《联邦自然保护法》《环境损害法》等相关法律，海洋环境行政公益诉讼的受案范围包括：联邦政府或州政府对经营者污染海洋环境行为的不作为；政府有关海洋自然保护区、国立海洋公园等发布的保护或者是解除禁止事项的命令；联邦政府或州政府对海洋环境造成损害的行政许可；请求政府令经营者进行海洋环境损害赔偿；请求政府令经营者提供海洋环境信息；请求政府令经营者采取相关保护海洋环境的防范措施。[①]

在德国，环境团体诉权范围相当广泛。德国环境团体可以就任何行政机关违反涉及海洋环境法律的相关政策或者行政许可提起海洋环境行政诉讼。根据德国《环境法律救济法》等法律，环境团体无须证明其私人利益受到损害，只需提出行政机关的违法事实和证据。根据德国《环境损害法》，若经营者进行经营活动而造成或有可能造成海洋环境污染、破坏，环境团体可以提起行政诉讼，要求行政机关让经营者履行海洋环境恢复责任或采取预防措施。根据德国《环境法律救济法》，环境团体可以就违反包括海洋环境法律在内的任何有关环境法律的行政行为或者行

---

① 陶建国：《德国环境行政公益诉讼制度及其对我国的启示》，《德国研究》2013 年第 2 期。

政不作为，提起行政诉讼。

2. 受案范围的启示

德国海洋环境行政公益诉讼的受案范围包括了政府制定的相关政策、行政行为或不作为。德国海洋环境行政公益诉讼的受案范围包含了抽象行政行为，这值得我们借鉴。在我国，对所有海洋生态环境抽象行政行为均不可单独提起行政诉讼。然而，侵犯公益更多的是位阶更低的海洋生态环境抽象行政行为。由于海洋生态环境抽象行政行为是针对不特定人或事制定的、能够反复使用而制定的规范性文件，若其出现违法现象，该抽象行政行为侵犯的人数更广、危害性更大。因此，法定主体单独就海洋生态环境抽象行政行为，提起行政公益诉讼，是十分必要的。

三 日本海洋环境行政公益诉讼考察与借鉴

（一）日本海洋环境行政公益诉讼的原告适格范围与启示

1. 原告适格范围考察

日本机关诉讼与民众诉讼包含了海洋环境行政诉讼的内容。在日本，由于行政权产生于国家统治权，国家原则上行使行政权。然而，现实中行政权不限于国家行使，有些公共团体得到了国家的授权，拥有一定的行政权，作为行政主体行使行政权。关于日本行政公益诉讼的管辖法院设置，司法法院管辖一切法律上的纷争。日本行政案件诉讼以行政诉愿这一基础，除了救济国民权利以外，亦将实施法律统治为目的。同时，基于司法权与行政权对立，法院对行政权进行司法审查，达到权力制约的目的。

日本承认民众是适格的行政公益诉讼原告。2004 年对《行政案件诉讼法》进行的修订，新增规定法院在判断提起行政公益诉讼的原告人是否适格时，不但需要考虑行政处理或裁决所依据的法令表面文意，还需考虑该法令的宗旨及目的，同时作出行政裁决所关涉的利益。这是对非直接利害关系人提起行政公益诉讼的一个重要立法变动。日本公民可以选举人的身份提起纠正国家机关或行使公权力的公共团体违法行为的诉讼。关于民众诉讼的内容，包括与直接请求有关的诉讼、居民诉讼、公职选举有关的诉讼、有关最高院法官的国民审查诉讼等。关于民众诉讼的适格原告，包括纳税人、利益受到普遍影响的选举人或者其他公众。[①] 关于民众诉讼的目的，民众提起民众诉讼不以保护私人利益为目的，而是为了保护客观的公共利益。关于日本民众诉讼的原告资格，"法律上被保护的利益说"成为通说。在日本判例中，最高裁判所将法律上被保护利益的人称之为"法律上的利益者"，而下级法院扩大了原告适格范围，采用"值得保护的利益说"。[②] 在环境行政诉讼领域，为了环境利益损害得到救济，日本居民可以对相关行政许可提起撤销之诉。

2. 原告适格范围的启示

日本海洋环境行政公益诉讼的适格原告范围更加广泛。日本明确了海洋环境行政公益诉讼拟制的起诉主体。法律规定的适格民众可以就公共机关的违法行为向法院提起环境行政公益诉讼。日本行政案件诉讼法规定的民众诉讼，将纠正公权力部门违背法规的行为作为主要目的，可以由选民或其他符合条件的主体启动。日本行政公益诉讼的原告主体包括了公民、社会团体及检察机关。日本为了放宽行政公益诉讼的原告资格，将法律保护的利益变为值得保护的利益。日本承认原告可以就不关涉到法律上自己的利益提起行政公益诉讼，其目的显然不是直接保护法律上的私人利益，而是公民以选举人身份通过诉讼手段制约国家行政机关或公权力机构的活动。从日本的相关制度来看，海洋环境行政公益诉讼的原告是通过法律赋予其在海洋环境行政公益诉讼中拟制的主体资格，依法代表实体上的主体，依法就行政机关的行为提起诉讼，达到保护公共利益的目的。因此，日本普通公民可以作为海洋环境行政公益诉讼的原告，起诉要件不要求其权益受到侵害，只需要证明原告的权益直接受到行政违法行为的侵害，而该权益不要求是原告的私人权益。

（二）日本海洋环境行政公益诉讼的受案范围与启示

1. 受案范围考察

在日本，行政诉讼法本来是作为保护私人权益而设计的。而为了维护公共利益，通过诉讼程序并非被日本宪法所不允许。关于民众诉讼受案范围，《行政案件诉讼法》第42条授权给《地方自治法》《公职选举

[①] 田凯：《行政公诉论》，中国检察出版社2009年版，第58页。
[②] 王珂瑾：《行政公益诉讼制度研究》，山东大学出版社2009年版，第152页。

法》等法律详细规定。其中,作为民众诉讼的一种类型,居民诉讼的受案范围囊括了本书所讨论的受案范围。居民诉讼是以纠正地方公共团体的工作人员在财务会计上的违法管理行为与违法运作行为作为目的,得以保证地方公共机构财政的正常运行。居民诉讼的作用是为了监督和制约地方公共机构及其工作人员作出的涉及公共利益的行政行为,包括相关公共机构作出涉及海洋环境公共利益的行政行为。在海洋环境行政公益诉讼领域,海洋环境公共利益的判定成为确定诉讼受案范围的关键因素。根据日本居民诉讼的有关规定,日本海洋环境行政公益诉讼的受案范围为地方相关公共团体及地方财会部门的涉及海洋环境公共利益的行为。

2. 受案范围的启示

日本相关法律规定的受案范围较为宽泛。一般规定对于侵害包括海洋环境公益在内的社会公共利益的行政行为,适格原告均可以提起行政公益诉讼。[①] 由于日本法治发展水平较高,将涉及公共利益的行政行为基本都纳入行政公益诉讼的受案范围。在海洋环境领域,更为宽泛的受案范围将有利于保护海洋环境公共利益。相较于西方国家,我国法官业务素质及公民法律意识存在一定差距,法官及当事人对海洋环境公共利益的判断存在一定困难。因此,我国对于海洋生态环境行政公益诉讼的受案范围更宜采用列举式的立法模式,对海洋生态环境公共利益作出明确规定。将非具体行政行为纳入行政公益诉讼的受案范围应是改革方向。[②]

日本民众可以就抽象行政行为提起司法审查。在日本司法实践中,一些案例的诉讼对象为现行环境法律法规。然而,我国环境抽象行政行为的司法审查范围相当有限,这就导致了大量违法抽象行政行为得不到司法审查的限制与监督。因此,应借鉴日本对抽象行政行为司法审查的有益经验,适当放宽我国抽象行政行为的司法审查范围。在拓展行政公益诉讼的受案范围时,应准确把握公共利益的动态性与普遍性特征。[③]

---

① 王珂瑾:《行政公益诉讼制度研究》,山东大学出版社2009年版,第205页。
② 王春业:《独立行政公益诉讼法律规范体系之构建》,《中外法学》2022年第1期。
③ 黄学贤、李凌云:《论行政公益诉讼受案范围的拓展》,《江苏社会科学》2020年第5期。

第五节 我国海洋生态环境行政公益诉讼的改革建议

党的十八届三中全会通过的《中共中央关于全面深化改革若干重大问题的决定》首次提出推进国家治理体系和治理能力现代化。国家治理现代化适用于我国海洋生态环境治理领域，要求破除深层次体制和机制障碍。在海洋生态环境领域，推进海洋生态环境治理现代化是我国海洋生态环境保护的重要保障。健全相关行政公益诉讼是海洋生态环境司法建设的重要任务。以权力之间的限制关系来制约权力，"以强制对付强制"才能有效制约权力。海洋生态环境行政公益诉讼制度是对传统法理以及传统海洋生态环境法律体系进行相关理念更新和突破的新型诉讼模式。通过海洋生态环境行政公益诉讼，可以实现司法权对相关行政权的有效制约。健全海洋生态环境行政公益诉讼应当坚持权力有效制约理念，此为完善相关诉讼制度的理论基础。从海洋生态环境行政公益诉讼制度本身进行剖析，并据此建立一个相对稳定、协调共存、彼此制约的诉讼体系。

一 法律规定海洋生态环境行政公益诉讼制度

（一）海洋生态环境行政公益诉讼功能的省思

行政权在国家权力体系当中是最主动的、与公众关系最密切的权力。随着国家权力对社会生活的全面介入，公众权利极有可能受到行政权的侵害。若公众合法权益受到国家行政权的侵害而缺少必要有效的司法救济，公众的权利就得不到法治保障。在海洋生态环境领域，检察机关提起行政公益诉讼的意义不仅在于对法院司法活动的监督，更是体现了对行政权的监督。在西方国家，一些国家检察长的职责是保护国家和公共利益，检察长有责任代表公共利益监督行政机关的行为并可提起诉讼。美国允许联邦检察总长可以参加他认为关系美国利益或认为美国感兴趣的任何行政诉讼案件。[1] 美国这一做法将检察长的行政诉权发挥得淋漓尽

---

[1] 王珂瑾：《行政公益诉讼制度研究》，山东大学出版社2009年版，第145页。

致，充分保障了检察长对行政机关的行政行为的监督。在我国，检察机关主要通过检察建议、行政公益诉讼等方式监督海洋行政监督管理机关的行为，不能以损害公共利益或认为有必要为理由而参与任何海洋环境行政诉讼。

为了保障行政公益诉讼成为限制行政权的有效手段，一些西方国家允许私主体能够提起海洋环境行政公益诉讼。例如，美国法律授权任何人均可以维护国家和社会公共利益为由，针对美国政府、政府机关及公职人员提起诉讼。放宽海洋环境行政公益诉讼的适格原告范围，能够有效发挥海洋环境行政公益诉讼对行政权的监督作用。独立的司法权和完整的司法运行程序相较于其他权力，能够稳定且有效地解决海洋环境公共利益纠纷。在我国，法律应允许一些私主体能够启动海洋生态环境行政公益诉讼，广泛参与对行政权的司法审查。相关行政机关因其不履行职责导致海洋生态环境公共利益受到损害之时将面临被诉危险，接受公众通过行政公益诉讼的监督。

（二）海洋生态环境行政公益诉讼的应然理念

1. 权力有效制约理念

在现代法治国家，实现权力之间的制约来防止权力滥用与权力惰性，在行政权与司法权之间形成天然的牵制关系。[①] 就监督行政权而言，检察机关和审判机关的监督成为能够常态运用的主要监督手段。[②] 现阶段，我国检察机关运用海洋生态环境行政公益诉讼来限制行政权的效果有限，需要实现真正且有效的权力制约。我国海洋生态环境行政公益诉讼制度主要存在起诉主体过窄、司法审查范围有限等不足，导致其限制行政权的效果有限。因此，应树立权力有效制约理念，扩大海洋生态环境行政公益诉讼审查范围与起诉主体范围。

2. 公众充分监督行政权理念

依照我国法律，公民享有监督权。只有将公民监督权转换为实质可行的法律制度，才能推动公民监督权的有效行使。其中，公民可以借助司法机关，通过提起行政公益诉讼来实现监督权。行政公益诉讼制度

---

① 田凯：《行政公诉论》，中国检察出版社2009年版，第42页。
② 肖妮娜：《环境行政公益诉讼的逻辑、功能与限度》，《社会科学家》2019年第9期。

为公民提供了一个监督行政机关的司法渠道。为了实现公众对行政权的有效监督，公民和社会组织可以维护公共利益的名义，将不履行法定职责的行政机关诉诸法院。为了促使公众充分监督海洋生态环境行政监督管理权，我国应建立公众能够参与的海洋生态环境行政公益诉讼制度，完善司法权监督行政权机制，保障人民充分参与管理国家事务。

（三）法律明确规定海洋生态环境行政公益诉讼制度的具体建议

相关法律法规应明确规定海洋生态环境行政公益诉讼制度，参照一般行政公益诉讼，注意海洋生态环境行政公益诉讼的特殊性。目前，我国环境行政公益诉讼起诉主体限定于检察机关，体现了司法权限制行政权的法理要求，突破了"无利益既无诉权"原则。[①] 然而，法律仅允许人民检察院启动行政公益诉讼，这对于行政权的司法监督效果有限，不利于保护国家与公共利益。因此，相关涉海法律法规应当明确规定海洋生态环境行政公益诉讼制度。为了充分发挥海洋生态环境行政公益诉讼的作用，《海洋环境保护法》明确检察机关和在地级市以上依法注册登记的、没有违法犯罪记录并连续不少于五年专门从事环保公益事业的环境公益组织有权提起诉讼。另外，《海事诉讼特别程序法》等相关法律法规应明确海洋生态环境行政公益诉讼的起诉、审判、证据规则、判决执行等程序。例如，合议庭组成的特殊性，包括吸纳专家陪审员等。

二 完善原告适格规则

（一）放宽适格原告范围

1. 放宽海洋生态环境行政公益诉讼适格原告范围的必要性与可行性

（1）放宽海洋生态环境行政公益诉讼适格原告范围的必要性

第一，加强海洋生态环境治理的需要

根据《2021年中国海洋生态环境状况公报》显示，我国海洋生态环境污染的主要污染源有：包括综合排污口、工业排污、生活排污等在内

---

① 姜涛：《检察机关提起行政公益诉讼制度：一个中国问题的思考》，《政法论丛》2015年第6期。

的直排海污染源、入海河流的污染、海洋大气污染物沉降等污染源。① 由此可以看出污染海洋环境的主要污染源为陆源污染。海洋生态环境质量状况不容乐观，要求我们必须要加强海洋生态环境治理工作，流域地区和河流入海口污染的防控和治理和近海环境质量状况评估。

通过海洋生态环境行政公益诉讼制度，能够推动海洋生态环境的有效治理。海洋生态环境行政公益诉讼制度的目的是纠正与督促海洋生态环境监督管理机关依法履行职责，实施对海洋生态环境污染行为的有效监管与执法。适格原告基于维护国家和社会公共利益，突破传统海洋生态环境行政诉讼的原告范围和受案范围，提起海洋生态环境行政公益诉讼来监督海洋生态环境行政权。

第二，充分发挥海洋生态环境行政公益诉讼效用的要求

行政公益诉讼制度是限制行政权的重要制度。政府组织是社会中最大的公共组织，它的构成主体、组织目的、行为方式等方面均体现了维护公共利益的属性。政府机关必须承担社会公共责任，维护环境公共利益，履行环境义务。然而，政府机关亦会出现违法行为或者行政不作为。因此，建立强有力的司法权监督行政权机制是维护社会公共利益的重要保障。其中，更为广泛的起诉主体是充分发挥行政公益诉讼效用的关键。

放宽海洋生态环境行政公益诉讼适格原告的范围可以弥补我国海洋生态环境公共利益的法律规定详细但诉权不足的缺陷。根据人民主权理念，法律赋予公众拥有就相关行政行为或不作为提起诉讼的权利，这也是私主体监督公权力的一种途径。② 实际上，损害海洋生态环境公共利益往往伴随着公众基本环境权受到侵犯。一些海洋生态环境污染案与负有监督管理职责的机关失职密切相关。因此，通过启动海洋生态环境行政公益诉讼，实现司法权制约行政权的目的。而关于启动主体，更为宽泛的诉讼适格原告范围能够充分发挥海洋生态环境行政公益诉讼的

---

① 《2021年中国海洋生态环境状况公报》，中华人民共和国生态环境部官网：http://www.mee.gov.cn/hjzl/sthjzk/jagb/. 最后访问日期：2022年9月16日。

② 念富强：《论我国行政公益诉讼的外部因素、制度缺陷与路径选择》，《西北民族大学学报》（哲学社会科学版）2014年第2期。

效用。

（2）放宽海洋生态环境行政公益诉讼适格原告范围的可行性

正如前文所述，环境权理念已经在公众心中根深蒂固，而符合法律条件的环保公益组织提起环境民事公益诉讼也积累了丰富经验。除此之外，海事法院负责审理海洋生态环境行政公益诉讼案件取得了良好效果。海事法院拥有丰富的司法资源可以受理来自公众提起的海洋生态环境行政公益诉讼案件。

我国法律适当扩大海洋生态环境行政公益诉讼的适格原告范围，不会造成诉讼的泛滥。存在造成恶诉、滥诉的可能性是学界与实务界反对放宽环境行政公益诉讼适格原告范围的主要原因。[1] 根据我国具体情况，普通公众没有西方国家公民那样拥有诉讼的偏好，即使个人利益受到侵害时，诉讼解决问题也只是一个选项。况且，任何诉讼都具有诉讼成本，公众为了与自身无利害关系的主体而诉讼，需要经济与人力的投入。因此，扩大海洋生态环境行政公益诉讼的适格原告范围不会造成诉讼的泛滥。法律允许更多的主体可以提起海洋生态环境行政公益诉讼，可以推动实现法律上的公平与正义，保护代内及代际的海洋生态环境公共利益。同时，保障司法高效运转，并不排斥有诉权的主体，而是通过公正的司法程序来实现。为了防止恶诉、滥诉的出现，在允许普通公众主体提起海洋生态环境行政公益诉讼的同时，可以设置诉讼前置程序。如日本民众诉讼要求公民在诉讼启动前在一定时间内应当向地方监查委员会申请。[2] 因此，适当放宽海洋生态环境行政公益诉讼适格原告范围具有可行性。

2. 放宽适格原告范围的具体建议

将西方国家的"私人检察总长"制度进行本土化改造。在一些西方国家中，公民可以提起行政公益诉讼制度被称为"私人检察总长"制度。"私人检察总长"制度可以进行本土化借鉴。在我国，法律不允许社会组织与公民提起行政公益诉讼，只授权人民检察院拥有该项权利。因此，可以适当放宽提起行政公益诉讼的原告主体资格。《宪法》规定：公民享有监督权，依法监督行政机关的行政行为。然而，我国现阶段不宜直接

---

[1] 丁国民、贲丹丹：《环境行政公益诉讼提起主体之拓展》，《东南学术》2021年第6期。
[2] 田凯：《国外行政公益诉讼的演变与发展》，《中国检察官》2007年第11期。

将环境行政公益诉讼的适格原告范围扩大到普通公民。

为了发挥海洋生态环境行政公益诉讼的作用，其原告适格范围可以包括检察机关和符合法律规定条件的环保公益组织，以发挥环境行政公益诉讼制度对行政权的监督与催促。为了适当减轻检察机关提起海洋生态环境行政公益诉讼的压力，法律赋予符合条件的环保公益组织可以代表公共利益提起诉讼。在地级市以上依法登记的，没有违法记录且连续五年以上从事环保公益的环保公益组织，若发现行政机关违法行政或不作为的，对行政机关提出纠正违法建议，或申请上级行政机关对该行政行为进行纠正，若相关行政机关在法定期限内未答复或者不予采纳建议，该公益组织有权向法院提起行政公益诉讼。上述制度适用于海洋生态环境领域，符合法定条件的海洋生态环境公益组织应具有提起海洋生态环境行政公益诉讼的原告资格。法律应当明确符合法定条件的环保公益组织有权提起海洋生态环境行政公益诉讼。

完善海洋生态环境行政公益诉讼的公众参与机制。若检察机关没有发现侵害海洋生态环境公共利益的情况，则知道此情况的公民、法人或非法人组织可以申请检察机关提起诉讼，若检察机关拒绝，该公民、法人或非法人组织可以向有诉权的环保公益组织申请，请求其提起海洋生态环境行政公益诉讼。另外，人民检察院应积极提起海洋生态环境行政公益诉讼，充分利用行政公益诉讼制度，加强海洋生态环境行政执法的司法监督。为了公众能够参与海洋生态环境行政公益诉讼，法律应提供法定的公众参与渠道。公众参与海洋生态环境行政公益诉讼的渠道可以包括：专家论证会、举行听证会、民意调查问卷、民意监督电话等。其中，在调查海洋生态环境违法行政行为过程中，检察机关可以举行听证会，包括重大利益关系人、社会重要参与人、专家学者、政府机关代表等参会人员。举行听证会的目的是为了获得科学与合理的事实与证据，充分体现民意与民主，保障公民监督权。通过一些公众参与渠道，法院在海洋生态环境行政公益诉讼中能够更好地了解案件事实与证据。

（二）正确处理检察机关作为行政公益起诉人与履行法律监督职能之间的关系

我国法律赋予检察机关拥有法律监督职能，是对一切法律秩序和遵守法律情况的监督。检察机关的公诉职能具有一定的法律监督意味，是履行维护国家或社会公共利益的一种载体。在海洋生态环境行政公益诉讼领域，检察机关应当正确处理海洋生态环境行政公益诉讼人与法律监督职能之间的关系。

1. 正确处理检察机关在海洋生态环境行政公益诉讼中双重身份的因素

第一，检察机关身份具有双重属性。检察机关作为法律监督机关，可以公益起诉人的身份提起海洋生态环境行政公益诉讼。检察机关如何处理在海洋生态环境行政公益诉讼中的双重身份值得思考。

第二，检察诉讼具有谦抑性。检察机关拥有法律监督职能，但不能过多的干预海洋生态环境行政领域。若通过其他路径可以实现保护海洋生态环境的目的，检察机关则可以尽量无须提起海洋生态环境公益诉讼。[1] 根据《行政诉讼法》及《"两高"关于海洋生态环境公益诉讼的规定》的规定，人民检察院在提起海洋生态环境行政公益诉讼之前，应先向有关部门提出检察建议，督促其依法履行职责。这充分表明了检察诉讼具有谦抑性，不宜过多干预海洋生态环境行政事务。

2. 正确处理检察机关在海洋生态环境行政公益诉讼中双重身份的路径

正确处理检察机关在海洋生态环境行政公益诉讼中双重身份的问题，主要要点包括：

第一，理论上，检察机关通过海洋生态环境行政公益诉讼来履行法律监督职责。在海洋生态环境行政公益诉讼中，检察机关既是行政公益诉讼原告，以纠正相关行政机关怠于履行职责并维护海洋生态环境公共利益为目的，亦是法律监督者。从海洋生态环境行政公益诉讼的性质与目的来看，检察机关提起该诉讼是履行其在海洋生态环境领域的法律监督职能。

第二，行政公益起诉人与法律监督者存在区别。在海洋生态环境行政公益诉讼中，由于诉讼双方当事人具有平等性，检察机关更适宜定位

---

[1] 王传良、张晏瑢：《检察机关提起海洋生态环境民事公益诉讼刍议》，《中国海商法研究》2021年第2期。

于一般诉讼原告。依据司法原则，原告与被告处于平等地位的当事人，这与检察机关履行法律监督职责存在一定区别。检察机关针对海洋生态环境行政机关履行法律监督职责，是监督者与被监督者的关系。虽然在理论上检察机关通过海洋生态环境行政公益诉讼来履行法律监督职责，但是行政公益诉讼当事人与法律监督相关主体的地位存在差别。实践中，检察机关应当通过内部分工来实现海洋生态环境行政公益起诉人与法律监督者的身份协调与职能分工。

第三，相较于行政机关，检察机关在维护海洋生态环境公共利益方面处于补充地位。在海洋生态环境行政公益诉讼中，相关行政机关违法行政或怠于履行职责，此为检察机关启动行政公益诉讼的先决条件。[1] 因此，检察机关通过行政公益诉讼来维护海洋生态环境公共利益，不宜直接参与海洋生态环境治理具体事务，其地位处于补充地位。

三 合理优化受案范围

（一）明确海洋生态环境行政违法行为或不作为的判断标准

明确海洋生态环境监督管理机关行政违法行为或不作为的具体情形，有利于充分发挥行政公益诉讼的功能，为起诉人、人民法院等主体提供判断标准。

1. 确定相关判断标准需要考虑的因素

在确定海洋生态环境监督管理机关行政违法行为或不作为的情形时，应关注海洋生态环境行政权和公众私权的联系，还要明晰行政公益诉权和行政权、审判权等公权力的界线。

第一，海洋生态环境行政权与司法权的界限。司法是社会公正的最后一道防线，这是现代法治社会的基本法治原则。在行政诉讼中，司法权和行政权在一定程度上存在对立和监督关系。在海洋生态环境行政公益诉讼中，行政权与司法权的接触点主要包括行政机关的诉讼地位、人民法院审查范围、司法审查的程度、对行政违法行为的处置等四个方面。若海洋生态环境监督管理机关行使职权状态较差或自我监督机制不完善，

---

[1] 余妙宏：《检察公益诉讼在海洋环境保护中的路径与程序研究》，《中国海商法研究》2021年第2期。

人民法院审查其是否履行职责的范围可能相应扩大。司法权是对当代国家行政权扩张的回应，在一定程度上强化了限制行政权的法律路径。人民法院行使司法权，应坚持限制海洋生态环境行政权过大与相关行政权相对独立性的统一。为了充分发挥海洋生态环境行政公益诉讼的功能，海洋生态环境监督管理机关在行使职权时应尽量将相关行政行为纳入司法机关的审查范围，并应加强检察机关作出诉前检察建议的法律强制力。[①]

第二，公民诉权与权利意识的发展程度。公众权利必须依据法律的规范与保障，需要国家强制力来保护与推行。公众要通过国家公权力来实施其权利，其必须采取行动来积极行使权利。在海洋生态环境领域，为了公众实现该领域的环境权并获得生活在健康海洋生态环境的权利，司法权作为强硬的手段必须得到广泛应用。公众的权利意识与海洋生态环境行政公益诉讼的发展密切相关。若海洋生态环境行政公益诉讼解决争议的作用强，公众对司法机关充满信心，与此对应的海洋生态环境监督管理机关怠于行使职责的审查范围可能更加广泛一些。

第三，相关行政行为的可诉性。海洋生态环境行政公益诉讼的中心任务是解决涉及海洋生态环境的行政行为的合法性问题。海洋生态环境行政行为可诉性指的是行使海洋生态环境监督管理权的部门作出的海洋生态环境行政行为在一定条件内可以诉诸人民法院进行行政诉讼或者司法审查的本质属性。一般情况下，海洋生态环境行政行为的可诉性受到适格原告范围、相关行政行为的性质、种类、遭到相关行政行为侵害的权益的性质及侵害状况等因素的影响。按照我国现行法律，海洋生态环境监督管理机关违法行政或怠于行使职权的大致范围是相关行政机关损害国家或社会公共利益的海洋生态环境违法行政行为或不作为。

第四，关注一些西方国家关于海洋环境行政机关怠于行使职权情形的立法现状与趋势。大陆法系国家对于海洋环境行政机关怠于行使职权的立法内容较为广泛。例如，法国检察官可以参与所有涉及侵害国家和

[①] 崔金星、覃冠文、冯金龙：《海洋环境行政公益诉讼中诉前检察建议的阙如与拓新——基于海洋环境行政公益诉讼典型案例的分析》，《南宁师范大学学报》（哲学社会科学版）2021年第4期。

社会公共利益以及公民权益的行政诉讼。德国检察机关参与的海洋环境行政公益诉讼主要涉及重大损害海洋环境公共利益的案件，其主要目的是维护公共利益。英美法系国家同样对于海洋环境行政机关怠于行使职权的立法内容较为广泛。美国联邦总检察长可以参加其认为涉及公共利益的任何行政诉讼案件。[1] 关于美国海洋环境行政诉讼的客体范围，总体为维护海洋环境公共利益的需要，为社会公众及海洋环境公共利益提供便利。由于西方国家救济途径的多样性，公众在遭受海洋环境行政机关侵害时，能够寻求司法机关等公力救济。国外关于海洋环境行政机关怠于行使职权的立法内容无疑为我国相关立法提供了有益借鉴。

2. 海洋生态环境行政违法行为或不作为职责的具体判断标准

海洋生态环境行政公益诉讼更多关注相关行政机关侵害海洋生态环境公共利益的违法行政行为或不作为的规制与监督。合理确定海洋生态环境监督管理机关行政违法行为或不作为的标准是健全海洋生态环境行政公益诉讼的关键。根据现行法律法规，海洋生态环境监督管理机关的违法情形主要包括：侵害海洋生态环境公共利益的行政违法行为；侵害海洋生态环境公共利益的行政不作为。然而，关于海洋生态环境监督管理机关行政违法行为或不作为职责的具体标准需要进一步明晰。

第一，侵害海洋生态环境公共利益的行政违法行为的判断标准。相关行政机关的行政违法行为导致海洋生态环境遭受污染或破坏，侵犯了国家或社会公共利益。依据现行法律，我国注重以行政行为的结果来认定行政行为是否具有违法性。因此，关于侵害海洋生态环境公共利益的行政违法行为的判断标准，我国可以采用结果标准与行为标准相结合的判断依据。关于结果标准，我国关于海洋生态环境监督管理机关的行政违法行为的判断标准基本采用结果导向。关于行为标准，相关行政机关作出了可能危害海洋生态环境的行为即可定性为该行政机关实施了行政违法行为。关于可能危害海洋生态环境的行政行为的判断：若不及时制止相关行政机关的行政违法行为，可能造成海洋生态环境无法挽回的损害。检察机关只需证明行政行为的违法性以及可能危害海洋生态环境的情形。

---

[1] 王曦：《美国最高法院环境判例起诉资格考》，《清华法学》2021年第2期。

第二，侵害海洋生态环境公共利益的行政不作为的判断标准。可从判断行政机关是否存在作为义务、判断行政机关作为义务履行的可能性、判断行政机关是否全面履行了作为义务等方面判断行政机关作为义务履行的情况。① 一是关于判断行政机关是否存在作为义务。若海洋生态环境监督管理机关在监管权限范围内，应当履行相关监管职责而未履行，致使海洋生态环境受到污染或破坏，则该情形属于损害海洋生态环境公共利益的行政不作为。二是关于判断行政机关作为义务履行的可能性。实践中，人民法院针对相关行政不作为的判断采取一笔带过的处理方式。针对侵害海洋生态环境公共利益的行政不作为，应采取专业性判断与合理性判断的统一。注重专业判断极易造成司法权过度干预行政权，而过于强调合理性判断则极易放纵海洋生态环境监督管理机关行政作为义务。因此，人民法院在审查海洋生态环境监督管理机关行政不作为时，应当依据案件具体事实，查清该行政机关在履行职责时的客观真实情况，做到专业性判断与合理性判断的统一。三是关于判断行政机关是否全面履行了作为义务。学界存在三种观点：行为标准、结果标准以及行为与结果相结合的标准。关于判断行政机关是否全面履行了作为义务，应立足于客观来判断，不应只偏重于采用何种标准。海洋生态环境监督管理机关履行了法定职责而产生客观效果，并结合案件具体情况，判断相关行政机关是否全面履行了作为义务。

（二）对海洋生态环境抽象行政行为的可诉性分析

1. 对相关抽象行政行为提起行政公益诉讼的必要性与可行性

本文讨论海洋生态环境行政公益诉讼受案范围的争议焦点是单独就相关抽象行政行为提起行政公益诉讼的必要性与可行性。

（1）必要性

海洋生态环境行政公益诉讼是通过相关行政诉讼程序纠正海洋生态环境违法行政行为或不作为，为行政行为或不作为侵害公共利益提供司法救济的制度。为了合理确定海洋生态环境行政公益诉讼的受案范围，明晰海洋生态环境行政主体和行政行为的概念、公共利益的界限是关键。在我国，海洋生态环境行政主体一般界定为在海洋生态环境领域依法承

---

① 王清军：《环境行政公益诉讼中行政不作为的审查基准》，《清华法学》2020年第2期。

担行政权的行政机关或法律法规授权的组织。

抽象行政行为应当具有可诉性。一是海洋生态环境抽象行政行为本质上是相关行政机关行使职权的形式。抽象行政行为仅为学理上的概念，其本身并不抽象，对公众的利益可能产生重大影响。[①] 根据我国现行法律规定，海洋生态环境行政行为指的是行使海洋生态环境监督管理权的行政机关在行使海洋生态环境领域的行政职权、进行海洋生态环境行政管理活动中，作出的具有法律意义的行为。[②] 二是就抽象行政行为提起公益诉讼是弥补现有抽象行政行为监督机制不足的需要。我国宪法赋予了各级人大及其常委会拥有审查本级规范性文件的权力。[③] 然而，由于人大召开的时间有限与人大常委会不能及时发现相关规范性文件的问题，我国现有抽象行政行为的审查监督机制作用有限。三是根据"有权利必有救济"原则，行政救济制度应当具有操作性强、便捷性、合理性等特征。[④] 由于海洋生态环境行政公益诉讼是为保护公共利益而设定的法律救济制度，应从其诉讼目的出发，正确界定相关受案范围。而海洋生态环境抽象行政行为亦是海洋生态环境领域的行政主体在履行行政管理活动、行使职权过程中，出台具有法律意义的、面向不特定多数人的、可以反复使用的规范性文件的行为。四是海洋生态环境违法抽象行政行为无论是影响群体还是危害程度方面，均是海洋生态环境违法具体行政行为无法比拟的。规章以下（不含规章）的规范性文件的不可诉性违背了现代法治正义、公平的价值理念。[⑤] 推动抽象行政行为的可诉性也是法治建设的必然要求，[⑥] 亦是我国加强司法建设的发展趋势。[⑦] 而加强海洋生态环境

[①] 王新红：《论行政诉讼受案范围的扩展——基于经济法司法实施的思考》，《河北法学》2006年第11期。

[②] 根据《行政诉讼法》《环境保护法》《海洋环境保护法》等法律相关规定而得出的定义。

[③] 杨基月：《抽象行政行为可诉性刍议》，《云南警官学院学报》2010年第2期。

[④] 宋国涛：《"是否具有法定救济途径"：行政行为可诉性之补强标准》，《学习论坛》2019年第8期。

[⑤] 陆丽：《从〈行政复议法〉第七条谈其他规范性文件的可诉性趋势》，载《哈尔滨师范大学社会科学学报》2014年第3期。

[⑥] 唐莹莹、陈星言：《抽象行政行为可诉性探析——从乔占祥诉铁道部春运票价上浮案谈起》，《法律适用》2004年第11期。

[⑦] 程静、李继辉：《我国若干特殊行政行为可诉性再探讨》，《河南师范大学学报》（哲学社会科学版）2014年第4期。

法治建设之一是促进相关抽象行政行为的可诉性。

（2）可行性

抽象行政行为的附带司法审查制度是扩大海洋生态环境行政公益诉讼受案范围的一个重要改革。我国《行政诉讼法》规定，原告在提起行政诉讼之时，可以就作出该行政行为所依据的抽象行政行为提起附带审查。实践中，通过对抽象行政行为进行司法审查，积累了一定的经验，成为扩大行政公益诉讼受案范围的有益探索。

加强司法权制约行政权是我国司法改革、甚至法治建设的一个重要方面。我国海洋生态环境行政公益诉讼受案范围的确定与我国政治体制、法律体系、法治建设方针等方面息息相关。随着我国法治水平的提高以及法官业务能力的增强，应适当扩大海洋生态环境行政公益诉讼受案范围，实现司法权对行政权的有效制约。司法机关作为损害救济机关，对抽象行政行为的监督具有正当性。[1] 一部分行政权必然属于司法权的监督范围之内，这与现代法治发展相符。[2] 例如，由于抽象违法行政指导行为的影响范围广、受害群体多，法律应当允许通过公益诉讼来救济。[3] 理论上，符合行政主体标准、行政行为标准以及海洋生态环境公共利益标准等三个方面的行为均可成为海洋生态环境行政公益诉讼的受案范围。况且，行政诉讼受案范围与原告资格存在密切关联。[4] 因此，不断扩大受案范围是我国未来海洋生态环境行政公益诉讼的发展趋势与方向。

2. 具体建议

由于抽象行政行为具有规范性、抽象性与强制性，并能够反复使用，可能成为具体行政行为违法的源头，成为建设法治政府的障碍。与具体行政行为不同，海洋生态环境抽象行政行为及于将来效力，可以反复使用。海洋生态环境抽象行政行为针对不特定的对象，不对特定自然人、法人或非法人组织产生直接法律效果。由于海洋生态环境抽象行政行为

---

[1] 田慧敏：《抽象行政行为可诉性探讨》，《理论观察》2006年第3期。

[2] 谢尚果、江南：《行政诉讼受案范围若干问题的思考》，《湘潭大学学报》（哲学社会科学版）2006年第6期。

[3] 张莹莹：《论行政指导的强制力及其可诉性》，《三峡大学学报》（人文社会科学版）2020年第1期。

[4] 黄宇骁：《行政诉讼受案范围与原告资格关系之辨》，《政治与法律》2021年第2期。

可以反复使用，若违反法律法规，其危害程度远大于具体行政行为。在一些西方国家，公众可以单独针对海洋环境抽象行政行为提起行政公益诉讼。在英国，若相关海洋环境抽象行政行为侵害了公共利益，普通公众可以就此抽象行政行为提起行政公益诉讼。只有赋予抽象行政行为具有可诉性，被抽象行政行为损害的主体才能得到有效的救济，这也是法的正当性要求。[1] 因此，我国法律可以允许规章以下（不含规章）的抽象行政行为具有可诉性，而不宜将行政法规纳入受案范围。[2] 在海洋生态环境领域，我国应当允许相关主体可以单独针对海洋生态环境抽象行政行为提起行政公益诉讼，诉请人民法院进行司法审查。海洋生态环境抽象行政行为的影响对象是不特定的，这符合公共利益的受益群体不特定性的特征，其直接对公共利益产生影响。

为确保海洋生态环境具体行政行为的合法性，必须加强对抽象行政行为的司法审查。检察机关更易于发现违法与不当的抽象行政行为，按照法定程序提起海洋生态环境行政公益诉讼，实现对抽象行政行为的司法审查。其中，检察机关可以就包括规章以下（不含规章）的海洋生态环境规范性文件，提起海洋生态环境行政公益诉讼。健全对海洋生态环境抽象行政行为的司法审查机制，可以从以下几个方面入手：

第一，对海洋生态环境抽象行政行为的调查程序。为了确定海洋生态环境抽象行政行为是否违反上位法或损害海洋生态环境，人民检察院可以主动启动或根据申请启动调查程序。根据申请启动调查程序指的是若公民、社会组织向人民检察院反映特定抽象行政行为违反宪法、法律及法规，请求检察机关进行法律监督，检察机关经初步审查，认为该抽象行政行为违反上位法，应予以立案并启动调查程序。依职权启动调查程序指的是检察机关主动发现特定抽象行政行为存在违反上位法的现象，可以依职权予以立案并启动调查程序。对海洋生态环境抽象行政行为的检察监督程序具有以下特征：一是调查程序具有公开性。公开的调查程序有助于检察机关保持中立性，并便于接受社会监督；二是

---

[1] 徐英荣：《抽象行政行为可诉性的法理分析》，《江西社会科学》2000年第11期。
[2] 宋晓波、汪婷：《抽象行政行为的可诉性及诉讼范围分析》，《华中农业大学学报》（社会科学版）2008年第2期。

调查手段柔和。由于抽象行政行为是公开的，检察机关无须通过强制性手段获得该规范性文件，但可以要求制定机关说明制定依据和理由。若调查中涉及疑难问题，检察机关可以聘请专家对该问题进行论证解答。

第二，督促修改或废止海洋生态环境抽象行政行为。经调查程序后，确定抽象行政行为违反上位法，检察机关可以督促制定机关修改或废止相关规范性文件。检察机关可以制定督促纠正违法意见书，督促行政机关纠正违反上位法的抽象行政行为。在收到督促纠正意见书后，行政机关应当在法定期限内做出修改、废止或不修改、不废止的说明。若行政机关拒不改正违法抽象行政行为或者拖延答复，应当承担相应法律责任。此外，经过督促程序后，若行政机关仍不改正，人民检察院可以提起行政公益诉讼对其进行司法审查。

第三，启动人民法院的司法审查程序。经过督促纠正程序后，若海洋生态环境监管机关仍不改正，而检察机关认为该海洋生态环境抽象行政行为存在违反上位法或危害海洋生态环境的情况，检察机关可以提起海洋生态环境行政公益诉讼。检察机关可以整理书面材料，向同级人民法院提起海洋生态环境行政公益诉讼，对该海洋生态环境抽象行政行为进行司法审查。同级人民法院应当组织专家组进行论证审查，并听取人民检察院的相关建议，最终做出裁判。关于审查内容，可以包括职权要件、程序要件、文件内容要件等方面。[1] 若认为该抽象行政行为存在违反上位法或危害海洋生态环境的情况，同级人民法院可以做出认定该抽象行政行为违法的处理结果。

此外，最高人民法院可以发布相关指导性案例，推动抽象行政行为的可诉性及各级人民法院的裁判公平。[2] 可以单独成为海洋生态环境行政公益诉讼的受案范围的抽象行政行为不包括行政法规、规章等行政立法行为。行政立法可以通过人大等机关根据宪法程序来实施监督，不必由

---

[1] 聂帅钧：《论控制性详细规划的可诉性及其司法审查进路——基于相关裁判文书的实证分析》，《甘肃政法学院学报》2020年第4期。

[2] 孙光宁：《指导性案例：扩大行政诉讼受案范围的司法探索》，《行政论坛》2015年第4期。

人民法院进行司法审查。

本章小结

　　作为限制海洋生态环境行政权的重要制度，行政公益诉讼具有独特魅力。海洋生态环境行政公益诉讼可以对行政权进行有效制约，达到维护公共利益的目的。海洋生态环境行政主体的行政行为关系到公共利益，而检察机关是公共利益的代表，理应成为海洋生态环境行政公益诉讼的适格原告。现实中，海洋生态环境行政公益诉讼案件较少的原因主要在于适格原告范围过窄，致使行政公益诉讼制度的效用发挥有限。

　　由检察机关提起环境行政公益诉讼可能面临诉讼失去公正的可能性。[①] 检察机关在业务、人事关系上难免与相关行政机关存在一定依附关系，可能导致失去诉讼的公正性。检察机关在海洋生态环境行政公益诉讼中的作用应为监督和领导，而非诉讼的主导。因此，检察机关应积极履行法律监督职能，保证海洋生态环境行政公益诉讼的合法性与公正性。

　　扩大我国海洋生态环境行政公益诉讼的适格原告范围和受案范围势在必行。我国海洋生态环境行政公益诉讼理论不断发展，对行政公益诉讼类型与启动主体的研究均有所更新，支持放宽海洋生态环境行政公益诉讼适格原告范围的研究日益增多。关于海洋生态环境行政行为的司法审查范围，依据我国法律，相关主体还不能单独针对抽象行政行为提起司法审查。然而，现实中的海洋生态环境抽象行政行为存在许多违法情形，需要进行必要的司法审查。抽象行政行为的可诉性也是依法治国、依法行政以及权力制约的基本要求。[②]

　　[①] 曾哲、梭娅：《环境行政公益诉讼原告主体多元化路径探究——基于诉讼客观化视角》，《学习与实践》2018年第10期。
　　[②] 彭建民：《对抽象行政行为可诉性的探析》，《中南民族学院学报》（人文社会科学版）2001年第1期。

第六章

海洋生态环境刑事附带民事公益诉讼

与传统的公益性刑事附带民事诉讼不同，刑事附带民事公益诉讼成为新的诉讼模式，是将民事公益诉讼与刑事公诉整合而成的制度。而海洋生态环境刑事附带民事公益诉讼本质上属于民事公益诉讼，是将海洋生态环境民事公益诉讼与刑事诉讼的有机结合。虽然刑事附带民事公益诉讼制度在我国已初步建立，但海洋生态环境刑事附带民事公益诉讼制度也存在需要研究和优化之处。

第一节 海洋生态环境刑事附带民事公益诉讼的特征与功能

通过分析海洋生态环境刑事附带民事公益诉讼制度的特征与功能，能够准确把握该制度的特殊性，发现该制度的功能与价值。

一 海洋生态环境刑事附带民事公益诉讼的特征

由于海洋生态环境刑事附带民事公益诉讼本质上属于民事公益诉讼，因此有海洋生态环境民事公益诉讼的一般特征，包括诉讼目的的公益性、诉讼主体的特定性、裁判结果的扩张性等。与此同时，海洋生态环境刑事附带民事公益诉讼亦存在有别于民事公益诉讼的特性。

（一）起诉主体的特殊性

海洋生态环境刑事附带民事公益诉讼的起诉主体具有单一性，仅包括检察机关，这与海洋生态环境民事公益诉讼存在不同。根据我国现行法律，海洋生态环境民事公益诉讼的适格原告包括行使海洋环境监督管理职权的行政机关与检察机关。而海洋生态环境刑事附带民事公益诉讼的适格原告仅限于检察机关。被害人、被害人的法定代理人、被害人的近亲属或检察机关可以提起普通的刑事附带民事诉讼,这也与刑事附带民事公益诉讼有很大区别。[①]

(二) 程序上的依附性

海洋生态环境刑事附带民事公益诉讼是以海洋生态环境刑事诉讼为前提,与海洋生态环境刑事诉讼相伴而生成为其重要的特征。若不存在海洋生态环境刑事诉讼,海洋生态环境刑事附带民事公益诉讼制度就没有存在的价值。民事公益诉讼于刑事诉讼中提起是海洋生态环境刑事附带民事公益诉讼的重要特征。因此,海洋生态环境刑事附带民事公益诉讼制度是在相关刑事诉讼启动后,为了追究刑事责任人损害公益的民事责任的诉讼制度。

(三) 被告的同一性

海洋生态环境刑事附带民事公益诉讼的被告需要与同一案件的刑事诉讼被告相同,这是海洋生态环境刑事附带民事公益诉讼的一个重要特点。只有保持刑事诉讼与民事公益诉讼被告的同一性,才能同样适用案件证据与事实依据等。海洋生态环境刑事附带民事公益诉讼是在相关刑事诉讼存在的前提下,由检察机关附带提起的民事公益诉讼。海洋生态环境刑事附带民事公益诉讼的附带性决定了其被告与相关刑事诉讼的被告的同一性。

二 海洋生态环境刑事附带民事公益诉讼的功能

海洋生态环境刑事附带民事公益诉讼制度具有特殊价值,包括诉讼效率价值、节约诉讼成本、利于裁判执行等。

(一) 体现诉讼效率价值

提高诉讼效率、节约诉讼成本是海洋生态环境刑事附带民事公益诉讼制度的目的基础,同样亦是诉讼功能的目标之一。刑法侧重于追究海洋生态环境污染者的刑事责任,往往忽视了海洋生态环境损害的修复或赔偿。在海洋生态环境民事公益诉讼中,海洋生态环境污染者侵害了不

---

① 王瑞祺:《刑事附带民事公益诉讼研究》,湖北人民出版社2019年版,第26页。

特定多数人的利益，其危害范围与损害结果具有广泛性。由于我国遵循"先刑后民"的审判顺序，海洋生态环境民事公益诉讼往往容易错过最佳启动时间。因此，海洋生态环境刑事附带民事公益诉讼制度大大缩短了刑事诉讼与民事公益诉讼的时间间隔，有利于海洋生态环境的恢复与损害赔偿。由同一法院管辖海洋生态环境刑事诉讼与民事公益诉讼，这有利于证据材料的共享、提高审判效率以及保障审判的公正审理。另外，海洋生态环境刑事诉讼与附带民事公益诉讼由同一审判组织审理，能够减少不必要的开庭、快速了解案情以及高效审查证据等，提高了诉讼效率并节约了司法资源。

（二）节约诉讼成本

当需要追究相关污染者的海洋生态环境刑事责任和损害公益的民事责任，不能与海洋生态环境刑事诉讼一并提起，需要另行提起海洋生态环境民事公益诉讼，这会造成司法资源的浪费。因此，为了节约司法资源，海洋生态环境刑事附带民事公益诉讼制度随之产生。海洋生态环境刑事附带民事公益诉讼所涉及的案件具有案情复杂、涉案人员众多、社会关注度高等特点。无论是相关刑事诉讼还是附带民事公益诉讼程序的审理过程都会更加严谨细致，在程序适用方面亦会更加苛刻。若将刑事诉讼与民事公益诉讼相结合，在组成合议庭、适用审判程序、证据审查等方面均可以避免重复进行。

（三）利于裁判执行

目前，由于相关刑事案件管辖权问题，我国海洋生态环境刑事诉讼与民事公益诉讼处于分立状态，不利于案件裁判的履行。海洋生态环境刑事诉讼与民事公益诉讼相结合，有利于人民法院统筹全部案件事实与证据来判定相关刑事责任与民事责任，促进司法公平与正义。将海洋生态环境刑事责任与损害公益的民事责任统筹考虑，有利于激发海洋生态环境污染者执行判决、裁定的积极性。

第二节 我国海洋生态环境刑事附带民事公益诉讼的关键问题

我国于1979年出台的《刑事诉讼法》出现了公益性刑事附带民事诉

讼制度。① 然而,《刑事诉讼法》规定的公益范围相对狭窄,多为国家财产与集体财产。同时,在一定时期内,司法实践中出现的判例也较少。直到2018年出台的《检察公益诉讼的解释》才明确规定了刑事附带民事公益诉讼制度,这也是海洋生态环境刑事附带民事公益诉讼的重要法律依据。2022年发布的《"两高"关于海洋生态环境公益诉讼的规定》第4条规定人民检察院可以提起海洋生态环境刑事附带民事公益诉讼。然而,在司法实践中,鲜有海洋生态环境刑事附带民事公益诉讼的案例发生,这与海事法院未普遍拥有刑事审判权不无关系。在中国法律裁判文书网中,以刑事案由为案由,以海洋生态环境附带民事公益诉讼为搜索关键词,检索出3件相关典型案例,分别为嵊泗县人民法院审判的周岑杰等非法捕捞水产品案、灌南县人民法院审判的赵玉亮等非法捕捞水产品案、秦皇岛北戴河新区人民法院审判的郭建起非法捕捞水产品案。这3起典型案件的起诉主体均为县级检察机关,其受理法院为基层人民法院,体现了相关案件审判管辖基层化问题。

一 海洋生态环境刑事附带民事公益诉讼原告主体的规则

(一)海洋生态环境刑事附带民事公益诉讼原告主体的规则相关规定

1. 一般刑事附带民事公益诉讼的适格原告范围与定位。刑事附带民事公益诉讼的原告主体规则主要法律依据包括《人民陪审员法》《民事诉讼法》《检察公益诉讼的解释》等。根据《检察公益诉讼的解释》,刑事附带民事公益诉讼的原告适格范围仅限于检察机关,这也是刑事附带民事公益诉讼自身特点所决定的。② 根据《刑事诉讼法解释》的规定,检察机关以原告的身份参与刑事附带民事诉讼,这与检察机关以"公益诉讼人"的身份参与刑事附带民事公益诉讼存在差异。在调查取证权的行使方面,若发现财产或证据存在灭失的可能,人民检察院有权申请的主体可以提起诉前保全,可以跨区、跨级进行保全,必要时可以向上级检察

---

① 《刑事诉讼法》(1979年)第7章附带民事诉讼第53条明确人民检察院可以在国家财产、集体财产遭受损失的案件中提起附带民事诉讼。而没有规定附带民事公益诉讼制度,但国家财产与集体财产属于公共财产,在诉讼性质上应当属于公益性的诉讼。

② 张佳华:《刑事附带民事环境公益诉讼的经验反思与重塑》,《学术界》2022年第6期。

机关提出申请。

2. 检察机关在海洋生态环境刑事附带民事公益诉讼中的定位。按照目前法律、行政法规及司法解释等规定，海洋生态环境刑事附带民事公益诉讼的原告适格范围同样是检察机关。海洋生态环境刑事附带民事公益诉讼的原告主体规则同样依据《人民陪审员法》《民事诉讼法》《检察公益诉讼的解释》等的规定。在海洋生态环境刑事附带民事公益诉讼中，人民检察院被视为"公益诉讼起诉人"。而检察机关在相关附带民事公益诉讼中的权利与义务参照《民事诉讼法》等有关规定。在海洋生态环境刑事附带民事公益诉讼中，检察机关应当遵循诉讼地位平等原则来参与附带民事公益诉讼，这有利于维护诉讼双方地位的平等，坚守民事诉讼程序两造平衡的基本特征。

（二）海洋生态环境刑事附带民事公益诉讼原告主体的规则存在的问题

目前，一些海事法院负责审判海洋生态环境刑事案件开始试点。未来，海事法院全面负责海洋生态环境刑事案件审判工作将成为趋势，而海洋生态环境刑事附带民事公益诉讼制度的构建也将成为焦点问题。其中，海洋生态环境刑事附带民事公益诉讼的适格原告范围依然会面临诸多问题。比如，建立海洋生态环境刑事附带民事公益诉讼原告主体规则需要面临以下几个问题。

1. 作为适合原告的检察机关存在困境。由于海洋生态环境刑事附带民事公益诉讼与海洋生态环境刑事诉讼存在附属关系，检察机关内部哪个部门负责具体案件存在争议。根据职能分工，检察机关内设的民事行政检察部门负责公益诉讼，而公诉部门负责相关刑事诉讼。由此，办理同一案件的刑事诉讼部分与公益诉讼部分需要两个部门同时参加，或是建立专门机构处理类似案件。检察机关经办海洋生态环境刑事附带民事公益诉讼案件，既要具备刑事诉讼专业背景，又需要有公益诉讼专业背景，这对于承办业务人员的要求相对较高。因此，建立一个合理的海洋生态环境刑事诉讼与刑事附带民事公益诉讼的业务协调与分工机制显得格外重要。

2. 检察机关调查取证适用规则存在争议。在一般刑事附带民事公益诉讼中，检察机关一般按照《刑事诉讼法》的规定进行调查取证。① 根据《检察公益诉讼的解释》第 6 条的规定，人民检察院办理公益诉讼案件进行调查取证、进行证据保全应当按照《民事诉讼法》规定。② 海洋生态环境刑事附带民事公益诉讼本质上属于民事诉讼。若按照《民事诉讼法》的规定，检察机关对海洋生态环境刑事附带民事公益诉讼案件进行调查取证，则调查取证权力要小得多，这不利于证据采集与查清案件事实。因此，在海洋生态环境刑事附带民事公益诉讼案件中，检察机关调查取证适用何种规则值得思考。

二　海洋生态环境刑事附带民事公益诉讼案件的管辖

海洋生态环境刑事附带民事公益诉讼需要依附于海洋生态环境刑事诉讼而存在。根据我国现行规定，刑事附带民事公益诉讼由刑事诉讼案件的管辖法院统一管辖。同时，除宁波海事法院、海口海事法院对海事刑事案件管辖进行试点外，其他海事法院也逐渐开展海洋生态环境刑事案件管辖的试点工作。在其他法院中，2023 年 12 月 28 日，青岛海事法院公开开庭审理其试点管辖的第一宗海事刑事案件；2024 年 3 月 26 日上午，南京海事法院对南京市人民检察院提起公诉的首起海事刑事案件进行公开开庭审理并当庭宣判。因此，健全海洋生态环境刑事案件的管辖是建立海洋生态环境刑事附带民事公益诉讼的关键。

（一）海洋生态环境刑事案件管辖权

1. 海洋生态环境刑事、民事与行政诉讼案件实行"三审分离"

在我国，未将海洋生态环境刑事案件划归海事法院审判管辖。而海事法院仅拥有对海事民事案件和海事行政案件的审判权。最高人民法院授权宁波海事法院审理海事刑事案件进行试点，2017 年宁波海事法院审理了海事刑事首案，成为海事法院审理刑事案件的有益探索。海洋生态环境刑事诉讼运行的主要法律依据为《刑事诉讼法》。而《海事诉讼特别

---

① 石晓波、梅傲寒：《检察机关提起刑事附带民事公益诉讼制度的检视与完善》，《政法论丛》2019 年第 6 期。

② 《检察公益诉讼的解释》第 6 条规定人民检察院办理公益诉讼案件，可以向有关行政机关以及其他组织、公民调查收集证据材料；有关行政机关以及其他组织、公民应当配合；需要采取证据保全措施的，依照民事诉讼法、行政诉讼法相关规定办理。

程序法》属于民事性质的程序法,不作为海洋生态环境刑事诉讼的法律依据。

海事刑事案件审判权属于地方人民法院,而海事法院拥有海事民事与行政案件审判权。其中,海洋生态环境案件"三审分离"是指海洋生态环境民事和行政诉讼案件属于海事法院的审判管辖范围,而海洋生态环境刑事诉讼案件属于地方人民法院的审判管辖范围。由于法官专业化程度不同、司法理念差异、审判模式不同等原因,"三审分离"不利于司法裁判的权威性与统一性。由于海洋生态环境刑事案件具有技术要求高、取证难度大、证据链条复杂等特征,地方人民法院在适用证据规则、运用司法裁量权等方面存在挑战,这不利于发挥刑事司法保护海洋生态环境的作用。而作为专门审理海事案件的司法机关,海事法院具有较强的海洋生态环境案件审判能力。

此外,若海事法院负责海洋生态环境刑事案件的审判,将面临海洋生态环境刑事审判经验欠缺,审判组织成员如何选用,如何发挥海洋生态环境专家的作用以及人民检察院的作用等问题。

2. 刑事管辖权的改革尝试:宁波海事法院试点考察

目前,宁波海事法院负责审判海洋生态环境刑事案件的依据是最高人民法院2017年的复函意见和浙江省高级人民法院的个案指定。浙江省高级人民法院于2017年作出了《指定管辖决定书》,指定宁波海事法院负责海事刑事案件审判的试点工作。另外,2021年发布的《最高人民法院关于人民法院为海南自由贸易港建设提供司法服务和保障的意见》提出推动海口海事法院受理特定海事刑事案件,系实现海事案件"三审合一"的有力探索。

根据《宁波海事法院海洋生态环境司法保护情况通报(2015—2019年)》,作为全国第一个海事刑事案件管辖试点法院,宁波海事法院高效审理了沈大勇等18名被告人涉嫌非法收购、运输、出售珍贵、濒危野生动物罪的三起刑事案件,对于打击海洋环境资源犯罪树立了司法威信。[1] 2021年9月17日,宁波海事法院与舟山市检察院共同签署了《关于加强

---

[1] 《宁波海事法院召开新闻发布会通报海洋生态环境司法保护情况》,《澎湃新闻》,https://www.thepaper.cn/newsDetail_forward_5463593,最后访问日期:2022年6月22日。

协作配合推动海事审判与海洋检察工作高质量发展的纪要》，标志着舟山市的海事刑事案件管辖权归属到海事法院。①

宁波海事法院负责海事刑事案件审判试点工作，推动了海洋生态环境司法专门化的进程。长期以来，我国海洋生态环境民事、行政与刑事诉讼是分别属于传统三大诉讼。其中，海洋生态环境诉讼仅是涉及海洋生态环境因素的一般诉讼。这种海洋生态环境司法权的分散行使，不能有效应对海洋生态环境问题，无法整合有限的司法资源。为了整合海洋生态环境司法资源与专门审判机制，实行海洋生态环境司法专门化，通过审判制度创新，完善司法手段与司法协同，针对同一海洋生态环境污染行为民事、行政与刑事一并进行司法制裁，达到海洋生态环境司法立体化治理。

（二）海洋生态环境刑事附带民事公益诉讼案件管辖权存在的问题

1. 根据现行法律，往往难以启动海洋生态环境刑事附带民事公益诉讼。在司法实践中，由于海事法院没有刑事审判权，在海洋生态环境刑事诉讼提起后，相关诉权主体往往选择就海洋生态环境损害公益行为向海事法院另行提起海洋生态环境民事公益诉讼。例如，在珠海市生态环境局与温锦波、崔志强、李志基、李桂基等污染海洋环境刑事诉讼与民事公益诉讼一案中，检察机关向广东省珠海市金湾区人民法院提起刑事诉讼，随后相关诉权主体向广州海事法院另行提起了海洋生态环境民事公益诉讼。②

在宁波海事法院负责审判海事刑事案件试点中，海洋生态环境刑事附带民事公益诉讼案例鲜有出现。在宁波海事法院负责审判的海洋生态环境刑事案件中，检察机关就海洋生态环境损害另行提起了公益诉讼。例如，在沈大勇、姜国康等非法收购、运输、出售珍贵、濒危野生动物、珍贵、濒危野生动物制品案件中，浙江省舟山市人民检察院先提起了相关民事公益诉讼，而后再提起刑事公诉。这充分证明，在宁波海事法院试点中，未将海洋生态环境刑事附带民事公益诉讼制度一并纳入试点范

---

① 《舟山海事刑案管辖权 归属宁波海事法院》，《浙江法院网》，http://www.zjcourt.cn/art/2021/9/18/art_56_24704.html，最后访问日期：2022年6月22日。

② 参见《甘双其、珠海市生态环境局等公益诉讼民事二审民事判决书（2021 粤民终 1711 号）》。

围。因此，海洋生态环境刑事附带民事公益诉讼的管辖权问题亟须明确。

2. 司法实践中海洋生态环境刑事附带民事公益诉讼管辖权存在乱象。在司法实践中，刑事附带民事公益起诉主体的基层化对海事案件管辖规则及级别管辖提出了挑战。[①] 例如，连云港市灌南县检察院就山东荣成伟伯渔业有限公司非法捕捞水产品案，经江苏省检察院同意提起刑事附带民事公益诉讼。[②] 然而，根据《民事诉讼法解释》第283条，因污染海洋环境提起的公益诉讼由海事法院管辖。[③] 根据《检察公益诉讼的解释》第20条规定，人民检察院提起的刑事附带民事公益诉讼案件与相关刑事案件，由同一人民法院管辖。因此，建立海洋生态环境刑事附带民事公益诉讼制度的突破点是海事法院取得海事刑事案件审判权。

三 海洋生态环境刑事附带民事公益诉讼的程序适用

海洋生态环境刑事附带民事公益诉讼的程序适用同样是需要思考与完善的。

（一）诉前公告程序问题

关于海洋生态环境刑事附带民事公益诉讼前公告问题，存在是否需要诉前公告程序的争议以及诉前公告的具体程序问题。

1. 是否需要诉前公告程序。海洋生态环境刑事附带民事公益诉讼制度是刑事诉讼与民事公益诉讼的有机结合，存在一定的特殊性。在我国，当检察机关欲提起海洋生态环境刑事附带民事公益诉讼，是否需要履行诉前公告程序没有明确规定。《检察公益诉讼的解释》第13条规定检察机关提起检察公益诉讼需要诉前公告程序。根据《刑事诉讼法》第104条规定，原则上附带民事诉讼应当同刑事案件一并审判。[④] 2019年发布的《最高人民法院、最高人民检察院关于人民检察院提起刑事附带民事公益

---

① 刘加良：《刑事附带民事公益诉讼的困局与出路》，《政治与法律》2019年第10期。

② 《灌南检方公诉偷捕大案》，《人民网》，http://env.people.com.cn/GB/n1/2018/0402/c1010-29902139.html，最后访问日期：2022年10月12日。

③ 《民事诉讼法解释》第283条，因污染海洋环境提起的公益诉讼，由污染发生地、损害结果地或者采取预防污染措施地海事法院管辖。

④ 《刑事诉讼法》第104条规定附带民事诉讼应当同刑事案件一并审判，只有为了防止刑事案件审判的过分迟延，才可以在刑事案件审判后，由同一审判组织继续审理附带民事诉讼。

诉讼应否履行诉前公告程序问题的批复》明确了人民检察院在提起刑事附带民事公益诉讼前应当公告。然而，在司法实践中，刑事附带民事公益诉讼是否需要经过诉前公告程序，仍存在困惑。一些刑事诉讼附带民事公益诉讼履行了诉前公告程序，而也存在没有履行诉前公告程序的案例。有学者认为检察机关无须履行诉前公告程序，理由是为了及时维护公共利益，避免人为割裂刑事诉讼与刑事附带民事公益诉讼的关联性。[①] 纵观世界各国，在海洋环境民事公益诉讼中，许多国家采用了诉前公告程序。例如，美国公民诉讼中，诉前公告程序是启动公民诉讼的必经程序。因此，在建立海洋生态环境刑事附带民事公益诉讼制度时，是否需要明确诉前公告程序值得思考。

2. 诉前公告的具体程序问题。关于一般刑事附带民事公益诉讼诉前公告的具体程序，现行法律、法规及司法解释亦没有明确。比如，诉前公告采用何种形式以及刊登到何种级别的报刊等。在海洋生态环境刑事附带民事公益诉讼中，诉前公告具体程序问题亦是需要完善的。

（二）审理程序问题

在海洋生态环境刑事附带民事公益诉讼的审理程序层面，审判组织的适用问题、调解与和解的适用问题等方面存在争议。

1. 审判组织的适用问题。根据《人民陪审员法》第 16 条的规定，当人民法院审理民事公益诉讼案件时，合议庭由人民陪审员和法官共七人组成。[②] 根据《检察公益诉讼的解释》第 20 条的规定，同一审判组织负责审理刑事诉讼和刑事附带民事公益诉讼。[③] 显然，这两个之间存在争

[①] 高星阁：《论刑事附带民事公益诉讼的程序实现》，《新疆社会科学》2021 年第 3 期。

[②] 《人民陪审员法》第 16 条规定人民法院审判下列第一审案件，由人民陪审员和法官组成七人合议庭进行：（一）可能判处十年以上有期徒刑、无期徒刑、死刑，社会影响重大的刑事案件；（二）根据民事诉讼法、行政诉讼法提起的公益诉讼案件；（三）涉及征地拆迁、生态环境保护、食品药品安全，社会影响重大的案件；（四）其他社会影响重大的案件。

[③] 《检察公益诉讼的解释》第 20 条规定人民检察院对破坏生态环境和资源保护，食品药品安全领域侵害众多消费者合法权益，侵害英雄烈士等的姓名、肖像、名誉、荣誉等损害社会公共利益的犯罪行为提起刑事公诉时，可以向人民法院一并提起附带民事公益诉讼，由人民法院同一审判组织审理。人民检察院提起的刑事附带民事公益诉讼案件由审理刑事案件的人民法院管辖。

议。① 在海洋生态环境刑事附带民事公益诉讼中，审判组织的组成是适用《人民陪审员法》第 16 条的规定，还是适用《检察公益诉讼的解释》第 20 条的规定，这在理论界与实务界存在争议。相较于《检察公益诉讼的解释》，《人民陪审员法》是上位法，应优先适用。然而，刑事附带民事公益诉讼具有特殊性，需要依附于相关刑事诉讼而存在。因此，海洋生态环境刑事附带民事公益诉讼的审判组织与相关刑事诉讼的审判组织相同，这有利于查清案件事实与节约司法资源。与此同时，为了避免适用法律的困惑，需要法律有明确规定。

2. 海洋生态环境刑事附带民事公益诉讼的调解与和解适用问题。由于海洋生态环境刑事附带民事公益诉讼与一般民事公益诉讼存在区别，其是否适用调解与和解程序同样存在争议。有学者认为刑事附带民事公益诉讼不应适用调解与和解程序，理由为刑事附带民事公益诉讼是惩处刑事犯罪行为的同时，附带解决因刑事犯罪引发的国家利益以及社会公共利益受损时的救济，公共利益的不可处分性决定了不可适用调解程序。② 此观点揭示了公共利益的不可处分性的本质特征。然而，根据《刑事诉讼法》第 103 条规定，调解程序可以在附带民事诉讼案件中适用。③《民事诉讼法解释》第 287 条规定公益诉讼案件可以适用调解与和解。海洋生态环境刑事附带民事公益诉讼本质上属于刑事附带民事诉讼与民事公益诉讼的一种类型。因此，关于海洋生态环境刑事附带民事公益诉讼是否适用调解与和解程序问题，理论界与实务界存在争议。另外，《刑事诉讼法解释》关于附带民事诉讼适用调解的规定是否适用于海洋生态环境刑事附带民事公益诉讼领域，这也是值得商榷的。

---

① 毋爱斌：《检察院提起刑事附带民事公益诉讼诸问题》，《郑州大学学报》（哲学社会科学版）2020 年第 4 期。
② 高星阁：《论刑事附带民事公益诉讼的程序实现》，《新疆社会科学》2021 年第 3 期。
③ 《刑事诉讼法》第 103 条规定人民法院审理附带民事诉讼案件，可以进行调解，或者根据物质损失情况作出判决、裁定。

第三节 我国海洋生态环境刑事附带民事
公益诉讼的优化建议

针对海洋生态环境刑事附带民事公益诉讼的问题，提出相关制度优化路径，为建立健全海洋生态环境刑事附带民事公益诉讼制度建言献策。

一 海洋生态环境刑事附带民事公益诉讼专门化
（一）必要性分析
1. 有利于海洋生态环境司法专门化

海洋生态环境司法专门化是由国家或审判机关，或者现有审判机关内部设置专门负责审判海洋生态环境案件的审判组织。海洋生态环境司法专门化亦是海洋生态环境案件审判专门化，包括海事法院的审判组织专门化、审判人员专门化与审判程序专门化等。海洋生态环境案件的审判需要通过程序提供的制度性空间来进行，离开了审判程序，审判将无法介入纠纷，审判的功能也将无法实现。海洋生态环境司法专门化要围绕着审判机构、审判程序、审判机制、审判团队与审判理论等方面进行展开。推进海洋生态环境案件的集中管辖，实现相关案件专门审判，构建统筹协调与多元共治机制。推动海洋生态环境审判程序专门化需要健全海洋生态环境诉讼审判专门程序，转变相关案件的审判方式。在推进海洋生态环境司法专门化过程中，需要注意审判人员的重要作用，努力培养专门化程度高、知识素养强、品质道德过硬的审判人员。[1]

作为海洋生态环境司法专门化的一方面，海洋生态环境刑事附带民事公益诉讼制度亦需要实现专门化。海洋生态环境司法专门化包括海洋生态环境民事公益诉讼、行政公益诉讼、刑事附带民事公益诉讼等的专门化。海洋生态环境公益诉讼的专门化是我国加强海洋生态环境司法保护的重要方向。海洋生态环境公益诉讼专门化是指法定主体为了追究海洋生态环境污染者的民事、刑事等责任而向人民法院依法提起诉讼，而

---

[1] 王显松：《论环境司法专门化在海事法院的实践路径——兼论海事法院专门法院功能的重新定位》，《中国海商法研究》2016年第3期。

人民法院依法进行审判活动的专门化。而海洋生态环境刑事附带民事公益诉讼专门化指的是相关制度、程序等针对海洋生态环境相关案件进行特殊设计，这也有利于推动海洋生态环境司法专门化。

2. 推动海洋生态环境恢复进程

海洋生态环境刑事附带民事公益诉讼专门化强调审理海洋生态环境事案件的特殊性，通过运用专门诉讼程序、诉讼机制、诉讼组织与人员、诉讼理论等进行专业化审判。海洋生态环境刑事附带民事公益诉讼专门化具有预防、惩罚与恢复三位一体的功能。海洋生态环境刑事附带民事公益诉讼的功能需要关注海洋生态环境的治理与修复。对于严重的海洋生态环境犯罪，通过完整的刑事诉讼程序进行追究，之后可以就海洋生态环境损害提起刑事附带民事公益诉讼，这有利于节约司法资源与加快海洋生态环境修复进程。总之，海洋生态环境刑事附带民事公益诉讼制度专门化有利于海洋生态环境的恢复，维护公共利益。

（二）海洋生态环境刑事附带民事公益诉讼专门化的路径

通过建立刑事附带民事公益诉讼制度体系，能够解决刑事附带民事公益诉讼司法实践争议。将海洋生态环境刑事附带民事公益诉讼制度作为其中特殊组成部分，充分体现海洋生态环境的特殊性。

由刑事诉讼和检察民事公益诉讼相结合的刑事附带民事公益诉讼是以同一侵权行为触犯了刑事、民事的法律为前提，从而可以将刑事与民事诉讼程序相整合，再由同一审判组织完成刑事与民事审判，充分体现了诉讼效率价值。然而，这种结合给传统司法理念和秩序带来了挑战。在一般刑事附带民事公益诉讼司法实践中，存在诸多争议。在适用法律层面，存在适用哪些法律、行政法规及司法解释的争议，这与如何定性刑事附带民事公益诉讼的性质密切相关。学术界多数支持将其定性为民事公益诉讼，同样带来了诸多问题。面对司法实践中存在的诸多问题，只有明确建立刑事附带民事公益诉讼制度体系，才能更好地解决司法实践中的争议。

针对海洋生态环境刑事附带民事公益诉讼的研究，最终目的是为该制度的优化提供切实可行的方案。作为刑事附带民事公益诉讼制度体系中的特殊部分，海洋生态环境刑事附带民事公益诉讼制度亦存在诸多争议。在原告主体规则、案件管辖、审判组织等方面，海洋生态环境刑事附带民事公益诉讼制度同样存在争议与不足。在梳理涉及海洋生态环境刑事附带民事公益诉讼规则的同时，理清制度体系结构，进而建立海洋生态环境刑事附带民事公益诉讼制度。为了解决不同法律、行政法规及司法解释之间的冲突，明确海洋生态环境刑事附带民事公益诉讼的特殊规则，包括特殊的原告主体规则、管辖规则、审判组织的选用、调解的适用等，这是解决法律适用矛盾的重要路径。因此，完善刑事附带民事公益诉讼制度体系，有利于海洋生态环境刑事附带民事公益诉讼制度的建立。

二 完善海洋生态环境刑事附带民事公益诉讼原告主体的规则

（一）健全检察机关的内部职能分工

健全检察机关的内部职能分工，存在两种途径：建立专门机构负责该类案件；建立内部职能分工协调机制。建立专门机构负责该类案件，这有利于统一集中管理该类案件的起诉工作，提高办案效率；建立内部职能分工协调机制，无须重新组建新的机构，而是通过内部协调来发挥办案协调机制的重要作用。本文更侧重于建立检察机关关于海洋生态环境刑事附带民事公益诉讼内部职能分工协调机制。理由包括：根据司法实践中案件数量来看，不足以通过建立专门的办案部门来健全检察机关的办案机制；若建立新的职能部门，这将打破传统的公诉案件与公益诉讼案件分工问题，对传统诉讼理论提出挑战；建立检察机关的办案协调机制能够通过缓和的途径来解决内部职能分工问题。

建立检察机关关于海洋生态环境刑事附带民事公益诉讼内部职能分工协调机制，具体路径包括：一是可以建立办案人员协调机制。通过建立海洋生态环境刑事公诉与刑事附带民事公益诉讼的办案人员协调机制，提高办案效率。民事行政检察部门可以派员加入公诉部门共同办案。民事行政检察部门派员参与的目的是统一指挥，减少部门摩擦带来的诉讼成本增加。在具体办理海洋生态环境相关案件中，由于实行的是分工合作的方式，刑事附带民事公益诉讼部门应由所派的民事行政检察部门办案人员统一负责，而调查取证亦应当由其负责；二是建立相关办案人员证据共享与信息互通机制。通过建立证据共享与信息互通机制，检察机关的海洋生态环境公诉办案人员与刑事附带民事公益诉讼办案人员能够及时全面地了解案情与证据。

(二) 完善检察机关的调查取证规则

完善检察机关的调查取证规则，可以从以下几个方面入手：一是在办理海洋生态环境刑事附带民事公益诉讼案件时，检察机关原则上依据《民事诉讼法》等相关规则进行调查取证。这是由于海洋生态环境刑事附带民事公益诉讼本质上属于民事公益诉讼的延伸；二是与海洋生态环境刑事附带民事公益诉讼案件密切相关的刑事诉讼证据材料，应当与公益起诉人共享；三是建立海洋生态环境刑事附带民事公益诉讼的特殊调查取证规则。由于刑事附带民事公益诉讼本身具有特殊性，在调查取证方面，亦应当适用特殊的证据规则。而海洋生态环境刑事附带民事公益诉讼作为其中的特殊部分，应当适用特殊证据规则。这些特殊证据规则包括调查取证主体、调查取证手段等方面；四是关于民事调查取证的主要时间段。检察机关进行的民事调查取证应当以审查起诉阶段的补充侦查为主，若有必要则可以提前介入侦查阶段进行民事调查。在审查起诉阶段，检察机关若认为侦查收集的证据不充分，事实不清楚，不足以提起附带民事公益诉讼，则可以选择不予起诉或自行补充调查；五是关于民事调查取证的范围包括固定各种证据材料和申请采取保全措施。检察机关可以询问海洋生态环境刑事附带民事公益诉讼中的侵权人，并获取案件事实陈述作为证据。检察机关可以对侦查机关没有固定的证据，采取扣押、查封等措施。在公益诉讼案件中，检察机关可以依据《民事诉讼法》向人民法院申请保全。而法律亦应当允许检察机关在侦查阶段可以申请诉前保全，能够实现调查与保全相结合，及时掌握证据存续情况，保障诉讼程序的顺利进行。

三 健全海洋生态环境刑事附带民事公益诉讼案件的管辖规则

(一) 海洋生态环境案件实行"三审合一"

1. 实行"三审合一"是建立海洋生态环境刑事附带民事公益诉讼的关键

所谓海洋生态环境案件的"三审合一"，是指将海洋生态环境民事、行政以及刑事案件统一由海事法院管辖，不再将刑事案件交由普通地方法院管辖。现阶段，除个别试点外，海事刑事案件未纳入到海事法院的管辖范围，导致未能有效遏制海上犯罪活动，出现"以罚代刑"现象。

（1）海事法院负责审判海洋生态环境刑事案件的必要性与可行性

第一，海事法院负责审判海洋生态环境刑事案件的必要性。海事法院负责审判海洋生态环境刑事案件有利于实现海洋生态环境案件的集中统一审判。海洋生态环境犯罪具有行为的隐蔽性、危害后果的潜伏性与长期性、损害的跨区域性等特征。海洋生态环境犯罪事实认定往往涉及诸多方面，不仅需要专业的海洋生态环境刑事法律知识，还需要水文、化学、物理、农林、生物等自然科学知识，需要具备综合性的专业知识，而这些恰恰是目前审判人员所欠缺的。加之，缺乏专门的海洋生态环境刑事审判规则，往往导致大量相关刑事案件未能进入审判程序。海事法院负责审判海洋生态环境刑事案件一定程度上可以缓解相关刑事程序的不足，打破地域保护的限制，也符合海洋生态环境系统治理理念，能够推动司法专门化的进程。

第二，海事法院负责审判海洋生态环境刑事案件的可行性，主要理由包括：一是海事法院在审判海洋生态环境民事、行政诉讼中积累了丰富的经验；二是海事法院拥有涉及海洋领域专业知识的审判人员，能够承担海洋生态环境刑事案件的审判工作；[1] 三是有利于检察机关集中实施法律监督。在海洋生态环境领域，相关刑事诉讼、民事诉讼、行政诉讼及海洋公益诉讼等工作需要协同与监督。因此，若海事法院集中管辖海事案件，检察机关能够进行集中法律监督，节省司法资源；四是符合环境资源审判专门化改革趋势。实行海洋生态环境案件"三审合一"有利于聚合各涉海单位力量，形成海洋生态环境司法保护合力。[2] 利用海事法院及其派出法庭的合理布局，形成海洋生态司法保护闭环。此外，宁波海事法院作为全国海事法院之中首家海事刑事案件管辖试点法院，取得了良好效果，这证明了海事法院负责审判海事刑事案件具有可行性。

（2）避免海洋生态环境刑事附带民事公益诉讼管辖的基层化

目前，海洋生态环境刑事案件的管辖权依然属于普通地方法院。在

---

[1] 张蕾：《海事法院扩大审理海事刑事案件的司法构建与立法完善——以海洋环境犯罪为切入点》，《中国海商法研究》2021年第2期。

[2] 赵微：《赋予海事法院刑事审判权之正当性分析》，《法治研究》2015年第1期。

提起相关刑事诉讼之后,若检察机关欲向同一法院提起海洋生态环境刑事附带民事公益诉讼,则会出现管辖权的争议。因为海洋生态环境民事公益诉讼的管辖权属于海事法院,其他法院同样不具有海洋生态环境刑事附带民事公益诉讼的管辖权。因此,为了避免海洋生态环境刑事附带民事公益诉讼管辖基层化,若海事法院取得海洋生态环境刑事案件的管辖权,则检察机关可以向海事法院提起海洋生态环境刑事附带民事公益诉讼。在海事案件领域,实现"三审合一"是解决海洋生态环境刑事附带民事公益诉讼的管辖权问题的前提,也能够避免海洋生态环境刑事附带民事公益诉讼案件管辖基层化。

2. 具体建议

(1) 海洋生态环境案件实行"三审合一"优势明显。实行"三审合一"可以优化海事法院司法资源配置,推进涉海法律发展,维护我国海洋权益。[①] 赋予海事法院刑事审判权符合司法体制完整性的要求,可以提高司法审判效率与节省司法资源,有利于提高人们的海洋意识,推动海上维权以及保障海上环境安全。[②] 在法院级别层面,海事法院属于中级人民法院。为了配合海事法院刑事审判工作,公安机关和人民检察院应当积极履行相关职责。侦查工作本应由县区级公安机关进行,可以侦查完毕移交上一级公安机关,由上一级公安机关移送同级人民检察院审查起诉,也可以直接移送上一级公安机关侦查,但批准逮捕应当由上一级检察院负责批准逮捕;应当由省级公安机关侦查的,按照一般刑事诉讼规则处理;形成公安部门、人民检察院和海事法院相互配合与协调机制,及时沟通海事刑事诉讼经验及存在问题。[③]

(2) 优化海洋生态环境刑事诉讼程序,为建立"三审合一"的海事案件审判体系提供保障。为了实现海洋生态环境刑事审判的专业性,法律赋予海事法院拥有海事刑事审判权,建立"三审合一"的海事案件审判体系。同时,需优化海洋生态环境刑事诉讼程序:首先,注重有专业

[①] 司玉琢:《保障海洋发展战略 改革完善中国特色的海事司法管辖制度》,《中国海商法研究》2015 年第 2 期。

[②] 赵微:《赋予海事法院刑事审判权之正当性分析》,《法治研究》2015 年第 1 期。

[③] 高俊华:《关于海事审判"三合一"的思考》,《中国海商法研究》2015 年第 1 期。

知识的人参与。为了加强合议庭审判业务的专业性，合议庭可以聘请海洋生态环境专家作为人民陪审员参与诉讼。在重大疑难刑事案件中，聘请具有海洋生态环境领域专门知识的人出具专家意见，可以召开专家咨询会就案件提出意见；其次，检察机关对海洋生态环境刑事诉讼的法律监督。若发现应当追究刑事责任而未追究的海洋生态环境刑事案件，检察机关应当积极支持公诉，相关部门应当移送案件证据，由检察机关审查起诉。

另外，为了保障上诉法院审判专门性与专业性以及预防海洋生态环境案件地方保护，可以尝试设立1—2个高级海事法院，负责审理海事上诉案件。① 设立海事高级法院符合我国海事案件现实审判需要。由于我国已经设立了相当规模的海事法院，设立高级海事法院能够保障海事上诉案件审判的专业性。

（二）海洋生态环境刑事附带民事公益诉讼审级乱象的解决路径

海洋生态环境案件实行"三审合一"后，建立健全海洋生态环境刑事附带民事公益诉讼制度变得顺理成章。一是解决海洋生态环境刑事附带民事公益诉讼管辖基层化的乱象。由于海洋生态环境案件往往涉及范围广、危害人员多等特点，若由基层法院管辖海洋生态环境刑事附带民事公益诉讼案件，将可能造成地方保护、案件审理困难等问题。根据现行法律，海洋生态环境民事公益诉讼案件由海事法院管辖，而海事法院在级别上属于中级人民法院；二是回归海洋生态环境刑事附带民事公益诉讼的审级管辖及专属管辖。海事法院负责海洋生态环境民事公益诉讼审判工作，已经积累了许多理论与实务上的经验，能够胜任海洋生态环境刑事附带民事公益诉讼案件的审判工作。

四　完善海洋生态环境刑事附带民事公益诉讼的程序适用

（一）履行诉前公告程序

若检察机关欲提起海洋生态环境刑事附带民事公益诉讼，应当履行诉前公告程序。主要理由包括：一是诉前公告程序与"刑主民辅"不存

---

① 司玉琢：《保障海洋发展战略 改革完善中国特色的海事司法管辖制度》，《中国海商法研究》2015年第2期。

在冲突。一些学者主张检察机关提起海洋生态环境刑事附带民事公益诉讼，无须履行诉前公告问题，主要原因是"刑主民辅"、诉讼效率等。[1] 然而，公告与否是在海洋生态环境刑事附带民事公益诉讼提起以前决定的，此时附带民事公益诉讼尚未提起，则无从谈起诉讼性质和功能。因此，不能用"刑主民辅"等理由来证明无须履行诉前公告程序的正当性。二是诉前公告仅为程序性问题，不影响案件的其他审理程序。《刑事诉讼法》规定附带民事诉讼可以在刑事诉讼过程中提起，这意味着刑事附带民事诉讼提起时间不影响刑事诉讼的正常审理；三是公告的目的之一为督促环保公益组织或行政机关在公告期内提起海洋生态环境民事公益诉讼。若在公告期内，法定的环保公益组织或行政机关明确表示要提起海洋生态环境民事公益诉讼，则检察机关无须提起海洋生态环境刑事附带民事公益诉讼。检察机关履行诉前公告程序，其目的之一为接受国家机关、社会主体等的广泛监督；四是保持检察民事公益诉讼制度的一致性。《检察公益诉讼的解释》规定了检察机关提起民事公益诉讼应当进行诉前公告程序，督促其他法定主体提起民事公益诉讼。海洋生态环境刑事附带民事公益诉讼应符合《检察公益诉讼的解释》总的程序性规定，以维护整个程序的完整性；五是检察机关处于补充地位的要求。检察机关履行诉前公告程序正是督促那些拥有公益诉权的主体主动提起海洋生态环境民事公益诉讼，或者是督促、支持其起诉，这也体现了诉讼补位原则。法律规定检察机关的补充定位，这也是为了防止公权力机关过分干涉民事权利，能够更好地发挥其他法定主体维护公共利益的作用。总之，检察机关提起海洋生态环境刑事附带民事公益诉讼，应当履行诉前公告程序，这是检察公益诉讼必须坚持的一项原则。

（二）健全审理程序

1. 完善审判组织的适用

关于海洋生态环境刑事附带民事公益诉讼的审判组织适用争议，存在一般法与特殊法、上位法与下位法的冲突问题。在司法实践中，存在适用法律依据不统一的现象。[2] 因此，针对刑事附带民事公益诉讼制度的

---

[1] 王瑞祺：《刑事附带民事公益诉讼研究》，湖北人民出版社2019年版，第103页。
[2] 田雯娟：《刑事附带环境民事公益诉讼的实践与反思》，《兰州学刊》2019年第9期。

特殊问题，应当进行专门立法，明确建立该制度。依据"刑主民辅"原则，刑事附带民事公益诉讼的审判组织组成按照刑事诉讼部分，但应当由法官与人民陪审员组成七人合议庭。此项规定适用于海洋生态环境刑事附带民事公益诉讼。这样既解决了上位法与下位法存在不一致的问题，又明确了海洋生态环境刑事附带民事公益诉讼的审判组织适用问题。

2. 完善调解与和解的适用

在一般情形下，应允许海洋生态环境刑事附带民事公益诉讼适用调解与和解程序。根据《刑事诉讼法》第 103 条，人民法院审理刑事附带民事诉讼可以适用调解。[1] 这能够提高审判效率，节约司法资源，且在短时间内加快海洋生态环境恢复进程。与此同时，海洋生态环境刑事附带民事公益诉讼调解与和解的适用，应当符合必要条件，包括在不损害公共利益的前提下、人民法院进行严格审核、调解不侵害到广大公众的利益等。

在特殊情形下，关于海洋生态环境刑事附带民事公益诉讼的调解与和解适用的完善措施，主要包括：一是不构成犯罪时的调解。由于海洋生态环境刑事附带民事公益诉讼属于刑事附带民事诉讼的一种，其法律依据应包括《刑事诉讼法解释》等。《刑事诉讼法解释》第 197 条第 1 款规定法院认为不是犯罪的，对于已经提起的刑事附带民事诉讼，可以进行调解，调解不成则一并判决或告知另行起诉。[2] 在这种情况下，人民法院已经基本将海洋生态环境刑事附带民事公益诉讼审理完毕，案件事实基本掌握清楚。由于海洋生态环境刑事附带民事公益诉讼的目的是维护公共利益及海洋生态环境恢复，人民法院可以在此基础上进行调解，并根据掌握的案件事实情况对调解协议进行审查，在不损害公共利益并能够补救海洋生态环境的情况下，出具调解书；二是撤回公诉时的调解。《刑事诉讼法解释》第 197 条第 2 款规定人民法院准许检察机关撤回公诉

---

[1] 《刑事诉讼法》第 103 条规定人民法院审理附带民事诉讼案件，可以进行调解，或者根据物质损失情况作出判决、裁定。

[2] 《刑事诉讼法解释》第 197 条规定人民法院认定公诉案件被告人的行为不构成犯罪，对已经提起的附带民事诉讼，经调解不能达成协议的，可以一并作出刑事附带民事判决，也可以告知附带民事原告人另行提起民事诉讼。人民法院准许人民检察院撤回起诉的公诉案件，对已经提起的附带民事诉讼，可以进行调解；不宜调解或者经调解不能达成协议的，应当裁定驳回起诉，并告知附带民事诉讼原告人可以另行提起民事诉讼。

的案件，可以进行调解，不宜调解或调解不成的，告知另行起诉。当海洋生态环境刑事附带民事公益诉讼出现此种状况时，随着公诉的撤回，附带民事公益诉讼部门不得不单独进行。在法庭辩论结束后，案件事实基本查清，可以进行调解。而案件事实尚未查清，证据不充足时，不应进行调解；三是二审中提起的海洋生态环境刑事附带民事公益诉讼的调解。《刑事诉讼法解释》第198条规定在二审期间提起的附带民事诉讼，可以先行调解，若调解不成的，告知权利人另行起诉。[①] 此项规定是否适用于海洋生态环境刑事附带民事公益诉讼。由于二审法院主要针对一审法院的审判内容进行审理，且无法准确掌握相关民事公益诉讼的证据材料和案件事实，海洋生态环境刑事附带民事公益诉讼不宜适用该条款。

本章小结

海洋生态环境刑事附带民事公益诉讼制度是将相关刑事诉讼与民事公益诉讼相结合的制度，融合了两种诉讼特征的同时，还具备自身的特殊性。我国海洋生态环境刑事附带民事公益诉讼制度在原告主体规则、案件管辖、审判组织以及调解与和解的适用等方面亟须完善。海洋生态环境刑事附带民事公益诉讼制度在海洋生态环境修复、节约司法资源、提高司法效率等方面独具价值，需要法律予以确立并不断完善。针对海洋生态环境刑事附带民事公益诉讼制度的不足，本文提出完善原告主体的规则、健全相关案件的管辖、完善相关诉讼程序的适用等建议。其中，提出了实行"三审合一"是建立健全海洋生态环境刑事附带民事公益诉讼的关键；建立刑事附带民事公益诉讼制度体系，并实现海洋生态环境刑事附带民事公益诉讼的专门化。

---

① 《刑事诉讼法解释》第198条规定第一审期间未提起附带民事诉讼，在第二审期间提起的，第二审人民法院可以依法进行调解；调解不成的，告知当事人可以在刑事判决、裁定生效后另行提起民事诉讼。

第七章

结　　论

　　海洋生态系统保持健康与适宜的状态是海洋生态系统不断且正常地服务于人类的重要前提。现阶段，人类的活动持续影响海洋生态系统服务功能，使其出现削弱、退化、失灵以及相关威胁，此为目前海洋生态系统保护面临的必然挑战。由于海洋污染具有空间上的跨界性、损害的累积性、不可逆转性等特点，海洋生态环境治理面临挑战。[①] 我国正努力进行海洋经济转型，建立可持续发展的海洋经济结构。牺牲海洋生态环境盲目追求高经济增长的发展模式，已经不适应我国新时代发展的趋势。作为海洋生态环境治理的重要手段，海洋生态环境公益诉讼符合现代环境法治的发展趋势，推动建立海洋命运共同体。健全海洋生态环境民事公益诉讼、行政公益诉讼及刑事附带民事公益诉讼成为加强海洋生态环境公益诉讼的主要内容。

第一节　我国海洋生态环境公益诉讼的不足

　　首先，我国海洋生态环境民事公益诉讼存在不足。一是我国海洋生态环境损害原告适格范围过窄。我国《海洋环境保护法》规定特定行政机关与检察机关可以提起民事公益诉讼，而我国《环境保护法》除了规定生态环境保护机关有权提起之外，还规定符合法律规定条件的环保组织可以提起。由于《海洋环境保护法》作为特别法应优先适用，我国海洋生态环境损害原告的范围限于行使海洋监督管理权的国家机关与检察

[①] 朱建庚：《中国海洋环境保护法律制度》，中国政法大学出版社2016年版，第10页。

机关。实践中，法院只受理行政机关和检察机关提出的海洋生态环境民事公益诉讼，将启动维护海洋生态安全司法救济重担给了行政机关与检察机关。环境公益诉讼中，裁判结果涉及范围广且保护的是国家利益和公共利益。因此，行政机关、检察机关作为公益诉讼的原告具有收集证据便利、身份特殊等方面的优势，但只依靠行政机关与检察机关的力量而忽略社会力量参与的公益诉讼不利于保护海洋生态安全。在海洋生态环境民事公益诉讼领域，行政机关代表国家索赔有利于及时合理的处理海事案件。二是我国海洋生态环境公益诉讼的索赔范围不明确。我国法律并未规定海洋生态环境公益诉讼的索赔范围，只是在司法解释中有相关规定。在上位法未规定海洋生态环境赔偿范围之时，司法解释作出此项规定是否存在有违反上位法之嫌。我国新颁布的《民法典》规定了赔偿范围，但作为一般民事法律的《民法典》的规定是否直接适用于海洋生态环境领域值得商榷。由于海洋生态环境有自身的特殊性，将《民法典》关于生态环境赔偿范围的规则直接适用到海洋生态环境公益诉讼显然是不合理。三是我国海洋生态环境民事公益诉讼一审属于海事法院管辖，二审属于地方高级法院，出现二审不专门的现象。

其次，我国法律并未明确规定海洋生态环境行政公益诉讼。一是由于涉海法律并未明确规定海洋生态环境行政公益诉讼，海洋生态环境行政公益诉讼只能参照《行政诉讼法》的规定。二是行政公益诉讼只有人民检察院有权提起。依据《行政诉讼法》的规定，除人民检察院外的其他主体是无权提起行政公益诉讼的。三是人民检察院启动行政公益诉讼并不是直接可以提起，而是要履行前置程序，即人民检察院发现行使海洋生态监督管理权的机关违法行政或者不作为，需先出具检察建议，行政机关未改正，此时人民检察院可以行使提起行政公益诉讼的诉权。

最后，我国海洋生态环境刑事附带民事公益诉讼案件属于地方普通法院管辖，海事法院没有刑事审判的权力。然而，普通地方法院在涉海案件的专业性审判及专业性取证等方面相较于海事法院是存在欠缺的。海事法院在审判涉海民事、行政案件之中积累了丰富的经验，这有助于审判涉海刑事案件。总而言之，我国并没有建立涉海案件的"三审合一"的审判模式。

第二节　我国海洋生态环境公益诉讼的完善建议

首先，完善我国海洋生态环境民事公益诉讼制度。一是规定符合法律条件的环境保护组织有权提起海洋生态环境民事公益诉讼。将部分环保组织纳入海洋生态环境民事公益诉讼原告范围之中，有利于维护海洋生态安全，充分发挥海洋生态环境民事公益诉讼的作用。二是明确规定海洋生态环境公益诉讼索赔范围。分析最高法院有关司法解释、《民法典》及国际条约等关于海洋生态环境公益诉讼的索赔范围的规定，可以将索赔范围规定为：清除污染费、调查及评估费、修复生态费用等。三是可以考虑设立高级海事法院，负责海事法院的上诉案件，保障海事案件二审的专业性。设立高级海事法院有利于海洋生态环境公益诉讼案件二审更加集中的审判，提高二审的审判质量。

其次，完善海洋生态环境行政公益诉讼。规定检察机关和专门连续从事环保工作五年以上、无违法记录且依法登记的环境保护组织有权提起海洋生态环境行政公益诉讼。正确处理检察机关作为行政公益起诉人与履行法律监督职能之间的关系。规定海洋生态环境行政公益诉讼起诉、审判、证据规则等相关诉讼程序。

最后，完善海洋生态环境刑事附带民事公益诉讼。涉海案件实行"三审合一"的审判模式，海事法院负责海事刑事案件的审判。赋予海事法院涉海案件刑事审判权，有利于维护海洋生态安全，保障海洋生态环境刑事附带民事公益诉讼案件集中且专业的审判。完善海洋生态环境刑事附带民事公益诉讼原告主体的规则。刑事附带民事公益诉讼审判组织的组成按照刑事诉讼部分，但应当由法官与人民陪审员组成七人合议庭。同时，应当完善调解与和解的适用。

关于海洋生态环境公益诉讼制度，仍存在诸多不足之处：回避制度的适用、证据制度等。"徒法不足以自行"，为了能够有序推进海洋生态环境公益诉讼制度改革，可以先进行相关试点工作，检验公益诉讼制度改革的合理性及可行性。另外，关于具体案件的法律适用，需要以良法促善治，实现从"静态的法"向"动态的法"转变。

附　　论

一　海洋生态环境治理问题

（一）海洋生态环境治理的界定

海洋生态环境全球治理的内涵可以解释为：一是全球海洋生态环境规则体系；二是海洋生态环境治理在全球范围内要达到的目标；三是治理对象主要是目前威胁人类生存发展的全球性海洋生态环境问题；四是海洋生态环境全球治理的效果评价；五是全球治理主体为制定和实施全球海洋生态环境制度的组织机构。有学者将海洋环境治理定义为：政府、组织和个人等主体就海洋环境相关事务进行协商、合作、共治，其目的是维护海洋环境的自然平衡与实现海洋可持续发展，并期望达到治理效果的过程。因此，海洋生态环境治理可以界定为政府、社会组织和个人作为治理主体，为实现海洋生态环境的平衡及发展，协商合作，共同治理海洋生态环境，并期望达到预期的过程。自党的十八届三中全会提出推进国家治理现代化以来，国家治理理论在我国流行起来，并广泛应用于各个领域。党的十九大报告提出在政府为主导下，以企业为主体，并吸收社会组织和公众参与的环境治理体系。其中，构建现代化环境治理体系包含实现海洋生态环境治理现代化。

（二）海洋生态环境治理的必要性

1. 加强海洋生态环境治理是建设海洋生态文明的必然要求

作为生态文明的重要方面，建设海洋生态文明需要加强海洋生态环境治理。为了缓解海洋生态环境不断恶化的趋势，应加强海洋生态环境治理工作，完善相关体制与机制。其中，建设海洋生态环文明示范区是海洋生态环境治理的重要载体。

第一，建设海洋生态文明需要加强海洋生态环境治理。生态文明是基于可持续发展和生态系统管理等理念形成的区域新型发展模式、途径及目标。生态文明建设已然成为我国最重要的可持续发展战略之一，是关系人民福祉，关乎民族未来的长远之计。海洋生态文明建设是全面推进国家生态文明建设的重要内容，能够推动海洋可持续发展、保护海洋生态环境及实现海洋强国战略。党的十八大报告将生态文明建设纳入"五位一体"总体布局，将生态文明建设放在突出位置，并提出了"海洋强国"战略。党的十九大报告提出坚持陆海统筹，加快建设海洋强国。"十三五"规划纲要提出保护海洋生态环境，推动海岸带监管与保护，建立基于海洋生态系统的综合管理机制，建立海洋生态红线制度等要求。

第二，加强海洋生态环境治理能够拓宽海洋生态文明建设的实践路径，丰富海洋生态文明思想。为了加强海洋生态保护工作，研究并实施沿海经济发展与海洋生态环境保护的协同路径，加强海洋环境污染防治和生态修复，优化滨海城市产业结构，发展海洋循环经济，实现海洋经济社会与生态可持续发展。为了实现海洋强国以及海洋生态环境保护的目标，努力探索海洋发展新模式，实施陆海统筹治理策略，将海洋生态环境保护作为目标之一，将海洋生态文明建设贯穿于海洋事业发展的全过程。总之，运用以系统、统筹以及全局思想为指导的海洋生态环境治理模式，推动海洋生态环境稳步改善，实现海洋生态文明。

第三，建设海洋生态环文明示范区是实施海洋生态环境治理的关键路径。海洋生态文明示范区是以海洋生态文明为建设目标，以海洋生态保护为基础，以沿海地区经济发展为主体，以海洋文化建设为保障的系统工程。海洋生态文明示范区是海洋生态文明建设的一个重要的载体，是落实科学发展观以及推动我国海洋生态建设的重要途径。海洋生态文明示范区的主要任务在于优化沿海经济发展方式，加强海洋生态环境保护。

2. 完善海洋生态环境治理手段是污染防治的重要举措

完善海洋生态环境治理手段是海洋污染防治的重要措施，具体分析如下：

第一，完善行政治理手段是加强海洋生态环境行政规制的必然要求。由于地方经济发展与生态环境保护存在一定冲突，地方相关监管部门开展生态环境治理工作受到限制。根据我国法律，地方生态环境部门负责其辖区内环保事务的监管。如今，我国省级以下生态环境部门实现了垂直领导，推动了生态环境的有效监管。另外，我国海洋生态环境治理手段相对单一，过于依赖行政机关。即：海洋生态环境治理主要依赖行政权，往往忽视公民、企业以及社会组织的力量。

第二，健全公众参与机制是实现海洋生态环境治理主体多元化的要求。根据现行相关法律，公民及非法人组织拥有参与海洋生态环境治理事务的权利。为了推动私主体履行生态环境保护义务，《民法典》规定了一系列的绿色原则与规则。根据《环境保护法》的规定，公民可以就单位和个人实施的污染和破坏环境行为向公权力机关进行检举和控告。该条款为公众参与海洋生态环境治理提供了法律依据和途径。总之，应丰富海洋生态环境治理手段，健全公众参与机制，构建多主体参与的海洋生态环境治理模式。

二 法律治理成为核心方式

（一）海洋生态环境立法目的之一是维护海洋生态安全

海洋生态环境立法的主要目的是保护海洋生态环境免受污染与破坏，维护海洋生态安全。而海洋生态环境立法为实现该目的，其法律手段主要有：其一，法律规定相关主体的权利义务，进而约束相关主体的行为对海洋生态环境的影响，达到保护海洋生态环境的目的；其二，法律确立关于海洋生态安全的法律制度，进而缓解人类开发海洋和保护海洋生态环境之间的矛盾。例如：我国确立的海洋环境规划制度、海洋功能区划制度、污染事故应急制度等都是海洋环境管理制度的法律化，是海洋环境保护法规范的一个特殊组成部分；其三，法律能够建立海洋生态环境长效治理机制。与法律不同，通过道德、短期计划等手段维护海洋生态环境无法建立稳定且具有强制力保证实施的治理机制。

（二）海洋生态环境治理行之有效的手段是运用法律

海洋生态环境治理的手段有多种，但最严厉、最有效的当属以法治海。我国《海洋环境保护法》规定的海洋生态环境保护法律制度对海洋生态环境的治理产生了重大影响。例如《海洋环境保护法》规定我国在典型海洋生态系统地区建立海洋自然保护区，这一措施对保护我国典型海洋生态系统起到了关键作用。域外譬如日本濑户内海综合治理的经验是以法治海，日本政府制定了《水质污染防治法》等环境防治综合法律，还专门制定了《濑户内海环境保护临时措施令》作为治理濑户内海的政府文件，后将该政府文件升格为一部法律，即《濑户内海环境保护特别措施法》。在此基础上，濑户内海地方政府制定的地方性法规是治理濑户内海的重要法律依据。再如加拿大治理海洋环境的措施也是立法为先，加拿大有一套系统的海洋环境治理体系。1988年出台的《环境保护法》、1996年出台的《海洋法》、《渔业法》等有关海洋环境保护的法律。另外，加拿大建立了一套海上执法体系有效地保护了海洋生态环境。

（三）海洋生态环境法律能够维护海洋生态环境利益

海洋强国是在海洋领域实现我国伟大复兴的重要决策。党的十八大做出保护海洋生态环境，建设海洋强国的重要决策。海洋生态环境保护作为海洋强国的重要方面，是实现海洋强国的重要助推器。建设海洋生态文明的内容主要是人海和谐、海洋经济可持续发展及海洋生态环境保护等。海洋生态文明是建设社会主义生态文明的重要一环，其实现路径有：完善海洋生态文明制度、加强海洋生态文明立法、严格海洋生态执法、保证海洋生态司法公正等。总之，海洋生态环境保护是我国实现海洋强国及建设海洋生态文明的重要追求，而健全海洋生态环境法律机制是实现该追求的重要路径。

三　司法治理是重要保障

（一）加强司法治理是海洋生态环境治理的有效路径

从国际上来看，国际组织和世界各国日益重视海洋生态环境保护。在国际组织层面，从《联合国海洋法公约》到《生物多样性公约》，从《保护东北大西洋海洋环境公约》到《保护南太平洋公海生物资源的框架性协定》，都在关注着海洋生态环境保护这一重大课题。在西方，以美国为代表的主要海洋国家在其国内法中不断加强海洋生态环境保护力度。以英国《海洋法》、日本《海洋基本法》为例，世界主要海洋国家不断加强保护海洋生态环境的趋势可以得到体现。

在国际交流日益频繁的背景下，各国海洋环境保护法存在立法内容趋于相同：国际海洋环境立法实践为建立全球一体化海洋环境法律制度提供了可参照的模式；各国海洋环境保护立法目标的趋同化；国际海洋环境保护法律主体的多元化。之所以出现如此现象，是因为世界各国逐渐认识到海洋是人类赖以生存的生态环境，应当加强海洋治理与保护。环境保护无法单纯地用经济手段来实现，且道德的力量也不足以有效遏制破坏环境的行为，而法律可以为环境保护提供强制力保证。因此，由于海洋生态环境保护具有很强的公益性、非排他性，构建海洋命运共同体需要法律作为强制力保证，需要经济手段、道德手段、政策手段等作为支撑。海洋生态环境司法治理作为法的实施的重要方式，能够将海洋生态环境相关法律适用到具体案件当中。人类对海洋生态环境保护的关注不断加强，以至于对海洋生态环境司法保护的期待性越来越高。总之，国际社会以及世界各国日益重视海洋生态环境治理法治建设，注重海洋可持续发展。

设立国际海洋法法庭对于解决国际海洋环境争端具有重要意义，为国际社会提供相关司法救济路径，推动《联合国海洋法公约》保护和保全海洋环境条款的解释和适用。国际海洋法法庭享有一定的专属管辖权和咨询管辖权，具有规定临时措施的能力，对诉讼当事人包括国家和国家以外的实体开放，作为一个常设的国际司法机构，对争端的裁判具有连续性。尽管国际海洋法法庭关于海洋环境争端司法治理的经验相当有限，但为解决国际海洋环境争端提供了司法途径。

（二）不同国家的海洋生态环境司法治理实践取得良好效果

从世界范围来看，具有代表性的海洋生态环境司法制度主要是环境公益诉讼制度。包括美国、德国等在内的一些发达国家均在民事诉讼制度中规定了个人、团体或者检察官能够为了保护国家利益与社会公共利益，就海洋环境案件提起民事诉讼。例如，美国作为现代公益诉讼的创始国，在其法律中规定公民有权提起公益诉讼；关于起诉对象，包括公众利益的侵害者、负有法定义务的公职人员或政府机关。在大陆法系国家，公民提起的环境诉讼在性质上属于民事诉讼、行政诉讼及宪法诉讼等。为了避免了海洋"公地悲剧"，海洋环境公益诉讼成为海洋生态环境司法保护的重要制度。

（三）海洋生态环境司法治理相较于行政手段具有独特优势

事实上，在海洋生态环境保护方面，运用的行政手段往往多于司法手段。

首先,过度依赖行政权的局限性。行政手段存在局限性,对保护海洋生态环境的作用有限。由于行政机关与行政相对人的地位不对等,行政权极易扩张,导致海洋生态环境不公平与非平等。政府主导型环境保护模式的局限性包括:环保行动的依赖性、环境信息的依赖性。我国环境行政管理面临的挑战有:中央政府对各地环境信息掌握的片面性和时效滞后性;排污企业、排污种类的扩大,政府环境治理困难;环境资源和利益冲突日益增多,政府承受较大压力。依靠行政手段治理环境具有很大的局限性,而司法手段可以弥补行政手段的局限。

其次,行政权的外部监督机制不足以形成有效监督。行使法律监督权的人民检察院对行政权的合法性进行监督,但这种监督的效力往往十分有限。检察机关可以通过督促行政机关提起海洋生态环境公益诉讼来保护海洋生态环境,但此种方式的作用有限。

最后,司法治理的优势。从自身特点来看,由于司法治理具有公正性、程序性、严格性等特征,海洋生态环境司法保护具有天然的优势。从稳定性上来看,由于司法具有终局权威性,较行政手段,海洋生态环境纠纷司法处理结果更稳定。司法机关提供给案件当事人一个较稳定长效的司法裁判,并能给其他类似案件提供司法裁判参考。从治理手段来看,海洋生态环境司法治理手段更加多样,包括民事责任、行政责任以及刑事责任等。总之,较行政手段,海洋生态环境司法治理的处理结果更加公平与公正。

四 公益诉讼是重要司法治理手段

(一)公益诉讼对于海洋生态环境保护的重要意义

首先,海洋生态环境公益诉讼着重对海洋生态系统全过程保护,通过强调海洋生态系统综合保护,实现海洋生态环境全局性、整体性与统筹性公益诉讼机制。一是海洋生态环境公益诉讼应当以生态系统理念为指导。海洋生态环境民事公益诉讼与行政公益诉讼应当树立生态系统整体观,维护整个海洋生态环境公共利益,维持与恢复海洋生态系统健康状态。当海洋生态环境司法鉴定时,鉴定人应将生态系统整体观作为重要指导,全方位把握海洋生态环境状况,实现海洋生态环境司法鉴定意见的合理性和规范性。二是海洋生态环境公益诉讼案件的裁判结果应当综合采纳生态系统整体观。例如，确定海洋生态环境修复措施的司法裁判内容应当符合海洋生态系统理念，尊重海洋生态环境的客观状况。

其次，海洋生态环境公益诉讼应当符合海洋生态系统规律。一是公益诉讼范围上的系统性。海洋生态系统的整体性需要空间与时间的统筹管理。由于我国拥有多种海洋生态系统，复杂的海洋生态系统导致海洋生态环境治理工作困难重重。各种海洋生态系统一直处于不断发展、变化与演替的过程，其在时间、空间上具有高度的整体性。因此，为了应对治理复杂海洋生态系统的挑战，应树立全局意识与统筹思想，在时间与空间上统筹管理海洋生态环境。二是多种公益诉讼方式的系统性。充分发挥海洋生态环境民事公益诉讼、行政公益诉讼、刑事附带民事公益诉讼等公益诉讼的作用，形成系统的海洋生态环境公益诉讼体系。

（二）健全海洋生态环境公益诉讼的必要性

健全海洋生态环境公益诉讼的价值驱动是源于司法公平公正效力，现实源于海洋生态环境破坏严重等问题，目的是希望通过司法途径保障海洋生态环境。

首先，我国仍处于污染排放和环境风险的高峰期、海洋生态退化和灾害频发发生的叠加期，海洋生态环境保护整体形势依然严峻，局部海域生态环境问题仍然突出。我国海洋生态安全受到严重威胁，近岸海域生态系统、生物多样性、海洋渔业资源、海洋生态环境等遭到严重破坏。

其次，公益诉讼成为保护海洋生态环境的重要方式。海洋生态环境司法保护作为法的实施重要方式，能够将海洋生态环境相关法律适用到具体案件当中。人类对海洋生态环境保护的关注不断加强，以至于对海洋生态环境司法保护的期待性越来越高。

最后，建设海洋生态文明的内容主要是人海和谐、海洋经济可持续发展及海洋生态安全等。海洋生态文明是建设社会主义生态文明的重要一环，其实现路径有：完善海洋生态文明制度、加强海洋生态文明立法、严格海洋生态执法、保证海洋生态司法公正等。海洋生态安全是我国实现海洋强国及建设海洋生态文明的重要追求。其中，公益诉讼是海洋生态治理法律机制的重要实现路径。

(三) 研究海洋生态环境公益诉讼的学术价值

首先，挖掘海洋生态环境公益诉讼的深层次法理价值，实现公益诉讼制度的再完善。通过分析环境权、环境利益、环境公平与正义等价值理念，在法理与制度之间形成有效互动，完成海洋生态环境公益诉讼制度的革新，形成理论与实践的共同进步。通过发现相关法理价值的内在本质，在比较中外法理价值的基础上，吸取优秀的价值理念，实现环境权等价值的融合运用。

其次，把握海洋生态环境公益诉讼与一般公益诉讼的区别，发现背后的深层原因。海洋生态环境公益诉讼致力于保护海洋生态环境利益，在追求经济发展和环境保护之间，形成良性平衡，实现环境司法正义。海洋生态环境公益诉讼的特殊性在于海洋生态环境的特殊性，其不同于陆地生态环境，更区别于大气生态环境。因此，通过分析海洋生态环境公益诉讼的本质特征，能够更好地提出相关完善建议。

再次，完善海洋生态环境公益诉讼应符合客观规律。海洋生态环境民事公益诉讼、行政公益诉讼、刑事附带民事公益诉讼与一般诉讼存在一些共同点。例如，法院依职权调取证据、法庭审理程序、一些证据规则等。然而，作为维护海洋生态环境的重要救济手段，海洋生态环境公益诉讼具有自身特点，在索赔主体、赔偿范围、管辖等方面均存在差异。这也决定了海洋生态环境民事、行政公益诉讼及刑事附带民事公益诉讼较一般诉讼存在特殊性。海洋生态环境的特殊性应是完善海洋生态环境公益诉讼需要考虑的关键点。因此，完善海洋生态环境公益诉讼应符合海洋生态环境客观规律以及维护海洋生态环境利益的需要。

最后，丰富治理理论，推动海洋生态环境治理工作。治理是一个新的概念，为解决海洋生态环境问题提供了一种新思路。治理的定义并未明确，学者对其观点也不尽相同。我国学者俞可平将全球治理定义为运用具有约束力的规则来解决相关问题，以期维护社会有序。联合国全球治理委员会对"治理"一词的具体含义进行了明确，在《天涯若比邻》一文中指出：治理是指公、私机构及个人处理共同事务的各种方式的总和。全球治理理论适用于国际社会的大多数领域，其中包括了海洋生态环境治理领域。治理理论为海洋生态环境治理提供了新方案：一是治理强调多方合作处理共同事务，与海洋生态环境治理不谋而合。海洋生态环境治理的主体不限于国家主体，社会层面的组织或个人也是重要的参与力量。海洋生态环境治理不能只依靠某个或某些群体，需建立多元共治的海洋生态环境治理模式；二是将治理理论作为维护海洋生态环境利益的方法论，与具有关联性和整体性特征的海洋生态系统相契合。海洋生态环境、海洋生态系统及海洋生物资源等方面的保护需全人类不断加强协调合作，遵循海洋生态系统规律，构建海洋命运共同体；三是海洋生态文明是海洋生态环境治理的一个重要目标，而海洋可持续发展是海洋治理的重要追求。海洋生态环境治理与治理理论在目的上的共通性，都是以全人类生存和可持续发展为最终目的。

（四）健全海洋生态环境公益诉讼的现实意义

通过分析，为了完善海洋生态环境公益诉讼制度，我国应改革海洋生态环境民事公益诉讼、行政公益诉讼、刑事附带民事公益诉讼等，这也具有诸多现实意义。

首先，能够推动我国海洋生态环境治理工作。海洋生态环境治理工作异常艰巨，需要综合运用各种手段，才能实现海洋生态环境优美目标。通过海洋生态环境公益诉讼制度，能够避免"公地悲剧"的发生，提供海洋生态环境损害司法救济途径。通过完善海洋生态环境公益诉讼，探索公益诉讼新思路，实现诉讼适格原告主体多元化、索赔范围合理化、程序科学化等目标，完成法理价值的制度创新。因此，基于维护海洋生态利益的目的，提出完善海洋生态环境公益诉讼的建议，有助于运用司法手段实现生态治理目标。

其次，通过完善海洋生态环境公益诉讼，实现国内外相关制度的融合再创新。我国海洋生态环境公益诉讼立法抽象概括、可操作性不强等，暴露出诸多问题，正是我国日后海洋生态环境公益诉讼制度的完善方向与着力点。完善海洋生态环境公益诉讼，必须以我国基本国情为基础，围绕着海洋生态环境公益诉讼迥异于传统私益诉讼的特性，以域外国家相关公益诉讼理论与实践为借鉴，构建出我国海洋生态环境公益诉讼制度。

再次，通过完善海洋生态环境公益诉讼，规范相关案件裁判，推动司法实践实现公平正义。例如，通过完善索赔范围，为海洋生态环境公益诉讼案件提供明确的法律依据，实现"同案同判"的目标。海洋生态环境公益诉讼致力于维护生态利益,为相关损害案件提供救济依据,适应海洋生态环境新挑战与新情况,最终实现维护人类可持续发展的目标,实现人与自然和谐共生。

最后,完善海洋生态环境公益诉讼亦是维护海洋生态安全的需要。海洋生态安全作为生态安全的重要组成部分,是实现国家安全的关键环节。海洋生态安全的内容主要涵盖海洋环境安全、海洋生态系统安全及海洋生物安全等。海洋生态安全的内涵可以定义为海洋生态系统、海洋生态环境及海洋生物资源等持续保持稳定并不被污染破坏。海洋生态安全是海洋生态文明的重要追求。海洋生态安全可以促进海洋经济可持续发展。我国海洋经济发展产值约是国民生产总值的9%,海洋经济在国民经济发展中处于重要的地位。海洋经济已成为国家经济发展的重要增长极,而维护海洋生态安全可以促进海洋经济可持续发展。海洋生态安全关涉国民的生存和发展。由于沿海地区一般人口密度较大,海洋生态环境、海洋生物资源及海洋生态系统遭到污染与破坏将直接影响人们的社会经济生活,尤其是威胁到渔民等群体的经济收入及居住环境。通过完善海洋生态环境公益诉讼制度,维护海洋生态安全,实现海洋生态的可持续发展。

参考文献

一 中文文献

（一）专著类

《中国大百科全书（环境学卷）》，中国大百科全书出版社 1993 年版。

蔡虹：《民事诉讼法学》（第四版），北京大学出版社 2016 年版。

蔡守秋主编：《环境资源法教程》，高等教育出版社 2004 年版。

蔡守秋主编：《环境法案例教程》，复旦大学出版社 2009 年版。

蔡维力：《环境诉权初探》，中国政法大学出版社 2010 年版。

蔡先凤：《海洋生态环境安全：监测评价与法治保障》，法律出版社 2011 年版。

蔡先凤：《海洋生态文明法律制度研究》，海洋出版社 2017 年版。

曹忠祥、高国力等：《我国陆海统筹发展研究》，经济科学出版社 2015 年版。

常友好主编：《民事诉讼法学概论》，东北大学出版社 1999 年版。

陈光中、徐静村主编：《刑事诉讼法学》（第五版），中国政法大学出版社 2015 年版。

陈泉生：《环境法原理》，法律出版社 1997 年版。

陈廷辉：《环境政策型立法研究——基于对中国环境基本法立法模式的思考》，中国政法大学出版社 2012 年版。

陈文：《21 世纪生态保护立法趋向研究》，黑龙江大学出版社 2015 年版。

程啸：《侵权责任法》，法律出版社 2011 年版。

代杰：《环境法理学》，天津大学出版社 2020 年版。

邓瑞平：《船舶侵权行为法基础理论问题研究》，法律出版社 1999 年版。

杜志淳主编：《司法鉴定概论》，法律出版社2010年版。

樊崇义主编：《刑事诉讼法学》（第三版），中国政法大学出版社2013年版。

傅剑清：《论环境公益损害救济——从"公地悲剧"到"公地救济"》，中国社会科学出版社2017年版。

郭道晖：《社会权力与公民社会》，译林出版社2009年版。

郭林将：《环境监管权法律监督机制研究》，中国检察出版社2016年版。

韩大元：《中国检察制度宪法基础研究》，中国检察出版社2007年版。

韩静茹：《民事检察权研究》，北京大学出版社2018年版。

韩立新：《船舶污染损害赔偿法律制度研究》，法律出版社2007年版。

韩立新、王秀芬编译：《各国（地区）海商法汇编》（中英文对照），大连海事大学出版社2003年版。

韩立新主编：《国际油污损害赔偿机制与评估实践》，大连海事大学出版社2008年版。

韩立新主编：《海上侵权行为法研究》，北京师范大学出版社2011年版。

何广顺、王晓惠、周怡圃等：《基于区域经济发展的渤海环境立法研究》，海洋出版社2009年版。

何文燕、廖永安主编：《民事诉讼法学专论》，湘潭大学出版社2011年版。

胡德胜主编：《环境与资源保护法学》（第二版），西安交通大学出版社2017年版。

胡静：《环境法的正当性与制度选择》，知识产权出版社2009年版。

胡正良、韩立新主编：《海事法》（第三版），北京大学出版社2016年版。

华敬炘：《海洋法学教程》，中国海洋大学出版社2009年版。

霍利民：《关于海洋环境污染损害赔偿有关法律问题的调研报告》，山东人民法院出版社2012年版。

霍宪丹主编：《司法鉴定通论》，法律出版社2009年版。

姬振海主编：《环境权概论》，人民出版社2009年版。

江必新：《行政诉讼法——疑难问题探讨》，北京师范学院出版社1991年版。

江伟主编：《民事诉讼法》（第三版），复旦大学出版社2016年版。

焦艳鹏：《刑法生态法益论》，中国政法大学出版社2012年版。
金正佳主编：《海事诉讼法论》，大连海事大学出版社2001年版。
蓝冰：《德国民事诉讼法研究》，四川人民出版社2017年版。
李博主编：《生态学》，高等教育出版社2000年版。
李凤岐编著：《海洋与环境概论》，海洋出版社2013年版。
李华：《我国环境刑事诉讼程序规则研究》，中国政法大学出版社2017年版。
李华琪：《环境公益诉权理论及其实践展开》，中国社会科学出版社2022年版。
李劲：《环境公益诉讼的法律制度构建与司法运行机制创新研究》，吉林大学出版社2020年版。
李景光主编：《国外海洋管理与执法体制》，海洋出版社2014年版。
李靖宇、朱坚真等：《中国陆海统筹战略取向》，经济科学出版社2017年版。
李昊：《纯经济上损失赔偿制度研究》，北京大学出版社2004年版。
李铮：《环境行政处罚权研究》，中国环境科学出版社2012年版。
廖永安：《民事诉讼理论探索与程序整合》，中国法制出版社2005年版。
林煜：《环境公益诉讼目的论》，中国社会出版社2021年版。
刘家沂主编：《海洋生态损害的国家索赔法律机制与国际溢油案例研究》，海洋出版社2010年版。
刘金国、蒋立山主编：《新编法理学》，中国政法大学出版社2006年版。
刘立宪、谢鹏程主编：《海外司法改革的走向》，中国方正出版社2000年版。
刘林呐：《法国检察制度研究》，中国检察出版社2015年版。
刘岩、郑苗壮等：《世界海洋生态环境保护现状与发展趋势研究》，海洋出版社2017年版。
刘岩等：《世界海洋生态环境保护现状与发展趋势研究》，海洋出版社2017年版。
刘中民等：《国际海洋环境制度导论》，海洋出版社2007年版。
吕世伦：《西方法律思潮源流论》（第二版），中国人民大学出版社2008年版。

吕忠梅：《沟通与协调之途——论公民环境权的民法保护》，中国人民大学出版社 2005 年版。

吕忠梅：《环境法新视野》，中国政法大学出版社 2007 年版。

吕忠梅：《环境司法专门化现状调查与制度重构》，法律出版社 2017 年版。

吕忠梅等：《侵害与救济——环境友好型社会中的法治基础》，法律出版社 2012 年版。

吕忠梅主编：《环境法原理》（第二版），复旦大学出版社 2017 年版。

吕忠梅主编：《超越与保守——可持续发展视野下的环境法创新》，法律出版社 2003 年版。

马英杰主编：《海洋环境保护法概论》，海洋出版社 2012 年版。

潘牧天等：《司法体制改革视域下环境公益诉讼制度研究》，法律出版社 2021 年版。

彭中遥：《生态环境损害赔偿诉讼制度研究》，中国社会科学出版社 2022 年版。

秦天宝主编：《环境法——制度·学说·案例》，武汉大学出版社 2013 年版。

秦玉才、汪劲主编：《中国生态补偿立法路在前方》，北京大学出版社 2013 年版。

曲格平：《中国的环境管理：改革与创新》，中国环境科学出版社 1991 年版。

曲格平：《中国环境问题及对策》，中国环境出版社 1984 年版。

沈晓刚等：《环境民事公益诉讼典型案例与实务精要》，法律出版社 2021 年版。

石洪华、丁德文等：《基于海陆统筹的我国海洋生态文明建设战略研究——理论基础及典型案例应用》，海洋出版社 2017 年版。

石欣：《我国海洋环境监测有关法律问题初探》，海洋出版社 2010 年版。

帅清华：《我国环境刑事司法实践研究》，江西人民出版社 2021 年版。

苏智先、王仁卿主编：《生态学概论》，山东大学出版社 1989 年版。

孙佑海、李丹、杨朝霞：《循环经济法律保障机制研究》，中国法制出版社 2013 年版。

孙运道等主编：《韩国海洋法律法规文件汇编》，海洋出版社 2012 年版。
谭兵、李浩主编：《民事诉讼法学》，法律出版社 2009 年版。
唐明良：《环评行政程序的法理与技术——风险社会中决策理性的形成过程》，社会科学文献出版社 2012 年版。
陶信平主编：《环境资源法学》，西安交通大学出版社 2006 年版。
田凯：《行政公诉论》，中国检察出版社 2009 年版。
田其云等：《我国海洋生态恢复法律制度研究》，中国政法大学出版社 2011 年版。
汪劲主编：《环保法治三十年：我们成功了吗》，北京大学出版社 2011 年版。
汪劲：《环境法学》（第三版），北京大学出版社 2014 年版。
王彬辉：《加拿大环境法律实施机制研究》，中国人民大学出版社 2014 年版。
王灿发：《环境法学教程》，中国政法大学出版社 1997 年版。
王德玲：《民事检察监督制度研究》，中国法制出版社 2006 年版。
王珂瑾：《行政公益诉讼制度研究》，山东大学出版社 2009 年版。
王利明：《民法学》，中国财政经济出版社 2003 年版。
王玫黎：《中国船舶油污损害赔偿法律制度研究》，中国法制出版社 2008 年版。
王明远：《环境侵权救济法律制度》，中国法制出版社 2001 年版。
王瑞祺：《刑事附带民事公益诉讼研究》，湖北人民出版社 2019 年版。
王曦：《美国环境法概论》，武汉大学出版社 1992 年版。
王小军：《海洋环境保护法律问题研究》，中国海洋出版社 2013 年版。
吴良志、熊靖等：《环境侵权受害者司法保护》，中国法制出版社 2017 年版。
吴应甲：《环境公益诉讼原告资格比较研究》，郑州大学出版社 2019 年版。
徐祥民、高振会、杨建强、梅宏等：《海上溢油生态损害赔偿的法律与技术研究》，海洋出版社 2009 年版。
徐祥民、李冰强等：《渤海管理法的体制问题研究》，人民出版社 2011 年版。

徐祥民、滕征光：《环境基本法建设与海洋环境保护法的完善》，山东大学出版社 2010 年版。

徐祥民等：《海洋环境的法律保护研究》，中国海洋大学出版社 2006 年版。

徐祥民主编：《海洋法律、社会与管理》，海洋出版社 2011 年版。

薛波主编：《元照英美法词典》，法律出版社 2003 年版。

薛桂芳、胡增祥编著：《海洋法理论与实践》，海洋出版社 2009 年版。

薛艳华：《中国环境公益诉讼制度构造研究》，中国社会科学出版社 2021 年版。

闫枫、李子富等：《区域海洋环境评估及治理》，中国环境出版集团 2018 年版。

颜运秋：《公益诉讼理念与实践研究》，法律出版社 2019 年版。

杨帆等：《生态法专题研究》，中国政法大学出版社 2015 年版。

杨立新：《人格权法专论》，高等教育出版社 2005 年版。

杨振娇：《中国海洋生态安全治理的理论与实践》，海洋出版社 2016 年版。

姚瑞华、赵越、王东等：《陆海统筹的生态系统保护修复和污染防治区域联动机制研究》，中国环境出版社 2017 年版。

叶良芳：《海洋环境污染刑法规制研究》，浙江大学出版社 2015 年版。

尹媛媛：《环境权利可诉性研究》，中国社会科学出版社 2016 年版。

于鲁平：《环境行政公益诉讼起诉主体研究》，法律出版社 2020 年版。

张彩凤：《英国法治研究》，中国人民公安大学出版社 2001 年版。

张海文、刘岩等：《渤海区域环境管理立法研究》，海洋出版社 2009 年版。

张辉：《美国环境法研究》，中国民主法制出版社 2015 年版。

张丽英等：《海洋污染相关法律制度及其新发展》，法律出版社 2019 年版。

张明楷：《刑法学》（第四版），法律出版社 2011 年版。

张文显：《法理学》（第五版），高等教育出版社 2018 年版。

张中秋：《中西法律文化之比较研究》，南京大学出版社 1999 年版。

张梓太：《环境法律责任研究》，商务印书馆 2004 年版。

赵绘宇：《生态系统管理法律研究》，上海交通大学出版社 2006 年版。

甄贞：《检察制度比较研究》，法律出版社 2010 年版。

中国社会科学院法学研究所法律辞典编委会编：《法律辞典》，法律出版社 2003 年版。

周珂、谭柏平、欧阳杉主编：《环境法》（第五版），中国人民大学出版社 2016 年版。

周珂主编：《环境与资源保护法》，中国人民大学出版社 2015 年版。

周珂主编：《环境与资源法学》，法律出版社 2009 年第 1 版。

周婷婷：《生态环境公益诉讼机制研究》，九州出版社 2020 年版。

周训芳、李爱年主编：《环境法学》，湖南人民出版社 2008 年版。

周友军：《侵权法学》，中国人民大学出版社 2011 年版。

朱建庚：《海洋环境保护的国际法》，中国政法大学出版社 2016 年版。

朱建庚：《中国海洋环境保护法律制度》，中国政法大学出版社 2016 年版。

朱晋峰：《环境损害司法鉴定管理及鉴定意见的形成与采信：以民事公益诉讼为对象的分析》，法律出版社 2019 年版。

朱晓燕：《海岸工程污染海洋环境防治法律制度研究》，中国法制出版社 2015 年版。

庄敬华：《环境污染损害赔偿立法研究》，中国方正出版社 2012 年版。

宗建文：《刑法机制研究》，中国方正出版社 2000 年版。

（二）译著类

[澳] 休·史卓顿、莱昂内尔·奥查德：《公共物品、公共企业和公共选择——对政府功能的批评与反批评的理论纷争》，费朝辉、徐济旺、易定红译，经济科学出版社 2000 年版。

[德] 弗里德赫尔穆·胡芬：《行政诉讼法》（第五版），莫光华译，法律出版社 2003 年版。

[德] 霍斯特·西伯特：《环境经济学》，蒋敏元译，中国林业出版社 2002 年版。

[德] 克劳思·罗科信：《刑事诉讼法》（第二十四版），吴丽琪译，法律出版社 2003 年版。

[德] 克雷斯蒂安·冯·巴尔：《欧洲比较侵权行为法》，焦美华译，法律

出版社 2001 年版。

［俄］Ю. Е. 维诺库罗夫：《检察监督》（第七版），刘向文译，中国检察出版社 2009 年版。

［法］让－雅克·卢梭：《社会契约论》，杨国政译，陕西人民出版社 2003 年版。

［法］孟德斯鸠：《论法的精神》（上册），张雁深译，商务印书馆 1961 年版。

［加拿大］欧内斯特·J. 温里布：《私法的理念》，徐爱国译，北京大学出版社 2007 年版。

［美］赫伯特·西蒙：《现代决策理论的基石》，杨砾、徐立译，北京经济学院出版社 1991 年版。

［美］E. 拉兹洛：《用系统论的观点看世界》，闵家胤译，中国社会科学出版社 1985 年版。

［美］R. W. 芬德利、D. A. 法贝尔：《美国环境法简论》，程正康等译，中国环境科学出版社 1986 年版。

［美］R. 艾伦：《救救世界——全球生物资源保护战略》，黄宏慈、杜秀英、袁清林译，科学出版社 1984 年版。

［美］安东尼·奥罗姆：《政治社会学导论》（第 4 版），张华青、何俊志、孙嘉明等译，上海世纪出版集团 2006 年版。

［美］伯纳德·施瓦茨：《美国最高法院史》，毕洪海、柯翀、石明磊译，中国政法大学出版社 2005 年版。

［美］伯纳德·施瓦茨：《行政法》，徐炳译，群众出版社 1986 年版。

［美］E. 博登海默：《法理学：法律哲学与法律方法》，邓正来译，中国政法大学出版社 1998 年版。

［美］查尔斯·H. 雷诺兹、拉尔夫·V. 诺曼编：《美国社会》，徐克继等译，生活·读书·新知三联书店 1993 年版。

［美］丹尼尔·A. 法伯（Daniel A. Farber）、罗杰·W. 芬德利（Roger W. Findley）：《环境法精要》（第 8 版），田其云、黄彪译，南开大学出版社 2016 年版。

［美］丹尼尔·W. 布罗姆利：《经济利益与经济制度——公共政策的理论基础》，陈郁、郭宇峰、汪春译，上海三联书店、上海人民出版社 2006

年版。

［美］道格拉斯·C. 诺思：《制度、制度变迁与经济绩效》，杭行译，格致出版社、上海人民出版社 2008 年版。

［美］德怀特·H. 波金斯、斯蒂芬·拉德勒、唐纳德·R. 斯诺德格拉斯等：《发展经济学》（第五版），黄卫平、彭刚等译，中国人民大学出版社 2005 年版。

［美］冯·贝塔朗菲：《一般系统论基础、发展和应用》，林康义、魏宏森等译，清华大学出版社 1987 年版。

［美］基思·E·惠廷顿（Keith E. Whittington）：《宪法解释：文本含义、原初意图与司法审查》，杜强强、刘国、柳建龙译，中国人民大学出版社 2006 年版。

［美］杰克·H. 弗兰德泰尔、玛丽·凯·凯恩、阿瑟·R. 米勒：《民事诉讼法》，夏登俊、黄娟、唐荫宏等译，中国政法大学出版社 2003 年版。

［美］凯斯·R. 桑斯坦：《偏颇的宪法》，宋华琳、毕竞悦译，北京大学出版社 2005 年版。

［美］克里斯托弗·沃尔夫：《司法能动主义——自由的保障还是安全的威胁？》（修订版），黄金荣译，中国政法大学出版社 2004 年版。

［美］劳伦斯·H. 却伯、迈克尔·C. 多尔夫：《解读宪法》，陈林林、储智勇译，上海三联书店 2007 年版。

［美］理查德·B. 斯图尔特：《美国行政法的重构》，沈岩译，商务印书馆 2002 年版。

［美］路易斯·B·宋恩、约翰·E. 诺伊斯、埃里克·弗兰克斯等：《海洋法精要》（原书第 2 版），傅崐成等译，上海交通大学出版社 2014 年版。

［美］马丁·夏皮罗：《法院：比较法上和政治学上的分析》，张生、李彤译，中国政法大学出版社 2005 年版。

［美］迈克尔·D. 贝勒斯：《程序正义——向个人的分配》，邓海平译，高等教育出版社 2005 年版。

［美］米尔伊安·R. 达玛什卡：《司法和国家权力的多种面孔——比较视野中的法律程序》，郑戈译，中国政法大学出版社 2004 年版。

［美］H. 乔治·弗雷德里克森：《公共行政的精神》（中文修订版），张成福、刘霞、张璋等译，中国人民大学出版社 2003 年版。

［美］史蒂文·苏本、玛格瑞特·伍：《美国民事诉讼的真谛：从历史、文化、实务的视角》，蔡彦敏、徐卉译，法律出版社 2002 年版。

［美］斯蒂文·N. 苏本、玛莎·L. 米卢、马克·N. 布诺丁、托马斯·O. 梅茵：《民事诉讼法：原理、实务与运作环境》，傅郁林等译，中国政法大学出版社 2004 年版。

［美］伟恩·R. 拉费弗、杰罗德·H. 伊斯雷尔等：《刑事诉讼法》，卞建林、沙丽金等译，中国政法大学出版社 2003 年版。

［美］詹姆斯·安修：《美国宪法判例与解释》，黎建飞译，中国政法大学出版社 1999 年版。

［美］詹姆斯·萨尔兹曼、［美］巴顿·汤普森：《美国环境法》（第四版），徐卓然、胡慕云译，北京大学出版社 2016 年版。

［日］北原贞辅：《现代管理系统论》，于延方、陈薇、陶新中译，中国人民大学出版社 1987 年版。

［日］高桥宏志：《重点讲义民事诉讼法》，张卫平、许可译，法律出版社 2007 年版。

［日］谷口安平：《程序的正义与诉讼》，王亚新、刘荣军译，中国政法大学出版社 2002 年版。

［日］交告尚史等：《日本环境法概论》，田林、丁倩雯译，中国法制出版社 2014 年版。

［日］棚懒孝雄：《纠纷的解决与审判制度》，王亚新译，中国政法大学出版社 2004 年版。

［日］盐野宏：《行政法》，杨建顺译，法律出版社 1999 年版。

［日］原田尚彦：《环境法》，于敏译，法律出版社 1999 年版。

［日］中村英郎：《新民事诉讼法讲义》，陈刚、林剑锋、郭美松译，法律出版社 2001 年版。

［新］黎莲卿、玛利亚·索科罗·Z. 曼圭亚特主编：《亚太地区第二代环境法展望》，邵方、曹明德、李兆玉译，法律出版社 2006 年版。

［意］彼得罗·彭梵得：《罗马教科书》，黄风译，中国政法大学出版社 1992 年版。

［意］莫诺·卡佩莱蒂编：《福利国家与接近正义》，刘俊祥等译，法律出版社2000年版。

［英］边沁：《道德与立法原理导论》，时殷弘译，商务印书馆2000年版。

［英］简·汉考克：《环境人权：权力、伦理与法律》，李集译，重庆出版社2007年版。

［英］威廉·韦德：《行政法》，楚建译，中国大百科全书出版社1997年版。

（三）期刊论文类

［德］艾卡·雷宾德、王曦：《欧盟和德国的环境保护集体诉讼》，《交大法学》2015年第4期。

白福臣、吴春萌、刘伶俐：《基于整体性治理的海洋生态环境治理困境与应用建构——以雷州半岛为例》，《环境保护》2020年第Z2期。

白佳玉、隋佳欣：《海洋生态保护的法治要求：海环法修订视角下的实证解读》，《山东科技大学学报》（社会科学版）2018年第3期。

卞建林：《配合与制约：监察调查与刑事诉讼的衔接》，《法商研究》2019年第1期。

卞建林、谢澍：《刑事附带民事公益诉讼的实践探索——东乌珠穆沁旗人民检察院诉王某某等三人非法狩猎案评析》，《中国法律评论》2020年第5期。

薄晓波：《三元模式归于二元模式——论环境公益救济诉讼体系之重构》，《中国地质大学学报》（社会科学版）2020年第4期。

蔡虹、王瑞祺：《刑事附带民事公私益诉讼并审的程序展开》，《海南大学学报》（人文社会科学版）2022年第1期。

蔡虹、王瑞祺：《刑事附带民事公益诉讼惩罚性赔偿之否定与替代方案》，《山东社会科学》2022年第1期。

蔡虹、夏先华：《论刑事附带民事公益诉讼的诉权配置》，《郑州大学学报》（哲学社会科学版）2020年第4期。

蔡守秋：《从环境权到国家环境保护义务和环境公益诉讼》，《现代法学》2013年第6期。

蔡守秋：《环境权实践与理论的新发展》，《学术月刊》2018年第11期。

蔡守秋、海燕：《也谈对环境的损害——欧盟〈预防和补救环境损害的环境责任指令〉的启示》,《环境科学与管理》2005年第4期。

曹国华、茆仲义、张正炎:《野生动物保护刑事附带民事公益诉讼难点探析——基于"毛某某毒杀、出售野生鸟类案"的分析》,《中国检察官》2021年第24期。

曹明德:《环境公平和环境权》,《湖南社会科学》2017年第1期。

曹奕阳:《检察机关提起环境行政公益诉讼的实践反思与制度优化》,《江汉论坛》2018年第10期。

曹忠祥、高国力:《我国陆海统筹发展的战略内涵、思路与对策》,《中国软科学》2015年第2期。

昌敦虎、白雨鑫、马中:《我国环境治理的主体、职能及其关系》,《暨南学报》(哲学社会科学版)2022年第1期。

陈海嵩:《环境风险的司法治理:内在机理与规范进路》,《南京师大学报》(社会科学版)2022年第2期。

陈惠珍、白续辉:《海洋环境民事公益诉讼中的适格原告确定:困境及其解决路径》,《华南师范大学学报》(社会科学版)2018年第2期。

陈嘉、杨翠柏:《南海生态环境保护区域合作:反思与前瞻》,《南洋问题研究》2016年第2期。

陈亮:《我国海洋污染问题、防治现状及对策建议》,《环境保护》2016年第5期。

陈琦、胡求光:《中国海洋生态保护制度的演进逻辑、互补需求及改革路径》,《中国人口·资源与环境》2021年第2期。

陈学敏:《环境刑事附带民事公益诉讼制度的检视与完善》,《华南理工大学学报》(社会科学版)2021年第3期。

陈远航、赵微:《海洋环境污染犯罪刑事立法存在的问题及应对》,《社会科学家》2020年第12期。

程龙:《刑事附带民事公益诉讼之否定》,《北方法学》2018年第6期。

程鑫、陈敬根:《海洋环境污染案件中的司法鉴定认证问题研究——以海事诉讼"抽象心证"之滥用为视角》,《河北法学》2018年第2期。

程雨燕:《生态环境损害赔偿制度的理念转变与发展方向——兼与美国自然资源损害制度比较》,《社会科学辑刊》2018年第3期。

程竹汝:《国家治理体系现代化进程中的司法治理》,《中共中央党校学报》2014 年第 3 期。

崔金星、覃冠文、冯金龙：《海洋环境行政公益诉讼中诉前检察建议的阙如与拓新——基于海洋环境行政公益诉讼典型案例的分析》，《南宁师范大学学报》（哲学社会科学版）2021 年第 4 期。

邓可祝：《论环境行政公益诉讼的谦抑性——以检察机关提起环境行政公益诉讼为限》，《重庆大学学报》（社会科学版）2021 年第 5 期。

邓珊：《泛北部湾区域国际航运中心法律服务体系之海洋环境保护法律问题研究》，《广西社会科学》2012 年第 12 期。

丁国民、贲丹丹：《环境行政公益诉讼提起主体之拓展》，《东南学术》2021 年第 6 期。

杜健勋：《环境利益：一个规范性的法律解释》，《中国人口·资源与环境》2013 年第 2 期。

方克立：《"天人合一"与中国古代的生态智慧》，《社会科学战线》2003 年第 4 期。

冯静茹：《美国环境法下的海洋环境公民诉讼问题研究》，《浙江海洋大学学报》（人文科学版）2019 年第 6 期。

傅广宛：《中国海洋生态环境政策导向（2014—2017）》，《中国社会科学》2020 年第 9 期。

傅贤国：《刑事附带消费民事公益诉讼的认识误区及其克服》，《河北法学》2022 年第 3 期。

傅晓明：《海事司法鉴定存在的问题及完善》，《中国海事》2011 年第 10 期。

高桂林、刘燚：《我国环境行政公益诉讼前置程序研究》，《广西社会科学》2018 年第 1 期。

高军东：《试论美国司法审查的正当性基础》，《河南师范大学学报》（哲学社会科学版）2015 年第 4 期。

高俊华：《关于海事审判"三合一"的思考》，《中国海商法研究》2015 年第 1 期。

高晓莹：《海洋环境污染的刑法调控》，《中国刑事法杂志》2011 年第 10 期。

高星阁：《论刑事附带民事公益诉讼的程序实现》，《新疆社会科学》2021

年第 3 期。

戈华清、蓝楠：《我国海洋陆源污染的产生原因与防治模式》，《中国软科学》2014 年第 2 期。

巩固：《环境民事公益诉讼性质定位省思》，《法学研究》2019 年第 3 期。

巩固：《美国环境公民诉讼之起诉限制及其启示》，《法商研究》2017 年第 5 期。

巩固：《美国原告资格演变及对公民诉讼的影响解析》，《法制与社会发展》2017 年第 4 期。

巩固：《欧美海洋综合管理立法经验及其启示》，《郑州大学学报》（哲学社会科学版）2015 年第 3 期。

关道明、梁斌、张志锋：《我国海洋生态环境保护：历史、现状与未来》，《环境保护》2019 年第 17 期。

郭林将：《美国检察机关监督环境监管行为的路径和方式》，《人民检察》2015 年第 9 期。

郭晓虹：《"生态"与"环境"的概念与性质》，《社会科学家》2019 年第 2 期。

郭延军：《环境权在我国实在法中的展开方式》，《清华法学》2021 年第 1 期。

郭院：《论中国海洋环境保护法的理论和实践》，《中国海洋大学学报》（社会科学版）2008 年第 1 期。

韩成军：《法德日行政执法检察监督机制对我国的启示》，《江西社会科学》2015 年第 11 期。

韩立新、陈羽乔：《海洋生态环境损害国家索赔主体的对接与完善——以〈海洋环境保护法〉修改为契机》，《中国海商法研究》2019 年第 3 期。

韩立新、冯思嘉：《南海区域性海洋生态环境治理机制研究——以全球海洋生态环境治理为视角》，《海南大学学报》（人文社会科学版）2020 年第 6 期。

郝志鹏：《区块链在提升司法鉴定公信力中的应用研究——以海事司法鉴定为样本》，《中国司法鉴定》2021 年第 6 期。

何佩佩：《论环境法律对环境利益的保障》，《广东社会科学》2017 年第 5 期。

何佩佩、冯莉:《论环境利益的存续状态及其调整机制》,《社会科学家》2020年第11期。

何香柏:《环境规制的权力行使与制度约束——美国谢弗林案的借鉴》,《法学评论》2019年第5期。

何增科:《理解国家治理及其现代化》,《马克思主义与现实》2014年第1期。

贺蓉:《〈环境保护法〉与〈海洋环境保护法〉陆海统筹的方案及建议研究》,《海洋环境科学》2021年第5期。

贺世国、钱莉:《海洋污染行政公益诉讼案件办理难点及思考》,《中国检察官》2020年第18期。

胡斌、陈妍:《论海洋生态红线制度对中国海洋生态安全保障法律制度的发展》,《中国海商法研究》2019年第4期。

胡静:《环境权的规范效力:可诉性和具体化》,《中国法学》2017年第5期。

胡志勇:《积极构建中国的国家海洋治理体系》,《太平洋学报》2018年第4期。

黄高晓、洪靖雯:《从建设海洋强国到构建海洋命运共同体——习近平海洋建设战略思想体系发展的理论逻辑与行动指向》,《浙江海洋大学学报》(人文科学版)2019年第5期。

黄建钢:《互动和共进:中国海洋方略的内涵——从"21世纪海上丝绸之路"和"海陆统筹"的视角思考》,《治理研究》2016年第1期。

黄荣华、裴兆斌:《海岸带生态环境保护的法律问题研究》,《海洋开发与管理》2020年第10期。

黄锡生:《民法典时代环境权的解释路径——兼论绿色原则的民法功能》,《现代法学》2020年第4期。

黄锡生、王中政:《海洋环境民事公益诉讼:识别、困境与进路——从〈海洋环境保护法〉第89条切入》,《中国海商法研究》2020年第1期。

黄学贤、李凌云:《论行政公益诉讼受案范围的拓展》,《江苏社会科学》2020年第5期。

黄玥、韩立新:《BBNJ下全球海洋生态环境治理的法律问题》,《哈尔滨工业大学学报》（社会科学版）2021年第5期。

姜明安：《改革、法治与国家治理现代化》，《中共中央党校学报》2014年8月第4期。

姜素红、杨凡：《环境公平涵义探析》，《湖南社会科学》2011年第6期。

姜涛：《检察机关提起行政公益诉讼制度：一个中国问题的思考》，《政法论丛》2015年第6期。

蒋敏、袁艺、牟其香：《从无到有与从有到精：环境检察公益诉讼的困局与破局——以C市刑事附带民事环境检察公益诉讼案件为实证研究范式》，《法律适用》2020年第18期。

蒋亚娟、龙新：《论环境公平的价值向度和实践保障》，《政法论丛》2005年第4期。

杰克·图侯斯基、宋京霖：《美国流域治理与公益诉讼司法实践及其启示》，《国家检察官学院学报》2020年第1期。

李琛、赵玉慧、孙培艳：《海洋环境污染损害司法鉴定及其证据效力探究》，《海洋环境科学》2015年第1期。

李晨光：《海洋生态环境损害赔偿范围探析》，《环境保护》2018年第8期。

李劲：《行政公益诉讼的价值基础及制度构建》，《社会科学辑刊》2015年第3期。

李京梅、刘娟：《海洋生态修复：概念、类型与实施路径选择》，《生态学报》2022年第4期。

李靖宇、李锦鑫、张晨瑶：《推进陆海统筹上升为国家大战略的构想》，《区域经济评论》2016年第3期。

李龙、任颖：《"治理"一词的沿革考略——以语义分析与语用分析为方法》，《法制与社会发展》2014年第4期。

李晓璇、刘大海、刘芳明：《海洋生态补偿概念内涵研究与制度设计》，《海洋环境科学》2016年第6期。

李鑫：《国家治理现代化进程中司法资源分配问题研究》，《学术论坛》2015年第2期。

李亚菲：《检察机关提起环境行政公益诉讼的制度困境及其因应》，《社会科学家》2020年第2期。

李艳芳：《美国的公民诉讼制度及其启示——关于建立我国公益诉讼制度的借鉴性思考》，《中国人民大学学报》2003 年第 2 期。

李挚萍：《陆海统筹视域下我国生态环境保护法律体系重构》，《中州学刊》2021 年第 6 期。

李挚萍、程晓娅：《"陆海统筹"的法律内涵及法律实现路径》，《华南师范大学学报》（社会科学版）2021 年第 4 期。

李挚萍、郭昱含：《央地海上生态环境执法权划分的原则和机制探讨》，《中国地质大学学报》（社会科学版）2021 年第 5 期。

梁斌、鲍晨光、李飞、孙钦帮、姜文博：《海洋生态环境监测体系发展刍议》，《环境保护》2022 年第 Z2 期。

梁甲瑞：《从太平洋岛民海洋治理模式和理念看区域海洋规范的发展及启示》，《太平洋学报》2021 年第 11 期。

梁亮：《海洋环境协同治理的路径构建》，《人民论坛》2017 年第 17 期。

廖兵兵：《"安娜"轮溢油海洋环境损害鉴定问题回顾与分析》，《中国海事》2022 年第 3 期。

廖奕：《国家治理现代化与司法改革顶层设计的均衡模型》，《国家检察官学院学报》2015 年第 4 期。

凌欣、刘家沂：《论可持续发展理念在各国海洋环境立法中的典型性应用》，《天津大学学报》（社会科学版）2019 年第 2 期。

刘超：《环境行政公益诉讼判决形式的疏失及其完善——从试点期间典型案例切入》，《浙江工商大学学报》2018 年第 5 期。

刘超：《环境行政公益诉讼受案范围之实践考察与体系展开》，《政法论丛》2017 年第 4 期。

刘超：《环境行政公益诉讼诉前程序省思》，《法学》2018 年第 1 期。

刘道远、王洁玉：《南海地区海洋生态损害法律治理机制研究》，《海南大学学报》（人文社会科学版）2018 年第 2 期。

刘恩媛：《论环境行政公益诉讼制度的反思与重构》，《环境保护》2020 年第 16 期。

刘惠荣、苑银和：《环境利益分配论批判》，《山东社会科学》2013 年第 4 期。

刘加良：《刑事附带民事公益诉讼的困局与出路》，《政治与法律》2019

年第 10 期。

刘克毅：《论人民法院指导性案例形成机制》，《法律科学》2018 年第 6 期。

刘天琦、张丽娜：《南海海洋环境区域合作治理：问题审视、模式借鉴与路径选择》，《海南大学学报》（人文社会科学版）2021 年第 2 期。

刘卫先：《环境法学中的环境利益：识别、本质及其意义》，《法学评论》2016 年第 3 期。

刘伟、翁俊芳：《"社会治理共同体"话语的生成脉络与演化逻辑》，《浙江学刊》2022 年第 2 期。

刘岩：《陆海统筹保护海洋生态环境》，《中国国情国力》2014 年第 9 期。

刘艺：《刑事附带民事公益诉讼的协同问题研究》，《中国刑事法杂志》2019 年第 5 期。

鲁俊华：《刑事附带民事环境公益诉讼责任认定问题研究》，《中国检察官》2020 年第 2 期。

吕忠梅：《环境公益诉讼辨析》，《法商研究》2008 年第 6 期。

吕忠梅：《环境权入宪的理路与设想》，《法学杂志》2018 年第 1 期。

吕忠梅：《论公民环境权》，《法学研究》1995 年第 6 期。

吕忠梅：《实施〈民法典〉绿色条款的几点思考》，《法律适用》2020 年第 23 期。

吕忠梅、杨诗鸣：《美国环境法实施机制之透视——以环境公益损害救济为例》，《湖南师范大学社会科学学报》2021 年第 2 期。

罗丽：《检察院提起环境公益行政诉讼的若干思考》，《苏州大学学报》（哲学社会科学版）2015 年第 5 期。

马强伟：《德国生态环境损害的救济体系以及启示》，《法治研究》2020 年第 2 期。

马英杰、尚玉洁、刘兰：《我国海洋生态文明建设的立法保障》，《东岳论丛》2015 年第 4 期。

马英杰、于晓华：《美国〈墨西哥湾恢复法〉特点及其对我国海洋生态修复的启示》，《中国海洋大学学报》（社会科学版）2016 年第 2 期。

梅宏、林奕宏：《中国海上溢油应急管理立法新论》，《中国海商法研究》2015 年第 3 期。

梅宏、殷悦：《涉海环境司法的难题与应对》，《贵州大学学报》（社会科学版）2019年第3期。

莫纪宏：《司法现代化是法治现代化的重要保障》，《中国审判》2014年第3期。

宁靓、史磊：《利益冲突下的海洋生态环境治理困境与行动逻辑——以黄海海域浒苔绿潮灾害治理为例》，《上海行政学院学报》2021年第6期。

宁凌、毛海玲：《海洋环境治理中政府、企业与公众定位分析》，《海洋开发与管理》2017年第4期。

宁清同：《南海生态安全的法治保障探析》，《吉首大学学报》（社会科学版）2012年第5期。

泮伟江：《司法改革、法治转型与国家治理能力的现代化》，《中共浙江省委党校学报》2015年第5期。

秦鹏、何建祥：《检察环境行政公益诉讼受案范围的实证分析》，《浙江工商大学学报》2018年第4期。

秦鹏、何建祥：《论环境行政公益诉讼的启动制度——基于检察机关法律监督权的定位》，《暨南学报》（哲学社会科学版）2018年第5期。

秦天宝：《论新时代的中国环境权概念》，《法制与社会发展》2022年第3期。

曲亚囡：《国际法框架下南海海洋生态环境治理合作研究》，《社会科学家》2020年第10期。

全永波：《全球海洋生态环境多层级治理：现实困境与未来走向》，《政法论丛》2019年第3期。

全永波：《全球海洋生态环境治理的区域化演进与对策》，《太平洋学报》2020年第5期。

全永波、石鹰婷、郁志荣：《中国参与全球海洋生态环境治理体系的机遇与挑战》，《南海学刊》2019年第3期。

任洪涛：《论南海海域环境保护管辖的冲突与协调》，《河北法学》2016年第8期。

任洋：《反思与重构：行政机关在环境民事公益诉讼中的定位》，《安徽大学学报》（哲学社会科学版）2021年第1期。

邵海凤：《海事诉讼检察监督的制度逻辑及建构》，《人民检察》2020 年第 21 期。

沈满洪：《海洋环境保护的公共治理创新》，《中国地质大学学报》（社会科学版）2018 年第 2 期。

沈臻懿：《构建海事司法鉴定机构的探索——以上海建设国际航运中心为视角》，《中国司法鉴定》2011 年第 1 期。

石晓波、梅傲寒：《检察机关提起刑事附带民事公益诉讼制度的检视与完善》，《政法论丛》2019 年第 6 期。

时磊：《专家意见在公益诉讼办案中的规范与应用》，《中国检察官》2022 年第 3 期。

史书丞：《论〈海洋基本法〉的定位》，《学术交流》2018 年第 2 期。

史玉成：《环境利益、环境权利与环境权力的分层建构——基于法益分析方法的思考》，《法商研究》2013 年第 5 期。

史云贵、刘晓燕：《绿色治理：概念内涵、研究现状与未来展望》，《兰州大学学报》（社会科学版）2019 年第 3 期。

司玉琢：《保障海洋发展战略 改革完善中国特色的海事司法管辖制度》，《中国海商法研究》2015 年第 2 期。

宋风波、王沛：《论海洋环境污染的刑事司法调控》，《河北学刊》2014 年第 5 期。

宋福敏、管金平：《论预防性检察环境行政公益诉讼的制度确立与具体推进》，《齐鲁学刊》2022 年第 1 期。

宋珊、张越：《海洋环境污染损害的刑法调控》，《人民检察》2014 年第 20 期。

苏和生、沈定成：《刑事附带民事公益诉讼的本质厘清、功能定位与障碍消除》，《学术探索》2020 年第 9 期。

孙秉晨：《建立科学规范的司法鉴定管理体制势在必行》，《中国司法鉴定》2001 年第 2 期。

孙光：《船舶污染海洋环境损害司法鉴定研究》，《环境保护》2011 年第 Z1 期。

孙洪坤、张姣：《论环境民事公益诉讼中的调解制度》，《广西社会科学》2013 年第 9 期。

孙学致、郑倩：《环境行政公益诉讼公民诉权的权利基础》，《社会科学战线》2013年第6期。

谈萧、苏雁：《陆海统筹视野下海洋保护地法律制度研究》，《中国海洋大学学报》（社会科学版）2021年第1期。

谭倩、戴芳：《公民环境权的宪法保障路径研究》，《云南行政学院学报》2018年第2期。

汤维建：《刑事附带民事公益诉讼研究》，《上海政法学院学报（法治论丛）》2022年第1期。

唐皇凤：《构建法治秩序：中国国家治理现代化的必由之路》，《新疆师范大学学报》（哲学社会科学版）2014年第4期。

陶建国：《德国〈环境损害预防及恢复法〉评介及启示》，《中国环境管理干部学院学报》2015年第2期。

陶建国：《德国环境行政公益诉讼制度及其对我国的启示》，《德国研究》2013年第2期。

田凯：《国外行政公益诉讼的演变与发展》，《中国检察官》2007年第11期。

田其云：《海洋生态系统法律保护研究》，《河北法学》2005年第1期。

田雯娟：《刑事附带环境民事公益诉讼的实践与反思》，《兰州学刊》2019年第9期。

万骁乐、邱鲁连、袁斌、张坤珵：《中国海洋生态补偿政策体系的变迁逻辑与改进路径》，《中国人口·资源与环境》2021年第12期。

王彬辉：《协商民主理念下加拿大公众参与环境法律实施的路径选择及对我国的启示》，《时代法学》2014年第4期。

王斌、杨振姣：《基于生态系统的海洋管理理论与实践分析》，《太平洋学报》2018年第6期。

王朝阳、张婷：《厘清关系进一步完善刑事附带民事公益诉讼制度》，《人民检察》2020年第24期。

王传良、张晏瑢：《检察机关提起海洋生态环境民事公益诉讼刍议》，《中国海商法研究》2021年第2期。

王春磊：《法律视野下环境利益的澄清及界定》，《中州学刊》2013年第4期。

王春业：《独立行政公益诉讼法律规范体系之构建》，《中外法学》2022年第1期。

王春益：《生态文明视域下的海洋命运共同体》，《中国生态文明》2019年第6期。

王福华：《公益诉讼的法理基础》，《法制与社会发展》2022年第2期。

王吉春：《海洋生态环境犯罪的刑事程序法规制研究》，《中国环境管理干部学院学报》2018年第6期。

王锴：《环境权在基本权利体系中的展开》，《政治与法律》2019年第10期。

王孟本：《"生态环境"概念的起源与内涵》，《生态学报》2003年第9期。

王淼、胡本强、辛万光等：《我国海洋环境污染的现状、成因与治理》，《中国海洋大学学报》（社会科学版）2006年第5期。

王沛、李伟：《论海事司法鉴定的完善——以案例研究为路径》，《中国司法鉴定》2011年第3期。

王清军：《环境行政公益诉讼中行政不作为的审查基准》，《清华法学》2020年第2期。

王曦：《美国最高法院环境判例起诉资格考》，《清华法学》2021年第2期。

王曦、张岩：《论美国环境公民诉讼制度》，《交大法学》2015年第4期。

王曦、张岩：《论美国环境公民诉讼制度》，《交大法学》2015年第4期。

王显松：《论环境司法专门化在海事法院的实践路径——兼论海事法院专门法院功能的重新定位》，《中国海商法研究》2016年第3期。

王小军：《制定我国海岸带管理法的思考》，《中国海洋大学学报》（社会科学版）2017年第1期。

王秀卫：《我国环境民事公益诉讼举证责任分配的反思与重构》，《法学评论》2019年第2期。

王阳：《全球海洋治理视野下海洋气候变化的法律规制：现状、特征与前景》，《边界与海洋研究》2021年第1期。

王一彧：《检察机关提起环境行政公益诉讼现状检视与制度完善》，《中国政法大学学报》2019年第5期。

魏晓娜：《依法治国语境下检察机关的性质与职权》，《中国法学》2018年第1期。

毋爱斌：《检察院提起刑事附带民事公益诉讼诸问题》，《郑州大学学报》（哲学社会科学版）2020年第4期。

吴卫星：《环境权的中国生成及其在民法典中的展开》，《中国地质大学学报》（社会科学版）2018年第6期。

吴英杰、汪正宇：《刑事附带民事公益诉讼中能否适用惩罚性赔偿——谢某香与曾某生产、销售有毒有害食品案》，《法治论坛》2020年第4期。

武良军、童伟华：《西方经验与中国借鉴：海洋环境污染的刑事立法规制》，《学习与实践》2014年第11期。

夏云娇、朱张丹：《环境行政公益诉讼履行判决的检视及其完善》，《湖北社会科学》2021年第10期。

肖峰：《论环境权的法治逻辑》，《中国地质大学学报》（社会科学版）2020年第2期。

肖妮娜：《环境行政公益诉讼的逻辑、功能与限度》，《社会科学家》2019年第9期。

谢小剑：《刑事附带民事公益诉讼：制度创新与实践突围——以207份裁判文书为样本》，《中国刑事法杂志》2019年第5期。

谢子远、闫国庆：《澳大利亚发展海洋经济的经验及我国的战略选择》，《中国软科学》2011年第9期。

徐祥民：《海洋环境保护和海洋利用应当贯彻的六项原则——人类海洋环境利益的视角》，《中国地质大学学报》（社会科学版）2012年第2期。

徐祥民：《论维护环境利益的法律机制》，《法制与社会发展》2020年第2期。

徐祥民、张红杰：《关于设立渤海综合管理委员会必要性的认识》，《中国人口·资源与环境》2012年第12期。

徐祥民、朱雯：《环境利益的本质特征》，《法学论坛》2014年第6期。

徐亚文：《加拿大的司法审查制度》，《清华法学》2006年第1期。

徐亚文、李玲：《论加拿大的司法审查制度》，《武汉大学学报》（哲学社会科学版）2004年第3期。

徐忠麟、夏虹：《生态环境损害赔偿与环境民事公益诉讼的冲突与协调》，《江西社会科学》2021 年第 7 期。

许瑞恒、林欣月、姜旭朝：《海洋生态补偿研究动态综述》，《生态经济》2020 年第 7 期。

许阳、王琪、孔德意：《我国海洋环境保护政策的历史演进与结构特征——基于政策文本的量化分析》，《上海行政学院学报》2016 年第 4 期。

阎二鹏：《海洋环境污染犯罪的刑事立法规制模式思考——风险社会刑法理念的启示》，《社会科学家》2012 年第 11 期。

颜运秋、张金波、李明耀：《环境行政公益诉讼的逻辑和归位》，《环境保护》2015 年第 Z1 期。

杨朝霞：《论环境权的性质》，《中国法学》2020 年第 2 期。

杨海涛、王世涛：《完善辽宁海洋环境法律保护的对策建议》，《环境保护》2013 年第 8 期。

杨华：《海洋环境公益诉讼原告主体论》，《法商研究》2021 年第 3 期。

杨华：《海洋基本法的立法定位与体系结构》，《东方法学》2021 年第 1 期。

杨君：《英美法系司法制度的主要经验及其启示》，《理论探讨》2015 年第 1 期。

杨开峰、邢小宇、刘卿斐、魏夏楠：《我国治理研究的反思（2007—2018）：概念、理论与方法》，《行政论坛》2021 年第 1 期。

杨雅妮：《生态环境修复责任：性质界定与司法适用——以环境刑事附带民事公益诉讼为分析对象》，《南京工业大学学报》（社会科学版）2022 年第 1 期。

杨雅妮：《刑事附带民事公益诉讼案件范围之界定》，《北京社会科学》2022 年第 9 期。

杨雅妮：《刑事附带民事公益诉讼诉前程序研究》，《青海社会科学》2019 年第 6 期。

杨荫凯：《陆海统筹发展的理论、实践与对策》，《区域经济评论》2013 年第 5 期。

杨振姣、闫海楠、王斌：《中国海洋生态环境治理现代化的国际经验与启示》,《太平洋学报》2017年第4期。

姚瑞华、张晓丽、严冬、徐敏、马乐宽、赵越：《基于陆海统筹的海洋生态环境管理体系研究》,《中国环境管理》2021年第5期。

叶榅平、常霄：《刑事附带环境民事公益诉讼的审理模式选择》,《南京工业大学学报》（社会科学版）2020年第6期。

于阜民、刘卫先：《海洋生态损害行为刑事责任论》,《当代法学》2009年第3期。

于涵：《环境行政公益诉讼举证责任分配之反思与修构》,《西北民族大学学报》（哲学社会科学版）2021年第5期。

于洋：《联合执法：一种治理悖论的应对机制——以海洋环境保护联合执法为例》,《公共管理学报》2016年第2期。

余妙宏：《检察公益诉讼在海洋环境保护中的路径与程序研究》,《中国海商法研究》2021年第2期。

余少祥：《社会法"法域"定位的偏失与理性回归》,《政法论坛》2015年第6期。

俞可平：《治理和善治引论》,《马克思主义与现实》1999年第5期。

俞蕾、黄潇筱：《生态环境刑事附带民事公益诉讼的证据规则与衔接机制研究——以上海地区检察公益诉讼为例》,《中国检察官》2020年第16期。

袁倩：《日本水俣病事件与环境抗争——基于政治机会结构理论的考察》,《日本问题研究》2016年第1期。

曾哲、梭娅：《环境行政公益诉讼原告主体多元化路径探究——基于诉讼客观化视角》,《学习与实践》2018年第10期。

湛中乐、尹婷：《环境行政公益诉讼的发展路径》,《国家检察官学院学报》2017年第2期。

张百灵：《预防性环境行政公益诉讼的理论基础与制度展开》,《行政法学研究》2021年第6期。

张丛林、焦佩锋：《中国参与全球海洋生态环境治理的优化路径》,《人民论坛》2021年第19期。

张铎：《中国海洋治理研究审视》,《社会科学战线》2021年第7期。

张根福、魏斌：《试析习近平新时代陆海统筹思想》,《观察与思考》2018

年第 6 期。

张辉：《美国公民诉讼之"私人检察总长理论"解析》，《环球法律评论》2014 年第 1 期。

张佳华：《刑事附带民事环境公益诉讼的经验反思与重塑》，《学术界》2022 年第 6 期。

张建伟：《比较法视野下检察机关的主导作用》，《国家检察官学院学报》2022 年第 1 期。

张军：《环境利益与经济利益刍议》，《中国人口·资源与环境》2014 年第 S1 期。

张蕾：《海事法院扩大审理海事刑事案件的司法构建与立法完善——以海洋环境犯罪为切入点》，《中国海商法研究》2021 年第 2 期。

张鲁萍：《检察机关提起环境行政公益诉讼功能定位与制度建构》，《学术界》2018 年第 1 期。

张式军、赵妮：《环境行政公益诉讼中的和解制度探究》，《中州学刊》2019 年第 8 期。

张卫彬、朱永倩：《海洋命运共同体视域下全球海洋生态环境治理体系建构》，《太平洋学报》2020 年第 5 期。

张卫平：《民事公益诉讼原则的制度化及实施研究》，《清华法学》2013 年第 4 期。

张文显：《法治化是国家治理现代化的必由之路》，《法制与社会发展》2014 年第 5 期。

张文显：《法治与国家治理现代化》，《中国法学》2014 年第 4 期。

张湘兰、叶泉：《建设海洋强国的法律保障：中国海洋法体系的完善》，《武大国际法评论》2013 年第 1 期。

张晓：《国际海洋生态环境保护新视角：海洋保护区空间规划的功效》，《国外社会科学》2016 年第 5 期。

张晓丽、姚瑞华、徐昉：《陆海统筹协调联动 助力渤海海洋生态环境保护》，《环境保护》2019 年第 7 期。

张晓萍、郑鹏：《海洋环境民事公益诉讼适格原告的确定》，《海南大学学报》（人文社会科学版）2021 年第 1 期。

张旭勇、潘慕元：《民事公益诉讼调解协议公告审查制度及其完善》，《河南财经政法大学学报》2019 年第 4 期。

张晏瑢、石彩阳：《中国参与全球海洋生态环境治理的路径——以系统论为视角》，《南海学刊》2019 年第 3 期。

张玉镶：《司法鉴定学基本概念研究》，《中国司法鉴定》2001 年第 1 期。

张袁：《在交互中融合：检察机关提起刑事附带民事公益诉讼的程序考察》，《安徽大学学报》（哲学社会科学版）2019 年第 6 期。

张悦、许道艳、廖国祥、刘长安、雷威、上官魁星：《中国海洋保护区的生态环境监测工作》，《海洋环境科学》2021 年第 5 期。

张智辉：《论法律监督》，《法学评论》2020 年第 3 期。

张自豪、朱龙海：《关于海洋生态红线在山东省渤海海域划定的思考》，《海洋开发与管理》2017 年第 S2 期。

章志远：《行政公益诉讼热的冷思考》，《法学评论》2007 年第 1 期。

赵赤、卫乐乐：《论我国海洋环境刑事立法的完善》，《广西师范大学学报》（哲学社会科学版）2013 年第 4 期。

赵辉：《检察机关提起刑事附带民事公益诉讼难点问题探究》，《中国检察官》2019 年第 16 期。

赵美珍、郭华茹：《论地方政府和公众环境监管的互补与协同》，《华中科技大学学报》（社会科学版）2015 年第 2 期。

赵淑玲、张丽莉：《外部性理论与我国海洋环境管理的探讨》，《海洋开发与管理》2007 年第 4 期。

赵微：《赋予海事法院刑事审判权之正当性分析》，《法治研究》2015 年第 1 期。

赵微、陈远航：《海洋溢油污染刑事追责的困境与出路》，《人民检察》2019 年第 11 期。

赵微、郭芝：《我国海洋环境污染犯罪的刑事司法障碍及其对策》，《学习与探索》2006 年第 6 期。

赵星、王芝静：《国外海洋环境污染犯罪刑事立法与司法存在的问题及应对》，《江汉论坛》2016 年第 5 期。

赵星、王芝静：《我国海洋环境污染犯罪刑事立法及司法存在的问题及其应对策略》，《中国海洋大学学报》（社会科学版）2015 年第 4 期。

郑汉华：《论环境公平及其实现途径》，《高校理论战线》2012 年第 11 期。

周新：《论我国检察权的新发展》，《中国社会科学》2020 年第 8 期。

周新：《刑事附带民事公益诉讼研究》，《中国刑事法杂志》2021 年第 3 期。

朱丽：《美国环境公共利益司法保护制度与实践及对我国的启示》，《环境保护》2017 年第 21 期。

朱凌珂：《环境民事公益诉讼中原告资格的制度缺陷及其改进》，《学术界》2019 年第 12 期。

朱凌珂：《美国自然资源损害赔偿范围制度及其借鉴》，《学术界》2018 年第 3 期。

朱谦：《环境公共利益的法律属性》，《学习与探索》2016 年第 2 期。

朱晓燕、秦宁：《论我国海洋生态损害刑事责任》，《法学论坛》2009 年第 6 期。

朱学磊：《论我国环境行政公益诉讼制度的构建》，《烟台大学学报》（哲学社会科学版）2015 年第 4 期。

朱作鑫：《刍议我国海事司法鉴定制度》，《中国海事》2011 年第 11 期。

竺效、梁晓敏：《论检察机关在涉海"公益维护"诉讼中的主体地位》，《浙江工商大学学报》2018 年第 5 期。

庄玮：《刑事附带民事公益诉讼制度理论与实践问题研究》，《中国应用法学》2021 年第 4 期。

邹雄：《论环境权的概念》，《现代法学》2008 年第 5 期。

左卫民、唐清宇：《制约模式：监察机关与检察机关的关系模式思考》，《现代法学》2018 年第 4 期。

二　外文文献

（一）著作类

Jakobsen, *Marine Protected Areas in International Law*, Brill Nijhoff, 2016.

Rayfuse, *Research Handbook on International Marine Environmental Law*, Edward Elgar Publishing Limited, 2015.

Frank, *The European Community and Marine Environmental Protection in the*

International Law of the Sea, Martinus Nijhoff Publishers, 2007.

VanderZwaag, *Canada and Marine Environmental Protection*, Kluwer Law International, 1995.

Koch, *Legal Regimes for Environmental Protection*, Brill Nijhoff, 2015.

Harrison, *Saving the Oceans through Law*, Oxford University Press, 2017.

Karin Andersson, *Shipping and the Environment*, Springer, 2016.

Karim, *Prevention of Pollution of the Marine Environment from Vessels*, Springer, 2015.

Kittinger, *Marine Historical Ecology in Conservation*, University of California Press, 2015.

Weidemann, *International Governance of the Arctic Marine Environment*, Springer, 2014.

Mathis, *Environmental Law and Economics*, Springer, 2017.

Telesetsky, *Ecological Restoration in International Environmental law*, Routledge, 2017.

Scotford, *Environmental Principles and the Evolution of Environmental law*, Hart Publishing, 2017.

Farmer, *Environmental Crime in Europe*, Portland, Oregon, Hart Publishing, 2017.

Gellers, *The Global Emergence of Constitutional Environmental rights*, Routledge, 2017.

Bell, *Environmental law*, Oxford University Press, 2017.

Platjouw, *Environmental Law and the Ecosystem Approach*, Routledge, 2016.

Laura Westra, *Human Health and Ecological Integrity*, Routledge, 2012.

Laura Westra, *Globalisation and Ecological Integrity in Science and International Law*, Cambridge Scholars, 2011.

Robert Lee and Elen Stokes. , *Economic Globalization and Ecological Localization*, Wiley-Blackwell, 2009.

Razzaque, *Public Interest Environmental Litigation in India, Pakistan, and Bangladesh*, Kluwer Law International, 2004.

Zhang Jinxian, *China's Maritime Courts and Justice*, Witherby & CO. Ltd. , 1997.

Skillington, *Climate Justice and Human Rights*, Palgrave MacMillan, 2017.

（二）英文论文

Hoolo 'Nyane, Tekane Maqakachane, "Standing to Litigate in the Public Interest in Lesotho: The Case for a Liberal Approach", 20 *African Human Rights Law Journal* 799 (2020).

Maher Lani M., "Protecting California's Marine Environment from Flushed Pollutants", 35 *UCLA Journal of Environmental Law and Policy* 284 (2017).

Emily Kinama, "Promoting Public Interest Litigation in Kenya to Protect Public Open Spaces", 2019 *East African Law Journal* 97 (2019).

Yu Lin, "Achieving Good Environmental Governance through Environmental Public Interest Litigation", 9 *Romanian Journal of Comparative Law* 359 (2018).

Mark Squillace, "Restoring the Public Interest in Western Water Law", 2020 *Utah Law Review* 627 (2020).

Barry E. Hill, "Environmental Rights, Public Trust, and Public Nuisance: Addressing Climate Injustices through State Climate Liability Litigation", 50 *Envtl. L. Rep.* 11022 (2020).

Eadbhard Pernot, "The Right to an Environment and Its Effects for Climate Change Litigation in Ireland", 22 *Trinity C. L. Rev.* 151 (2019).

Yenehun Birlie, "Public Interest Environmental Litigation in Ethiopia: Factors for Its Dormant and Stunted Features", 11 *Mizan Law Review* 304 (2017).

Tiantian Zhai, Yen-Chiang Chang, "Standing of Environmental Public-Interest Litigants in China: Evolution, Obstacles and Solutions", 30 *Journal of Environmental Law* 369 (2018).

Sun Qian, Jack Tuholske, "An Exploration of and Reflection on China's System of Environmental Public Interest Litigation", 47 *Environmental Law Reporter News & Analysis* 10497 (2017).

Stefan Kirchner, Medy Dervovic, "Almost Arctic? Protecting the Baltic Marine Environment through International Law", 2021 *Strani Pravni Zivot* 551 (2021).

Huang Zhongshun, "On the Combination of Public Interest Litigation and Private Interest Litigation And the Establishment of Group Litigation with Chinese Characteristics", 5 *Renmin Chinese L. Rev.* 272 (2017).

Giulia Carlini, Konstantin Kleine, "Advancing the international regulation of plastic pollution beyond the United Nations Environment Assembly resolution on marine litter and microplastics", 27 *Review of European, Comparative & International Environmental Law* 234 (2018).

Qi Gao, Sean Whittaker, "Standing to Sue beyond Individual Rights: Who Should Be Eligible to Bring Environmental Public Interest Litigation in China", 8 *Transnational Environmental Law* 327 (2019).

Juan Chu, "Vindicating Public Environmental Interest: Defining the Role of Environmental Public Interest Litigation in China", 45 *Ecology L. Q.* 485 (2018).

Vasco Becker-Weinberg, "Two Key Ocean Governance Challenges for Sao Tome and Principe", 29 *African Journal of International and Comparative Law* 400 (2021).

Li Kekun, Lou Chunhao, "Security Governance of the Indian Ocean: Challenges and Way Forward", 75 *China International Studies* 129 (2019).

Anastasia Telesetsky, "The Role of Boundaries and Borders in Ocean Governance: Reflections on Three Promising Transborder Ocean Governance Models", 15 *Indonesian Journal of International Law* 277 (2018).

Ade Maman Suherman, Aryuni Yuliantiningsih, Noer Indriati, Wismaningsih, Hazmi Rusli, "Indonesian Ocean Policy: Paradigm Shift in Strengthening Ocean Governance", 13 *Journal of East Asia and International Law* 359 (2020).

Kyla Wilson, "Governing the Salish Sea", 26 *Hastings Environmental Law Journal* 169 (2020).

Maher Lani M., "Protecting California's Marine Environment from Flushed Pollutants", 35 *UCLA Journal of Environmental Law and Policy* 284 (2017).

Sri Wartini, "The Role of the Coastal States to the Protection of Marine Environment in Joint Development Agreement", 14 *Indonesian Journal of International Law* 433 (2017).

Hongdao Qian, Mukhtar Hamid. , "Joint Development Agreements: Towards Protecting the Marine Environment under International Law", 66 *Journal of Law, Policy and Globalization* 164 (2017).

Maggio Amber Rose, "Regional Cooperation for Protection of the Marine Environment in Southeast Asia: Current Trends in the South China Sea", 22 *Asia Pacific Journal of Environmental Law* 160 (2019).

MacDonald Alison, "Governing Europe's Marine Environment Europeanization of Regional Seas or Regionalization of EU Policies", 54 *Environmental Law Review* 1040 (2016).

Jackson Wendy, "International Environmental Regimes: Understanding Institutional and Ecological Effectiveness", 18 *Journal of International Wildlife Law and Policy* 63 (2015).

Scott McCreary, Phyllis Grifman, Meredith Cowart, "Creating Stable Agreements in Marine Policy: Learning from the California South Coast Marine Life Protection Act Initiative", 32 *Negotiation Journal* 23 (2016).

Benjamin J. Richardson, "The Emerging Age of Ecological Restoration Law", 25 *Review of European, Comparative & International Environmental Law* 277 (2016).

Christopher Vajda, Michael Rhimes, "Greening the Law: The Reception of Environmental Law and Its Enforcement in International Law and European Union Law", 24 *Columbia Journal of European Law* 455 (2018).

Waseem Ahmad Qureshi, "Marine Biodiversity Conservation: The International Legal Framework and Challenges", 40 *Houston Journal of International Law* 845 (2018).

Jordan Diamond, "Toward Comprehensive Regional Ocean Governance in the Mid-Atlantic: A Primer on Regional Interests, Challenges, and Approaches", 6 *Sea Grant Law & Policy Journal* 6 (2013).

Hao Shen, "International Deep Seabed Mining and China's Legislative Commitment to Marine Environmental Protection", 10 *J. E. Asia & INT'l L.* 489 (2017).

Youngmin Seo, "The Marine Environmental Turn in the Law of the Sea and

Fukushima Wastewater", 45 *Fordham International Law Journal* 51 (2021).

McKayla McMahon, "Tides of Plastic: Using International Environmental Law to Reduce Marine Plastic Pollution", 28 *Hastings Environmental Law Journal* 49 (2022).

Alexis Ian P. Dela Cruz, "A South China Sea Regional Seas Convention: Transcending Soft Law and State Goodwill in Marine Environmental Governance?", 6 *Journal of Territorial and Maritime Studies* 5 (2019).

Jinpeng Wang, "Reform of China's Environment Governance: The Creation of a Ministry of Ecology and Environment", 2 *Chinese Journal of Environmental Law* 112 (2018).

Papanicolopulu, Irini, "Maritime Spatial Planning and Protection of the Marine Environment", 9 *Korean Journal of International and Comparative Law* 311 (2021).

Figen Tabanli, Gokhan Guneysu, "Pollution of the Marine Environment from Offshore Oil and Gas Activities", 29 *Selcuk Universitesi Hukuk Fakultesi Dergisi* 623 (2021).

Mahon Robin, Fanning Lucia, McConney Patrick, "Assessing and Facilitating Emerging Regional Ocean Governance Arrangements in the Wider Caribbean Region", 28 *Ocean Y. B.* 631 (2014).

Brasoveanu Florica, "Considerations regarding the Legal Protection and Preservation of the Marine Environment", 2015 *Annals of the Constantin Brancusi University of Targu Jiu Juridical Sciences Series* 17 (2015).

George Mary, "Adequacy of National Laws for Malaysian Ocean Governance for the Next Decade", 40 *International Journal of Legal Information* 202 (2012).

Hanna Susan Steele, "Implementing Effective Regional Ocean Governance: Perspectives from Economics", 16 *Duke Environmental Law & Policy Forum* 205 (2006).

Manoa Pio E., Veitayaki Joeli, "Regional Ocean Governance in the Pacific Revisited", 23 *Ocean Yearbook* 503 (2009).

Veitayaki Joeli, Evans Nathan, South G. Robin, "The Pacific Islands Regional Ocean Policy: The Quest for Good Ocean Governance", 18 *Ocean Yearbook* 558 (2004).

Maribel B. Aguilos, "Japanese Ocean Governance: Lessons for the Philippines", 16 *Ocean Yearbook* 35 (2002).

Cicin-Sain Biliana, Knecht Robert W, "The Problem of Governance of U. S. Ocean Resources and the New Exclusive Economic Zone", 15 *Ocean Development and International Law* 289 (1985).

Marc J. Hershman, Craig W. Russell, "Regional Ocean Governance in the United States: Concept and Realty", 16 *Duke Envtl. L. & Pol'y F.* 227 (2006).

Karen Kong, "The Uphill Battle for Sustainable Development: Can the Use of Public Interest Litigation Protect the Natural Environment in Hong Kong", 23 *Asia Pacific Law Review* 7 (2015).

Deborah A. Sivas, Margaret R. Caldwell, "A New Vision For California Ocean Governance: Comprehensive Ecosystem Based Marine Zoning", 27 *Stanford Environmental Law Journal* 209 (2008).

Chaturvedi Sanjay, "Ocean Governance and the Polar Regions: Geopolitics, Law, and Sustainability", 15 *Ocean Yearbook* 475 (2001).

Martin K. Y. Lau, "Public Interest Standing in Hong Kong: Why and How Should It Be Recognised", 10 *Hong Kong Journal of Legal Studies* 109 (2016).

Tyler Liu, "China's Revision to the Environmental Protection Law: Challenges to Public Interest Litigation and Solutions for Increasing Public Participation and Transparency", 6 *George Washington Journal of Energy and Environmental Law* 60 (2015).

Christie Donna R., "Implementing an Ecosystem Approach to Ocean Management: An Assessment of Current Regional Governance Models", 16 *Duke Environmental Law & Policy Forum* 117 (2006).

Matthew Burrows, "The Clean Air Act: Citizens Suits, Attorneys' Fees, and the Separate Public Interest Requirement", 36 *Boston College Environmental Affairs Law Review* 103 (2009).

Jan van Ettinger, King Alexander, Payoyo Peter B., "Ocean Governance and the Global Picture", 7 *World Bulletin: Bulletin of the International Studies of the Philippines* 33 (1991).

M. Kidd, "Public Interest Environmental Litigation: Recent Cases Raise Possible Obstacles", 13 *Potchefstroom Elec. L. J.* 27 (2010).

Aguilos Maribel, "Designing an Institutional Structure for Ocean Governance: Options for the Philippines", 2 *Ocean Law and Policy Series* 67 (1998).

Steinberg Philip E., "Three Historical Systems of Ocean Governance: A Framework for Analyzing the Law of the Sea", 12 *World Bulletin: Bulletin of the International Studies of the Philippines* 1 (1996).

Juda Lawrence, "Changing National Approaches to Ocean Governance: The United States, Canada, and Australia", 34 *Ocean Development and International Law* 161 (2003).

John C. Cruden, Steve O'Rourke, Sarah D. Himmelhoch, "The Deepwater Horizon Oil Spill Litigation: Proof of Concept for the Manual for Complex Litigation and the 2015 Amendments to the Federal Rules of Civil Procedure", 6 *Mich. J. Envtl. & Admin. L.* 65 (2016).

Tanaka Yoshifumi, "Zonal and Integrated Management Approaches to Ocean Governance: Reflections on a Dual Approach in International Law of the Sea", 19 *International Journal of Marine and Coastal Law* 483 (2004).

Baird Brian E, Mace Amber J., "Regional Ocean Governance: A Look at California", 16 *Duke Envtl. L. & Pol'y F.* 217 (2006).

Grant J. Hewison, "The Role of Environmental Nongovernmental Organizations in Ocean Governance", 12 *Ocean Yearbook* 32 (1996).

Evan Hamman, "Save the Reef: Civic Crowdfunding and Public Interest Environmental Litigation", 15 *QUT Law Review* 159 (2015).

Sophia Kopela, "Civil and Criminal Liability as Mechanisms for the Prevention of Oil Marine Pollution", 20 *Rev. Eur. Comp. & Int'l Envtl. L.* 313 (2011).

E. Symeonidou-Kastanidou, "Ship-Source Marine Pollution: The ECJ Judgments and Their Impact on Criminal Law", 17 *Eur. J. Crime Crim. L. & Crim. Just.* 335 (2009).

三 学位论文

高益民：《海洋环境保护若干基本问题研究》，博士学位论文，中国海洋大学，2008年。

刘明：《陆海统筹与中国特色海洋强国之路》，博士学位论文，中共中央党校，2014年。

鹿红：《我国海洋生态文明建设研究》，博士学位论文，大连海事大学，2017年。

梅宏：《生态损害预防的法理》，博士学位论文，中国海洋大学，2007年。

全永波：《海洋污染跨区域治理的逻辑基础与制度建构》，博士学位论文，浙江大学，2017年。

田其云：《海洋生态法体系研究》，博士学位论文，中国海洋大学，2006年。

王倩：《我国沿海地区的"海陆统筹"问题研究》，博士学位论文，中国海洋大学，2014年。

四 电子文献

《生态环境部：海洋生态环境稳中向好，近岸海域优良水质占比78.6%》，大众网：http：//www.dzwww.com/xinwen/guoneixinwen/202009/t20200-925_6689680.htm.最后访问日期：2020年10月10日。

《2019年中国海洋生态环境状况公报》，生态环境部官网：http：//www.mee.gov.cn/hjzl/sthjzk/jagb/.最后访问日期：2020年10月10日。

《2019年中国海洋生态环境状况公报》，中华人民共和国生态环境部官网：http：//www.mee.gov.cn/hjzl/sthjzk/jagb/.最后访问日期：2020年10月16日。

《人民海军成立70周年 习近平首提构建"海洋命运共同体"》，人民网：http：//cpc.people.com.cn/n1/2019/0423/c164113-31045369.html.最后访问日期：2020年10月16日。

《〈2019年中国海洋经济统计公报〉发布：全国海洋生产总值超8.9万亿，我国海洋生产总值占国内生产总值的比重近20年连续保持在9%左右》，搜狐网：https：//www.sohu.com/a/394075630_118392/.最后访问日期：2020 年 10 月 28 日。

《生态环境部答南都：十四五将扩大生态补偿范围实现全流域保护》，搜狐网：https：//www.sohu.com/a/426197945_161795. 最后访问日期：2020 年 10 月 21 日。

《建设美丽海洋 破坏生态"零容忍"——中国海警局联合生态环境部、自然资源部、交通运输部三部门顺利完成"碧海 2020"专项执法行动》，央广网：http：//military.cnr.cn/ycdj/20201208/t20201208_525356467.html. 最后访问日期：2021 年 4 月 2 日。

附录 I 2019—2022 年海洋生态环境民事公益诉讼案例统计表

序号	文书名称	文书落款年份（年）	案由	原告（申请人）	法律依据	受理法院	判决结果、赔偿范围
1	《重庆两江志愿服务发展中心、广东省环境保护基金会环境污染责任纠纷二审民事裁定书》	2019	案件为海洋公益诉讼民事公益诉讼的认定	重庆两江中心、广东环保基金会	《民事诉讼法》《关于适用〈民事诉讼法〉的解释》	广东省高级人民法院	支持原告环保组织具有环境公益诉讼资格。
2	《杨士秀、陈明海海商纠纷一审民事判决书》	2019	非法收购、运输、出售海龟，危害海洋生态环境	舟山市人民检察院	《野生动物保护法》《侵权责任法》、以及关于检察公益诉讼、海洋生态环境损害赔偿与环境民事公益诉讼等方面的司法解释	宁波海事法院	生态修复补偿金、赔礼道歉
3	《沈大勇、姜国康海事海商纠纷一审民事判决书》	2019	同上	舟山市人民检察院	同上	宁波海事法院	生态修复补偿金、赔礼道歉
4	《刘阳、詹少文海事海商纠纷一审民事判决书》	2019	同上	舟山市人民检察院	同上	宁波海事法院	生态修复补偿金、赔礼道歉

续表

序号	文书名称	文书落款年份(处)	案由	原告（申请人）	法律依据	受理法院	判决结果、赔偿范围
5	《北京市朝阳区自然之友环境研究所、荣成伟伯渔业有限公司再审审查与审判监督民事裁定书》	2019	环保组织具有海洋生态环境公益诉讼民事诉讼原告资格的认定	北京市朝阳区自然之友环境研究所	《立法法》《海洋环境保护法》第89条第2款规定、《民事诉讼法》及其司法解释	最高人民法院	支持原审法院认为环保组织不具有海洋生态环境民事公益诉讼原告资格，驳回再审申请
6	《(2019)琼72民初227号海南中汇疏浚工程有限公司、陈德等环境污染责任纠纷一审民事判决书》	2020	海洋倾倒建筑垃圾海洋民事公益诉讼	海口市人民检察院	《海洋环境保护法》《海洋倾废管理条例》《侵权责任法》、有关环境民事公益诉讼的司法解释	海口海事法院	海洋生态环境损害赔偿费、鉴定费、赔礼道歉
7	《(2020)琼72民初18号蔡元元春、张仔腾环境污染责任纠纷一审民事调解书》	2020	非法采砂活动造成海洋生态环境损害	海南省人民检察院第一分院	《海洋环境保护法》等	海口海事法院	海洋生态环境修复费用、鉴定费
8	《(2020)琼72民初24号钟传婆、南京飞雄海运有限公司一审民事判决书》	2020	盗采海砂可造成相应海域海洋生态环境破坏等	海南省人民检察院第二分院	《海洋环境保护法》《侵权责任法》以及海洋生态损害、环境民事公益诉讼的司法解释	海口海事法院	海洋生态损害修复费用、专家论证费用

附录Ⅰ 2019—2022 年海洋生态环境民事公益诉讼案例统计表 225

续表

序号	文书名称	文书落款年份（年）	案由	原告（申请人）	法律依据	受理法院	判决结果、赔偿范围
9	《(2020) 琼 72 民初 25 号邢增韧、宁波贤德颐贸易有限公司一审民事判决书》	2020	同上	同上	同上	海口海事法院	同上
10	《(2020) 琼 72 民初 23 号公益诉讼起诉人海南省人民检察院第二分院与被告严芳海洋环境污染损害责任纠纷民事公益诉讼民事判决书》	2020	同上	同上	同上	海口海事法院	同上
11	《(2020) 琼 72 民初 26 号公益诉讼起诉人海南省人民检察院第二分院与被告吉某海洋环境污染损害责任纠纷民事公益诉讼一审民事判决》	2020	同上	同上	同上	海口海事法院	同上

序号	文书名称	文书落款年份（年）	案由	原告（申请人）	法律依据	受理法院	判决结果、赔偿范围
12	《周家全一审民事判决书》	2020	刑事附带非法捕捞水产品民事公益诉讼	江苏省灌南县人民检察院	《环境保护法》《侵权责任法》《民事诉讼法》以及《关于审理环境民事公益诉讼案件适用法律若干问题的解释》	江苏省灌南县人民法院	海洋生态环境损害修复费用、赔礼道歉
13	《（2020）琼72民初19号陈明计、福建省安达康船务有限公司等一审民事调解书》	2020	非法采砂活动造成海洋生态环境损害	海南省人民检察院第二分院	《海南省海洋环境保护规定》《国家海域使用管理暂行规定》《侵权责任法》及环境民事公益诉讼的司法解释	海口海事法院	海洋生态损害及环境修复费用、损害评估专家咨询费
14	《（2020）琼72民初17号张璐晟、章杰、徐正才、江贤福、陈世汉海洋环境污染损害责任纠纷民事公益诉讼民事判决书》	2020	非法采砂活动造成海洋生态环境损害	海南省人民检察院第一分院	《海洋环境保护法》《民事诉讼法》《侵权责任法》以及环境公益诉讼、环境侵权责任纠纷的司法解释	海口海事法院	海洋生态环境修复费用、评估鉴定费

附录Ⅰ 2019—2022年海洋生态环境民事公益诉讼案例统计表

续表

序号	文书名称	文书落款年份（年）	案由	原告（申请人）	法律依据	受理法院	判决结果、赔偿范围
15	《中国生物多样性保护与绿色发展基金会、广东省深圳交通运输局环境污染责任纠纷二审民事裁定书》	2020	违法工程项目可能会同时影响海洋与陆地生态环境的原告资格	中国生物多样性保护与绿色发展基金会	《环境保护法》《海洋环境保护法》《民事诉讼法》《民事诉讼法解释》	广东省高级人民法院	支持上诉请求，指令广州海事法院受理
16	《（2020）琼72民初260号公益诉讼起诉人海南省人民检察院第二分院与被告牛波非法捕捞损害海洋生态环境民事侵权责任纠纷民事判决书》	2020	非法捕捞损害海洋生态环境	海南省人民检察院第二分院	《渔业法》《海洋环境保护法》《民事诉讼法》《侵权责任法》以及环境民事公益诉讼、环境侵权责任纠纷的司法解释	海口海事法院	海洋生态环境修复费用、赔礼道歉、鉴定费
17	《（2020）琼72民初314号公益诉讼起诉人海南省海口市人民检察院与被告卢家宝破坏海洋生态公益诉讼一审民事判决书》	2020	非法捕捞海洋保护动物对海洋生态环境损害	海南省海口市人民检察院	《侵权责任法》《民事诉讼法》《最高人民法院关于审理环境民事公益诉讼案件适用法律若干问题的解释》	海口海事法院	海洋生态环境损害赔偿金、专家咨询费用、赔礼道歉

续表

序号	文书名称	文书落款年份（年）	案由	原告（申请人）	法律依据	受理法院	判决结果、赔偿范围
18	《（2020）琼72民初320号公益诉讼起诉人海南省海口市人民检察院与被告王开运破坏生态公益诉讼一审民事判决书》	2020	同上	海口市人民检察院	同上	海口海事法院	同上
19	《（2021）琼72民初23号海南省人民检察院第二分院诉福金等生态破坏责任纠纷案民事判决书》	2021	非法捕捞造成海洋生态环境资源损害	海南省人民检察院第二分院	《渔业法》《民事诉讼法》《侵权责任法》以及环境民事公益诉讼、环境侵权责任纠纷的司法解释	海口海事法院	海洋生态环境损害赔偿金、评估鉴定费
20	《王守成、金顺光等海事海商公益诉讼纠纷一审民事调解书》	2021	非法开采利倾倒海砂损害区域海洋生态环境	浙江省温州市人民检察院		宁波海事法院	海洋生态环境损失费、鉴定服务费、赔礼道歉
21	《温岭市人民检察院、郑定君海商海事纠纷公益诉讼一审民事判决书》	2021	非法捕捞破坏渔业资源及海洋生态环境	温岭市人民检察院	《侵权责任法》以及检察公益诉讼、海洋生态环境损害赔偿、环境民事公益诉讼的司法解释	宁波海事法院	生态修复费用、生态修复评估费用、赔礼道歉

附录Ⅰ 2019—2022年海洋生态环境民事公益诉讼案例统计表　229

续表

序号	文书名称	文书落款年份（年）	案由	原告（申请人）	法律依据	受理法院	判决结果、赔偿范围
22	《海南省乐东黎族自治县生态环境局、海南省人民检察院第二分院等生态破坏环境民事公益诉讼民事一审民事调解书》	2021	非法开采海砂造成海洋生态环境损失	海南省乐东黎族自治县环境局		海口海事法院	海洋生态损失费
23	《郴州市阳光志愿者协会生态环境损害赔偿附带责任纠纷民事一审民事裁定书》	2021	违法捕捞造成海洋生态环境资源损害	郴州市阳光志愿者协会	《海洋环境保护法》《民事诉讼法》	海口海事法院	认定郴州市阳光志愿者协会不具有起诉资格，本院不予受理。
24	《谭建尧非法捕捞水产品罪民事一审民事调解书》	2021	非法捕捞刑事附带民事公益诉讼	台山市人民检察院		台山市人民法院	购买鱼苗督促修复、赔礼道歉；
25	《浙江省舟山市人民检察院、刘刚等海事海商纠纷公益诉讼一审民事判决书》	2022	非法捕捞海事海商纠纷公益诉讼	舟山市人民检察院	《民法典》《海洋环境保护法》《渔业法》《民事诉讼法》以及环境民事公益诉讼的司法解释	宁波海事法院	生态环境损失费用、惩罚性赔偿，公开赔礼道歉①

① 表格数据来源：由作者根据在中国裁判文书网上进行关键词搜索的案例整理而成。

附录 Ⅱ

我国海洋生态环境行政公益诉讼案例统计表

	文书名称	文书落款年份（年）	案由	原告（申请人）	法律依据	受理法院	判决结果
1	《（2019）琼72行初20号文昌市农业农村局其他行政行为一审行政判决书》	2019	文昌市海洋与渔业局不查处违法定置网的法定职责	文昌市人民检察院	《渔业法》《行政诉讼法》	海口海事法院	责令被告文昌市农业农村局履行查处其辖区海域内违法定置网的法定职责。
2	《公益诉讼起诉人威海火炬高技术产业开发区人民检察院认为被告威海市环翠区海洋发展局不履行海域监管职责案行政判决书》	2019	威海市环翠区海洋发展局不履行海域监管职责	威海火炬高技术产业开发区人民检察院	《海域使用管理法》《山东省海域使用管理条例》《行政强制法》《行政诉讼法》	威海市环翠区人民法院	威海市环翠区海洋发展局继续履行监管职责，督促华滑置地（威海）有限公司退还非法占用海域，恢复海域原状。
3	《泉州市丰泽区农业农村和水利局一审行政判决书》	2019	泉州市丰泽区农业农村和水利局怠于履行海域被非法占用的监管职责	泉州市丰泽区人民检察院	《海域使用管理法》《湿地保护法》《行政诉讼管理规定》《检察公益诉讼的解释》	泉州市丰泽区人民法院	责令被告泉州市丰泽区农业农村和水利局依法全面履行相关海域被非法占用的监管职责。

附录Ⅱ 我国海洋生态环境行政公益诉讼案例统计表　231

续表

	文书名称	文书落款年份（年）	案由	原告（申请人）	法律依据	受理法院	判决结果
4	《公益诉讼起诉人招远市人民检察院与招远市海洋与渔业局公益诉讼一案一审行政判决书》	2018	招远市海洋与渔业局未依法全面履行监管职责	招远市人民检察院	《海域使用管理法》《山东省海域使用管理条例》《海洋行政处罚实施办法》	招远市人民法院	招远市海洋与渔业局对有关主体未经批准实施填海施工建设小码头的违法行为，依法作出行政处罚的法定职责。
5	《深圳市福田区人民检察院与深圳市城市管理局（行政主体）不履行法定职责一审行政判决书》	2016	确认被告对自然保护区红线用地被非法侵占的情形怠于履行职责的行为违法。	深圳市福田区人民检察院	《行政诉讼法》《自然保护区条例》	深圳市盐田区人民法院	确认被告深圳市城市管理局怠于履行监督管理职责的行为违法。①

① 表格数据来源：由作者根据在中国裁判文书网上进行关键词搜索的案例整理而成。

后　　记

　　本书系博士毕业论文，该论文于 2023 年公开发表。论文公开发表与成书经过了几个阶段：第一阶段，查找、搜集和整理海洋生态环境公益诉讼相关的最新研究成果，翻译相关外文文献，查找我国海洋生态环境公益诉讼相关法律、法规、司法解释等。这些工作花费了大量时间。第二阶段，细化研究内容，补充材料与整理汇总材料。根据先前整理的资料，细化海洋生态环境公益诉讼的研究主要内容，紧紧围绕海洋生态环境民事公益诉讼、行政公益诉讼以及刑事附带民事公益诉讼展开研究，系统全面地完成论文研究。同时，撰写了几篇相关论文，并发表在中文核心刊物。第三阶段，突出重点，形成文章重要结论。对于三种海洋生态环境公益诉讼进行全面研究，听取相关专家意见、建议、完善措施等，撰写文章主要研究结论与进路。第四阶段，根据出版社要求，对全书系统校对与修改，丰富文章内容。第五阶段，根据外审专家意见，进行结构调整，完善语言表达，提炼文章研究精华。

　　海洋生态环境法治研究是本人攻读博士期间的研究方向。2018 年考取大连海事大学海商法学专业博士研究生后，本人一直在海洋生态环境法治领域展开深入研究，并取得了一定研究成果。博士毕业论文《我国海洋生态环境公益诉讼研究》的公开发表，则是本人攻读博士期间的阶段性研究总结与汇报，亦是我国海洋生态环境研究由浅及深的过程。

　　论文公开发表与成书出版得益于多年来师友与家人的全力支持。感谢导师，感谢在写作过程中提供支持的亲朋好友。

2024 年 9 月 27 日于济南